NORDFRIISK
INSTITUUT

Max Lorenzen

EINE KINDHEIT HINTER DEN DEICHEN NORDFRIESLANDS

Verlag Nordfriisk Instituut, Bräist/Bredstedt, NF
1994

Gedruckt mit freundlicher Unterstützung der Ministerin für Wissenschaft, Forschung und Kultur des Landes Schleswig-Holstein

Titelbild: Das Haus der Großeltern, Fahretoft-Holländerdeich, nach einem Ölbild von Johannes Christiansen, Fahretoft, 1934

Die Deutsche Bibliothek – CIP-Einheitsaufnahme

Lorenzen, Max:
Eine Kindheit hinter den Deichen Nordfrieslands / Max Lorenzen. Nordfriisk Instituut, Bräist/Bredstedt, NF. – Bräist/Bredstedt: Nordfriisk Inst., 1994
(Nordfriisk Instituut; Nr. 126)
ISBN 3-88007-219-1
NE: Nordfriisk Instituut ⟨Bredstedt⟩: Nordfriisk Instituut

Nr. 126

Lektorat: Prof. Nils Århammar
Gesamtherstellung: Breklumer Druckerei Manfred Siegel KG
ISBN 3-88007-219-1

Vorwort

In vorgeschrittenem Alter rückte mir meine an der nordfriesischen Küste verlebte Kindheit zunehmend ins Bewußtsein, und in mir wuchs der Wunsch, meine Erlebnisse in der damaligen Welt an meine Kinder und Enkel weiterzugeben. Da sie jedoch weit entfernt wohnten und bei ihren Besuchen weder Zeit noch Ruhe hatten, mir zuzuhören, schrieb ich ein paar kleine Begebenheiten nieder. Zu meiner Verwunderung fanden die Kinder nun doch Muße, sie zu lesen, und bestürmten mich, weitere Erinnerungen zu Papier zu bringen.

Durch einen glücklichen Umstand gelangten einige dieser Erzählungen in die Hände von Professor Nils Århammar, der mir vorschlug, sie über das Nordfriisk Instituut in Bredstedt einem größeren Leserkreis zugänglich zu machen. Seitdem begleitete er mit lebhafter Anteilnahme die Fertigstellung der Niederschrift und übernahm anschließend das zeitraubende Lektorat. Seine Sachkenntnis wie auch – obwohl gebürtiger Schwede – sein feines Gefühl für die Nuancen der deutschen Sprache sind meinem Buch in vielfältiger Weise zugute gekommen.

Als volkskundlich interessierter Sprachforscher widmete Professor Århammar den plattdeutschen und friesischen Zitaten und Bezeichnungen besondere Aufmerksamkeit. Das Friesische ist unter Verwendung einer volkstümlichen Rechtschreibung in „Fräsch" – der Fahretofter Mundart – gehalten, wie es meine Mutter sprach, die einer alten friesischen Familie entstammte. Durch meinen Vater bedingt, überwog jedoch bei uns zu Hause das Plattdeutsche im täglichen Umgang.

Mögen meine in einfacher Erzählform festgehaltenen Kindheitserinnerungen dazu beitragen, das ländliche Leben „hinter den Deichen Nordfrieslands" in den Anfängen des 20. Jahrhunderts vor der Vergessenheit zu bewahren.

Dagebüll-Fahretoft, im Herbst 1994

Max Lorenzen

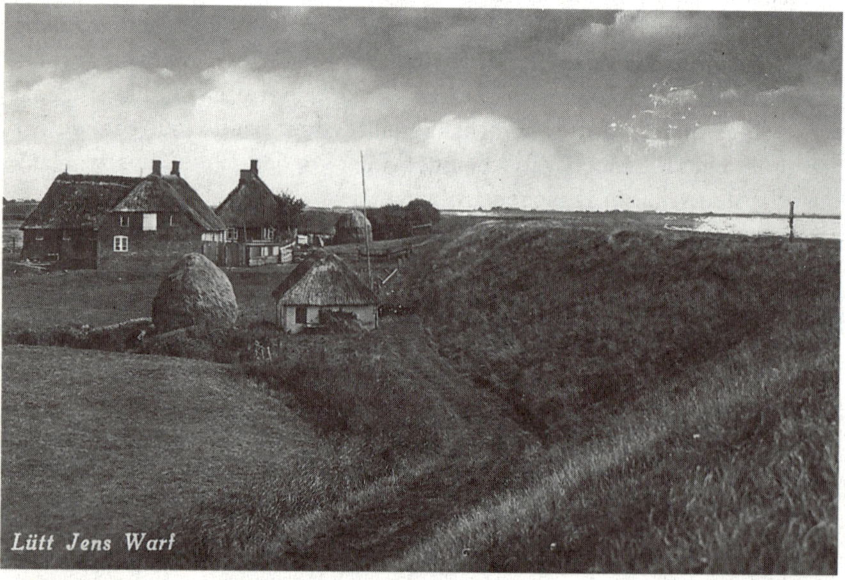

Lüttjenswarft hinter dem alten Außendeich

Erste Erinnerungen

Nachdem mein älterer Bruder Friedrich den Namen meines Großvaters väterlicherseits erhalten hatte, war für mich der meines Großvaters mütterlicherseits Thomas Max Petersen in ganzer Länge verbindlich. Da aber mein Vater acht Tage vor meiner Geburt „zur Fahne" gerufen wurde und man dem Schicksal nicht blind vertraute, setzte meine Mutter mir vorsichtshalber den Vaternamen Sönke voran, so daß ich jetzt Sönke Thomas Max Petersen Lorenzen hieß.

Als nun mein Vater nach fünf Jahren unfreiwilliger Abwesenheit verwundet und krank heimkehrte, wollte er dennoch nicht gegenüber dem „jungen Sönke" der alte dieses Namens sein, weswegen ich vorübergehend Thomas und auf Wunsch meiner Mutter schließlich Max gerufen wurde. Dieser inoffizielle Namenswandel führt noch heute zu gelegentlichen Schwierigkeiten, wenn ich von Behörden angeschrieben werde.

Abgesehen von dem unausweichlichen Mittagsschlaf, der die Freiheit meiner Kinderzeit aus meiner Sicht ärgerlicherweise erheblich einschränkte, war meine Kinderwelt mit dem großen Garten, den weiten Wiesen und den vielen Wassergräben einem Paradies nicht unähnlich. Die Marsch war damals mehr oder weniger quadratisch von Wassergräben durchzogen, die von Oktober bis Juni gestrichen voll, den Rest des Jahres aber immer noch gut mit Wasser gefüllt waren. Diese Gräben, die unser Hausgrundstück von allen Seiten umgrenzten, hatten es mir zur Sorge meiner Mutter angetan. Sicherlich nicht zufällig erzählte man überall, daß im Wasser ein Ungeheuer, der „Buuschemann", wohne, der mit überlangen Armen vorzugsweise kleine Kinder vom Grabenrand in die Tiefe ziehe. Und die Tatsache, daß immer wieder da und dort im Dorf ein Kind ertrank, untermauerte drastisch die Existenz dieses unheimlichen Wasserkerls. Ich habe viel Zeit darauf verwendet, hinter Binsen und Reet versteckt, den Buuschemann mal zu Gesicht zu bekommen, doch ohne Erfolg. Dennoch war Vorsicht geboten, und ich bevorzugte deshalb Gräben mit wenig Bewuchs, so daß ich sein Heranschleichen bemerken würde. Aber die Anziehungskraft der Gräben, auf denen ich Schiffe von Ufer zu Ufer und auch weitere Strecken fahren ließ, blieb ungebrochen. Es waren meist einfache Brettstücke, aber immer mit einem aufrechten Nagel in der Mitte als Mast bestückt. Das Gefährt transportierte Schafe, Kühe und Pferde, wie ich es in Bongsiel sah, wenn wir mit dem Postschiffer Matthiesen zu den Großeltern nach Hallig Langeneß segelten.

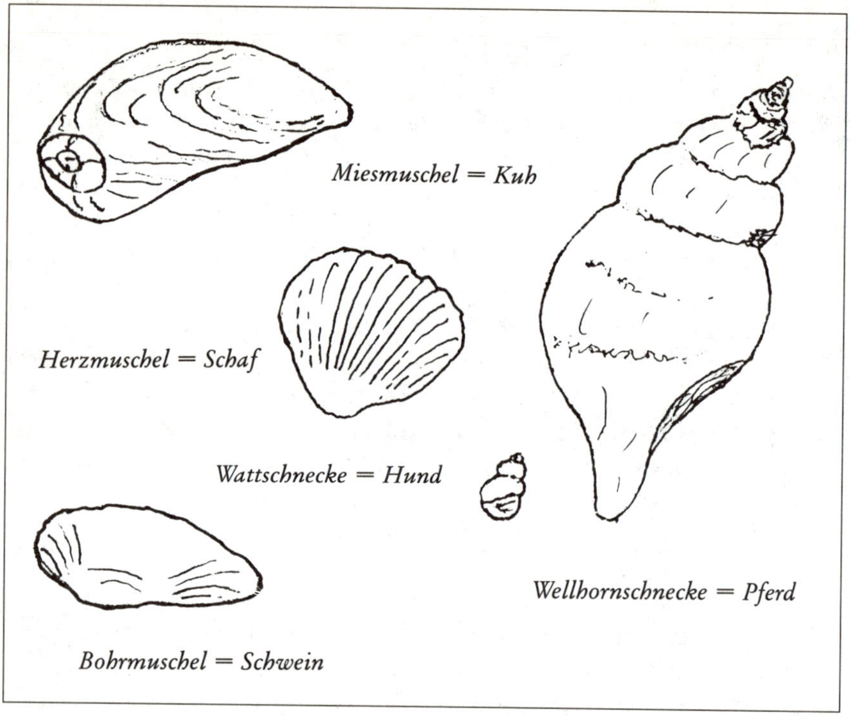

Die Tiere waren Muscheln und Schnecken aus der Nordsee und hatten ihre feste Bedeutung: Miesmuscheln waren Kühe, Herzmuscheln Schafe und Wellhornschnecken natürlich Pferde. Das wußten wir Kinder alle, und wie es große und kleine Muscheln gab, so gab es ja auch Kühe und Kälber, Schafe und Lämmer, Pferde und Fohlen wie auch Riesenbullen mit Seepocken besetzt. Bis weit in das Schulalter hinein spielten wir mit diesen „Muscheltieren", die in ihrer Vielfalt sämtliche Haustiere verkörperten, so auch Schweine, Hunde, Katzen und andere. Natürlich wurde auch tatkräftig mit den Tieren gehandelt oder klug getauscht. Alles richtig mit Handschlag!

Aber damals, alleine am Graben, die Geschwister in der Schule, konnte man auch Stichlinge angeln. Stichlinge – wir sagten „Glienporren" – gab es überall und Frösche. Wenn man an der Grabenkante auf dem Bauch lag und sich still verhielt, kamen die Frösche gleich wieder hoch, einzeln oder zu Paaren, quakten unbekümmert und näherten sich bis auf Armeslänge. Ich fand sie schon damals wegen ihrer Harmlosigkeit niedlich und scheute mich nicht, sie in die Hand zu nehmen.

Stichlinge fing man ganz einfach: Ein Schilfrohr, ein Stückchen Zwirn und ein nicht zu dicker Regenwurm genügten. Der Zwirn wurde an der „Angelrute“ und der Wurm um die Bauchmitte an dem Zwirn befestigt. Nun brauchte man den Leckerbissen nur noch ins Wasser zu tauchen, nicht zu tief, etwa eine Handbreite. Schon versammelten sich einige Fischchen, bald wurden es mehr, und gleich bissen sich einige am Wurm fest. Nun sachte, nicht zu schnell die Angel hochgezogen, und schon hatte man eines oder gar zwei, an jedem Wurmende eines, gefangen. Ein Glas aus der Küche mußte natürlich mit Wasser bereitstehen. Leider war kein Behältnis groß und kein Wasserwechsel häufig genug, um die Stichlinge längere Zeit gesund zu erhalten. Die Männchen verloren noch am gleichen Tag der Gefangenschaft ihre buntschillernden Farben, und so mußte ich sie auf Zureden meiner Mutter schon am nächsten Tag wieder an der gleichen Stelle in den Graben zurückschütten.

Ich kann mich nicht erinnern, jemals Langeweile empfunden zu haben. Bei schlechtem Wetter ergaben sich viele Spielmöglichkeiten auf dem Hausboden, wo auch eine Schaukel hing, oder in der Küche, wo es immer schön warm war und sich im Winter alles Leben abspielte. Sie war sehr geräumig, und lange Jahre stand dort sogar zur Freude der ganzen Familie und unseres Hundes mit Namen „Treu“ ein riesiges Sofa.

Schließlich konnte ich ja auch mal wieder in die Nachbarschaft gehen. Alle Nachbarn, bis auf eine Ausnahme, waren Onkel und Tanten, und alle freuten sich, wenn ich bei ihnen in der Küche auftauchte. Warum auch nicht? Ich machte gelegentlich kleine Botengänge, holte von zu Hause oder von woanders eine Tasse Salz, Zucker, Mehl, wie es so damals im Dorf üblich war. Für das Zurückbringen des Geliehenen trug ich keine Verantwortung. Wenn es deswegen mal zu Verstimmungen kam, fühlte ich mich völlig unschuldig und konnte weiterhin überall meine Besuche machen. Meistens waren sie sogar lohnend: Da war Tante Hanne unten im Bottschlotterkoog, die Güte in Person, immer hocherfreut, wenn ich kam; stets hatte sie noch einen Pfefferkuchen in der „Trommel“, wie sie sagte. Sogar meine Kinder Maja und Sönke hat sie später noch aus der gleichen Blechbüchse mit kleinen runden, süßen Plätzchen beglückt.

Über Jahrzehnte lebte sie unverheiratet mit ihrem großen, finsterblickenden Bruder zusammen. Vor ihm hatten ich und später auch meine Kinder immer ein bißchen Angst, obwohl er nie ein böses Wort zu uns gesagt hat. Auch war er stets hilfsbereit, wenn ich später als größerer Junge mit der Laterne, in der eine Kerze ein gar schwaches Licht verbreitete, nachts erst zaghaft und dann fester an sein Kammerfenster klopfte und bat, er möge zu Großvater kommen, weil dort eine Kuh kalben sollte.

Es wurde erzählt, daß der Vater dieses Geschwisterpaares sich die Beine zusammengebunden und – die Hände auf dem Rücken mit einem Strick verknotet – sich in einen Wassergraben gewälzt habe und dort ertrunken sei. Tante Hanne starb an Brustkrebs. Alle Nachbarsfrauen saßen reihum an ihrem Bett, Tag und Nacht, drei Wochen lang. Onkel Ingwer, ihr Bruder, kam noch ins Altersheim nach Niebüll und starb mit 93 Jahren. Er erzählte mir vor Zeiten, daß er als Junge um 1880 für seine Mutter einen Beutel Gerstengrütze aus der Windmühle holen sollte, die damals auf dem Holländerdeich 100 m östlich von meinem Elternhaus stand, bevor sie 1886 dem Straßenbau weichen mußte. Er hatte gerade einen jungen Hund geschenkt bekommen, den er mitnahm und vor der Mühle anband. Als er wieder hinaustrat, hatte einer der kreisenden Flügel, die sich dicht über dem Erdboden bewegten, dem Hund das Rückgrat zerschlagen. – Als sein Nachbar Jens Sibbens sich nach dem letzten Besuch von ihm im Altersheim verabschiedete, rief er ihn zurück und meinte: *„Ja, än dat wäil ick de noch sede, wård äi 93 Ier uul!“* (Ja, und das wollte ich dir noch sagen, werde nicht 93 Jahre alt!)

Im Gotteskoog

Nach dem Krieg 1914–18 zogen wir in den Gotteskoog nahe der damals neuen Grenze zu Dänemark. Diese Grenzziehung machte meine Eltern sehr traurig, weil in den nun dänischen Orten wie Tondern, Gravenstein und Apenrade unsere Verwandten wohnten, die kaum ein Wort Dänisch verstanden und nun ihre angestammte Heimat verließen. Der bisherige Kreis Tondern wurde halbiert, und unser südlicher Teil hieß nun Südtondern mit Niebüll als Kreisort. Hier entstanden jetzt im Eiltempo Verwaltungsgebäude und weiterführende Schulen, wodurch das bisher unscheinbare Dorf sich zusehends entwickelte.

Wir aber lebten rund zwei Stunden Fußweg nördlich von Niebüll auf einem kleinen gepachteten, einsamen Bauernhof mit einliegender Gastwirtschaft für die Sommermonate, „Grönland“ genannt. Er lag an dem damals noch recht umfangreichen Gotteskoogsee. Meine Eltern hofften, hier eine bäuerliche Existenz aufbauen zu können. Um uns Kindern den Abschied von Fahretoft zu erleichtern, schwärmten sie von dem Haus am See mit seinem Fischreichtum und dem künftigen Leben als Bauern. Nach den entbehrungsreichen Kriegsjahren würden wir nun Milch und Butter bekommen, soviel wir essen möchten.

Mit sieben Rindern und elf Schafen zogen wir dort ein. Doch schon nach einem Jahr hatten wir die Hälfte der Tiere durch Krankheiten verloren. Nachbarn und besonders die Eigentümerin des Bauernhofes, Tante Mete, führten diese Verluste auf den Fluch eines bösen Menschen zurück, der die Bücher Moses 6 und 7 besitze und unser Vieh durch die Schwarze Kunst verhexe. Helfen könne in unserem Falle nur Herr Hansen aus Flensburg, „der Mann mit dem Hut“ oder auch „Hexenmeister“ genannt.

Von meinen Eltern hörte ich allerdings ganz andere Meinungen über die Ursachen dieses Viehsterbens. Sie waren überzeugt, daß unsere aus Fahretoft mitgebrachten Tiere das Gras der sumpfigen Wiesen hier nicht vertrügen und an Lungenwürmern und Leberegeln eingingen. Dennoch gaben sie in ihrer Not dem Drängen der Umgebung nach und schickten nach Herrn Hansen. Und wirklich, eines Tages kam ein „Mann mit Hut“ in unsere Einsamkeit. Ich sah mir den Hexenmeister von allen Seiten genau an und ließ ihn, als er mit Vater die nahen Weiden, den Stall und die Scheune besah, nicht aus den Augen. Schließlich meinte er, es müsse in unserer Umgebung einen Menschen mit dem bösen Blick geben, der uns schaden wolle; doch dagegen habe er ein absolut wirksames Mittel. Er griff in die Tasche und überreichte Vater eine kleine Schachtel. Das darin enthaltene Pulver müsse unter alle Türen gestreut werden, die in den Stall führten, und schon werde der Übeltäter diese Schwellen nicht mehr überschreiten können. Alles aber müsse – dabei warf er einen bedeutungsvollen Blick auf mich – geheim bleiben, und wenn wir eine Person beobachteten, die vor einer dieser so gesicherten Türen umkehre, dann sei der Täter dadurch entlarvt.

Obgleich Vater unter den fraglichen Türen die geforderten Löcher einmeißelte und das weiße Pulver darin über einen längeren Zeitraum regelmäßig erneuerte, ließ sich das Viehsterben nicht bremsen. Auch beobachteten wir keinen Menschen, der wegen des Pulvers die Schwelle nicht zu überschreiten vermochte. Vielleicht wirkte es auch deshalb nicht, weil wir „Zu-

Gotteskoog – Grönland (1913)

Gotteskoog – auf dem Weg zur Schule im Winterhalbjahr

gereisten“ weder an den bösen Blick noch an die Wirkung des Pulvers so recht glauben wollten.

Schließlich trugen wir unser letztes Schaf, das „Schwarzauge“, in die Scheune, nachdem es in der Fenne nicht mehr aufstehen konnte. Ich fütterte es mit Brot und Rüben, worauf es Appetit zeigte. Aber nach wenigen Tagen lag es dennoch eines Morgens tot auf seinem Lager. Auf Betreiben meiner Mutter öffnete Vater nach dem Abfellen den Bauch des Tieres und legte die Leber frei. Wir fanden davon nur noch eine blutige Masse vor, in der es von Lebewesen in der Größe meines Daumennagels, die mich an winzige Schollen erinnerten, nur so wimmelte. Nach Ablauf von zwei Jahren war unsere alte Schimmelkuh die einzige Überlebende, die nach Fahretoft zurückkehrte. Alle anderen Tiere waren nach und nach eingegangen: wenn sie vorher wochenlang husteten, dann an Lungenwürmern; siechten sie aber stumm dahin, dann an Leberegeln wie mein Lieblingsschaf „Swartoog“.

Wir Kinder lebten auf Grönland wohl noch freier als in Fahretoft. In weitem Abstand von einer halben Wegstunde gab es als nächsten Nachbarn das Ostermühlenhaus, das aber nur im Sommer trockenen Fußes zu erreichen war. In der übrigen Jahreszeit bedeckten hier wie auch ringsherum riesige Wasserflächen das Land. Nur unser Haus lag einigermaßen trocken auf einer kleinen Warft inmitten der weithin überschwemmten Landschaft. Wir besaßen natürlich mehrere Boote verschiedener Größe und waren Meister im Umgang mit ihnen, sei es im Fortbewegen durch Staken mit der „Klootstange“ oder im Segeln. Während eines großen Teils des Jahres war das Boot für alle Besorgungen des täglichen Lebens, für den Transport von Tieren, von Reet und Winterkartoffeln und selbst für die Beförderung von uns Kindern zur Schule das alleinige Verkehrsmittel. Wenn aber heftige Winde wehten oder Eis das Bootfahren unmöglich machte, konnten wir die Schule nicht erreichen. So haben wir in diesen zwei Jahren viele Wochen, ja Monate den Unterricht versäumt. Wir Kinder fanden diese zusätzlichen Ferienzeiten natürlich herrlich. Unsere Schule lag fast eine Wegstunde entfernt und bestand derzeit aus einer Klasse mit neunzehn Kindern, die neun verschiedenen Jahrgängen angehörten. Mein Bruder hat den langandauernden Ausfall des Unterrichts in seiner Schulzeit nur schwer aufholen können. Ich dagegen hatte das Glück, nach unserer Rückkehr nach Fahretoft in meiner Großmutter eine ebenso geduldige wie zielstrebige Helferin zu finden, so daß ich das Versäumte innerhalb eines Jahres ausgleichen konnte.

Der Fischfang gehörte zu unserer täglichen Beschäftigung und bildete zu einem wesentlichen Teil unsere Nahrungsgrundlage. Auch wir Kinder wurden unserem Alter entsprechend für die täglich anfallenden Arbeiten eingesetzt, denn wir waren als Familie in unserer Abgeschlossenheit weitgehend auf uns selbst gestellt. Mein um drei Jahre älterer Bruder Fidi mit seiner ungewöhnlich praktischen Veranlagung war mein großes Vorbild und ich sein eifriger Helfer bei allen Unternehmungen. Dazu gehörte im Frühjahr auch die Suche nach Eiern von Wildenten. Wir streiften in unserem kleinen flachgehenden Boot weit in der Gegend umher, wo wir einsame Reetflächen kannten oder vermuteten, die erfahrungsgemäß von den Wildenten gern als Brutplätze gewählt wurden.

Die beste Zeit zum Eiersuchen war morgens früh ab 5 Uhr, weil die Vögel dann auf ihren Nestern saßen, um ein weiteres Ei abzulegen. Bei unserer Annäherung stiegen sie hoch und verrieten uns dadurch das Versteck ihres Nestes. Allgemein hatten wir längst ein Gefühl dafür entwickelt, wo sich eine Suche lohnte. Heimlich hielt ich immer mal Ausschau nach unserem Elternhaus, damit wir uns nicht verirrten und dann nicht zurückfanden. Glücklicherweise war Grönland jedoch in dem flachen Gelände auf der Warft weithin zu sehen, sofern es kein Nebel verdeckte. Mein Bruder schien in dieser Hinsicht keinerlei Angst zu kennen.

Um nicht bereits angebrütete Eier zu bringen, entnahmen wir jedem gefundenen Nest zunächst einmal vorsichtig ein Ei, um mit ihm die „Wasserprobe" vorzunehmen. In der offenen Hand ließen wir es im Wasser treiben. Sank es eindeutig nach unten, war es frisch und damit eßbar; blieb es an der Oberfläche schwimmen, war es bereits angebrütet. In diesem Fall trugen wir es behutsam ins Nest zurück. Enthielt ein Gelege bereits zehn bis zwölf Eier und war auffallend mit Daunen ausgepolstert, ließen wir es unberührt, weil wir daran erkannten, daß das Bebrüten bereits begonnen hatte. Am meisten schätzten wir deshalb Nester mit bis zu sieben oder acht Eiern, da diese gewöhnlich erst frisch gelegt waren. Einmal zerbrach uns ein angebrütetes Ei, und mein Bruder zeigte mir im Dotter das schon pulsierende Herz des werdenden Kükens. Dieses Mißgeschick tat uns leid, und wir nahmen uns vor, künftig noch achtsamer zu sein.

Für den Transport der Eier zum Boot hin, oft über weite Strecken, benutzten wir unsere Pudelmützen, was gelegentlich in dem unwegsamen Gelände große Schwierigkeiten machte, weil wir nirgends anstoßen durften. Dennoch kehrten wir des öfteren mit vierzig und mehr heilen Enteneiern sowie einigen Kiebitz- und Uferschnepfeneiern nach Hause zurück. Mutter wußte diese kostenlose und dazu noch nahrhafte Aufbesserung unserer damaligen eher kärglichen Kost sehr zu schätzen. Vater aber achtete darauf, daß wir nur in der Zeit der Erstgelege auf die Suche fuhren, so daß die Zweitgelege erhalten blieben. Unserer siebenköpfigen Familie bedeueten diese zusätzlichen Mahlzeiten in der allgemeinen wirtschaftlichen Notlage eine große Hilfe. Von der heute gefürchteten Verseuchung der Enteneier durch Salmonellen wußten wir nichts, und so aßen wir sie mit großem Appetit, ohne, soweit mir erinnerlich ist, je gesundheitliche Nachteile verspürt zu haben.

Alle Jahre wurde auf Grönland ein Segelfest abgehalten. Dieses Sommervergnügen fand in der ganzen Umgegend großen Zuspruch. Es handelte sich um ein Wettsegeln, wobei die Route meistens um die beiden Kopphalligen führte. Das Segeln mit den dort üblichen Flachbooten erforderte große Geschicklichkeit, zumal die sonst allgemein unentbehrliche „Klootstange" bei diesem Wettbewerb nicht als Schiebehilfe benutzt werden durfte. Schon tagelang vorher reinigten wir unsere Scheune vom Heu und räumten Gerätschaften beiseite. Anschließend schmückten wir den Raum mit Papiergirlanden. Der glatte Zementboden wurde als vorgesehene Tanzfläche noch zusätzlich gebohnert und der Ständer in der Mitte bunt umwunden. Der um diese Jahreszeit leere und saubergeschrubbte Stall, ja sogar die Schweinekoben erhielten Tische und Bänke zur Aufnahme von Gästen, die dort Teepunsch, Flaschenbier und Würstchen serviert bekamen. Ich fand schon diese Vorbereitungen sehr aufregend. Kam der Festtag dann heran, spielten das Wetter und besonders der Wind eine große Rolle. Die fünfzehn bis zwanzig Boote aus den seeangrenzenden Orten fanden sich schon um die Mittagszeit ein und hatten sich ebenfalls geschmückt. Waren alle Teilnehmer eingetroffen, gab Vater als Veranstalter des Festes die Regeln bekannt und nannte die Siegerpreise, wie etwa: 1. Preis zwei Flaschen Rum, 2. Preis eine Kiste Zigarren und 3. Preis zehn Flaschen Bier. Dann erfolgte der Start. Je nach den Windverhältnissen dauerte der Wettkampf um die zwei Stunden. Dabei zeigte sich, wer wirklich die Kunst des Segelns beherrschte, besonders, wer sich im „Kreuzen" – im Segeln gegen den Wind – auskannte.

Am Ufer versammelten sich inzwischen wohl an die hundert Schaulustige, die die Sieger mit Beifall empfingen. Anschließend ging es zu uns nach Grönland hinauf, wo nun gefeiert und in der Scheune getanzt wurde. Ein Mann mit der Handharmonika spielte dazu auf und brachte die Tänzer in

Schwung. Da dieses eines der wenigen Feste im Jahresablauf war, blieben die meisten Gäste bis in den hellen Morgen, und ich war mal helfend, meistens aber zuschauend immer mittendrin.

Zu einem großen Glücksfall gestaltete sich einmal für mich das alljährliche Kinderfest, das gleichfalls in unserer Gastwirtschaft mit der Tanzfläche in der Scheune abgehalten wurde. Als die Spiele ihren Abschluß gefunden hatten und für uns Kinder das Tanzen begann, verspürte ich überhaupt keine Lust dazu und verdrückte mich ins Freie. Ich lief zum nahen See hinunter und kam dabei an einem ausgetrockneten Graben vorbei, aus dessen Morast eigenartige Pflöcke hervorragten. Bei näherer Betrachtung begriff ich, daß es Aale waren, die zu verdursten drohten und sich deshalb nur noch beschränkt bewegen konnten. Ich rannte nach Hause, holte zwei Eimer und ging auf Aalfang. Schuhe und Strümpfe waren schnell ausgezogen, während ich im Jagdeifer um meinen guten Matrosenanzug vergaß. Aber der Erfolg entschuldigte später alles, und das Staunen nahm kein Ende: zwei Eimer voll bester Aale! Zwar schmeckten sie nach dem Braten und selbst nach dem Räuchern immer noch ein wenig nach Moor, doch tat das der allgemeinen Freude und meinem Ansehen keinen Abbruch. Obgleich wir nun die ganze Umgebung nach weiteren ausgetrockneten Gräben absuchten, gab es einen solchen „Fischzug" nicht noch einmal.

So abgeschlossen von der Welt wir dort draußen auch lebten, gelegentlich war doch ein Gang nach Niebüll notwendig. Während in unserer Familie der Zahnwechsel bei uns Kindern gewöhnlich keine Probleme verursachte, da wir uns mit allerlei Tricks der losen Zähne zu entledigen wußten, war meinem schmerzenden Backenzahn auf keine Weise beizukommen. Auch Mutters behutsame Lockerungsversuche mit Daumen und Zeigefinger wie auch Kamillentee, Nelkenöl, Wärme- und Quarkpackungen halfen nicht, die bohrenden Schmerzen zu lindern. Also blieb kein anderer Ausweg, ich mußte zum „Tähntrecker" Carstensen nach Niebüll, und mein großer Bruder sollte mich begleiten. Am nächsten Morgen zogen wir beide barfuß los. Vor dem Betreten des Ortes sollten wir die mitgegebenen Schuhe und Sokken anziehen, „weil man in Niebüll nicht barfuß herumläuft".

Nach rund zwei Stunden Fußmarsch standen wir in unseren unbequemen Schuhen vor dem kleinen Haus des „Zahnziehers". Die Tür stand offen, und wir betraten zögernd den Flur, der am Ende in den Garten führte. Frau Carstensen, aus der Küche kommend, trat uns freundlich entgegen; mein Bruder schilderte ihr meinen Kummer, und sie verwies uns an ihren Mann, der im Garten arbeitete. Herr Carstensen wischte sich die Hände an seiner grünen Schürze ab und guckte mir schon mal in den Mund. *„Jo, de mutt wull rut"*, meinte er und ging mit uns ins Haus.

In einer kleinen Stube stand ein Lederstuhl mit einer beweglichen Rükkenlehne, in den ich mich setzen sollte. Mein Bruder durfte an meiner Seite bleiben. Herr Carstensen wusch sich nun die Hände, beguckte und befühlte meinen kranken Zahn. Dann ging er an eine Schublade, Eisengeschirr klirrte, und er kam zurück, hielt aber die rechte Hand auf seinem Rücken verborgen. Ich wußte sofort, dort versteckte er die Zange, und suchte nach der Hand meines Bruders. Ich mußte den Mund weit aufmachen, und dann ging alles ganz schnell. Es tat auch gar nicht so weh, wie ich es immer von den Erwachsenen gehört hatte. Ich spuckte ein bißchen Blut in eine kleine Schale, die Herr Carstensen mir reichte, und dann meinte er: *„So, mien Jung, nu hest du Ruh"*, und legte mir den Übeltäter in die Hand.

Erleichtert traten wir den Rückweg an. Doch vorher mußten wir noch drei Schwarzbrote und ein Weißbrot bei Hannes Bäcker kaufen. Den Bonbon, den jeder bekam, steckte ich erstmal in meine Hosentasche. Dann machten wir uns auf den Heimweg, jeder mit zwei Broten unter den Armen. Als die Schuhe außerhalb Niebülls erneut an den Schnürbändern über unserer Schulter hingen, hatte die Freiheit uns wieder. Mal rannten wir ein gutes Stück des Weges, dann saßen wir am Grabenrand, Schuhe und Brot im Gras abgelegt, und versuchten, „stehende" Hechte zu fangen. Schließlich langten wir gegen Abend wieder zu Hause auf Grönland an. Ich kramte stolz meinen Backenzahn aus meiner Hosentasche hervor und fand dabei auch noch beglückt den Bonbon von Hannes Bäcker. Fidi dagegen berichtete genau den Hergang des Zahnziehens, wie er es aus nächster Nähe verfolgt hatte. *„Wenn een so'n Tang kopen kunn, bruukte keeneen mehr wegen so en olen Tähn no Niebüll lopen"*, war er überzeugt.

Im Frühjahr 1922 stand das Wasser auch noch Ende März bis fast an unsere Stalltür. Ein uns gut bekannter Gotteskooger Bauer war gestorben und sollte auf dem Friedhof in Niebüll zur Ruhe gebettet werden. Da alle Wege dorthin überschwemmt waren, wurde der Sarg in einem Boot bis Uhlebüll gebracht und von dort auf einem Bauernfuhrwerk zum Kirchhof gefahren. Die Trauergemeinde folgte dem Sarg, gleichfalls auf Boote verteilt, vom Sterbehaus aus bis Uhlebüll, um dann die Reststrecke zu Fuß zurückzulegen. Auch meine Eltern machten sich auf den Weg zur Beerdigung. Vater wählte für diese lange Fahrt das leichtere Boot mit dem spitz zulaufenden Heck, das besonders günstige Laufeigenschaften besaß. Wir Kinder begleiteten unsere Eltern zum nahen Wasserrand, Mutter setzte sich auf die einzige Bank, und Vater gab dem Gefährt, wie üblich im hinteren Teil des Bootes stehend, mit der langen Klootstange Fahrt und Richtung. Es war ein wunderschönes, windstilles Vorfrühlingswetter, und wir fünf Kinder – 1, 3, 7, 11 und 12 Jahre alt – blieben alleine in unserem eng von Wasser umschlossenen Haus zurück. Unsere große Schwester hatte uns mit Essen zu versorgen und die Jüngste zu betreuen und überhaupt die Aufsicht über uns. Die Eltern gedachten am Spätnachmittag wieder zu Hause zu sein.

Gegen Abend kam Nebel auf, und unsere Eltern waren immer noch nicht zurück. Unter uns Kindern wuchs die Angst, daß Vater im Nebel sein Ziel verfehlt habe und womöglich an Grönland vorbei auf den See hinaus gefahren sei. Vielleicht fuhr er auch irrtümlich in einem Riesenbogen nach Dänemark hinauf, ohne es zu merken. Wir hielten Rat, und der praktisch denkende Bruder Fidi schlug vor, um unser Haus herum in alle Richtungen Rufsignale auszusenden. Da es schon dunkelte, verteilten wir uns sogleich und riefen mit allen Kräften „Papa – Mama"! Fidi formte noch in aller Eile aus Pappe „Sprachrohre", wovon er sich eine größere Tragweite unserer kindlichen Stimmen versprach, und verteilte sie reihum. Zwischendurch horchten wir auf eine Antwort aus der Stille, aber umsonst. Schließlich schraubte mein Bruder das blanke Handrohr von unserem Sparherd in der Küche ab, stieg zum Boden hinauf und blies mit einem unheimlich klingenden Trompetenton zum Giebelfenster hinaus. Auch als es schon völlig dunkel geworden war, ließen wir in unserem Eifer nicht nach, obgleich die Angst, unsere Eltern würden nicht zurückkehren, uns die Kehlen einschnürte. Doch dann: Endlich glaubten wir, ganz in der Ferne Mutters Stimme zu hören! Noch einmal nahmen wir unsere ganze Kraft zusammen und riefen im Chor, während Fidis Blasen über uns immer vollkommener und lauter erklang. Schließlich bestand kein Zweifel mehr, unsere Eltern kamen näher und näher. Endlich tauchten sie aus der Dunkelheit auf, und die Freude auf beiden Seiten wollte kein Ende nehmen.

Vater hatte tatsächlich die Richtung verfehlt, und erst durch unser Rufen, aber mehr noch durch Fidis Blasen hatte er unser Haus ansteuern können. Diese nächtliche Irrfahrt nach der Beerdigung und die glückliche Heimkehr der Eltern bot über unsere Familie hinaus noch lange Gesprächsstoff.

Flachboottypen des Gotteskoogsees um 1920 zum Segeln und zum Staken

Mein erstes Walderlebnis

Zu den ganz großen Erlebnissen in meiner Kindheit zählt der Ausflug mit unserer Gotteskooger Zwergschule in den Langenberger Forst, als ich gerade 6 Jahre alt war. Schon Wochen vorher freuten wir uns darauf, in einen richtigen Wald zu fahren. Bisher kannten wir ihn nur aus den Märchen Hänsel und Gretel, Rotkäppchen und Schneewittchen, in denen der Wald wie auch auf den Bildern dunkel und geheimnisvoll erschien. Nach meinen Vorstellungen wohnten dort die Zwerge, und der Weihnachtsmann hielt sich dort im Sommer auf, wie Mutter mal sagte. Ihm würden wir wohl kaum begegnen, aber vielleicht einem Zwerg? Mein großer Bruder war da weniger romantisch und meinte, wir würden höchstens ein Reh oder einen Hirsch sehen. Aber er war bisher auch noch nie in einem richtigen Wald gewesen und konnte somit gar nichts Genaues wissen.

Endlich kam der große Tag heran. Es war ein herrliches Wetter. Wir mußten schon um 7 Uhr vor der Schule sein und somit kurz nach 6 Uhr zu Hause aufbrechen. Ausgerüstet mit reichlich Butterbroten für uns beide in einem fast neuen Schuhkarton und je einer Flasche Brause aus dem Vorrat unserer Schankwirtschaft „Grönland", zogen wir los. An der Schule angekommen, standen schon zwei Bauern mit ihren Pferdefuhrwerken bereit, uns neunzehn Kinder aller Altersstufen aufzunehmen. Es waren einfache Leiterwagen, die durch einige Querbretter ergänzt wurden, auf denen wir nun Platz nahmen.

Auf dem vordersten Brett saß rechts der Bauer und lenkte die Pferde, neben ihm unser Lehrer; dahinter saßen wir Kinder zu vieren auf den Bänken, und schon ging es in flottem Trab los: zunächst auf dem trockenen Kleiweg entlang bis Uhlebüll, den wir ja von unseren häufigen Niebüllgängen gut kannten, aber dann weiter auf den Chausseen durch fremde Dörfer, bis wir nach rund zwei Stunden ziemlich unsanfter Fahrt die ersten Ausläufer des Waldes erblickten. Je näher wir kamen, desto höher stieg die Spannung. Schließlich hieß es absteigen, und wir konnten von der Straße direkt in den Wald gehen.

Ich faßte nach der Hand meines großen Bruders, und wir beide wanderten mit ehrfürchtigem Staunen in die Welt unserer Märchen hinein: Die Bäume riesenhaft hoch und wir so klein darunter auf verschlungenen Wegen. Auch die anderen Kinder schienen tief beeindruckt, denn alle waren still, kaum, daß ein Wort gesprochen wurde.

Ich guckte im Vorbeigehen hinter Sträucher und Büsche, um Verborgenes zu erhaschen, aber es ließ sich nichts erkennen. Auch Fidi spähte vergebens nach Rehen und Hirschen aus. So erreichten wir nach einer langen Wanderung einen allmählich ansteigenden sandigen Berg, der, wie unser Lehrer sagte, Rantzauhöh heißt und über 40 m hoch ist! Auf dieser Anhöhe stand ein hölzerner Aussichtsturm, den wir in kleinen Gruppen mit viel Vorsicht besteigen durften. Oben hatten wir einen weiten Blick ins Land und sahen dort erst, wie riesengroß dieser Wald ist. Unser Lehrer zeigte auch in Richtung Gotteskoog, aber wir konnten unser Daheim Grönland nicht ausmachen, zu weit waren wir von zu Hause entfernt.

Unten wieder angekommen, packten wir alle unsere Eßvorräte aus, aßen unser Mittagsbrot am Fuß des Turmes und durften ein bißchen herumlaufen. Ich blieb aber lieber immer in Sichtweite des Rastplatzes, da ich mich nicht wie Hänsel und Gretel im Wald verirren wollte. Dennoch bewunderte ich das dicke, weiche Moos, das fremdartige Farnkraut und die bemoosten Baumstümpfe, uralte Bäume mit tiefhängenden Ästen und kleine Tannen, wie wir sie zu Weihnachten in der Stube hatten. Alles fand ich hier genauso, wie in den Märchen beschrieben und auf den Bildern gezeigt. Dabei alles so geheimnisvoll still, daß ich mir gut vorstellen konnte, daß der Weihnachtsmann hier irgendwo im Verborgenen den Sommer verbrachte. Fidi dagegen besah sich vor allem die schlanken, langen Tannenstämme und zeigte mir einige, die sich seiner Ansicht nach großartig als Masten für unsere Boote auf dem Gotteskooger See eignen würden.

Die Sonne brannte heiß, aber hier im Wald hatte man ja überall Schatten genug. Bald jedoch hörten wir ein fernes Grollen, und unser Lehrer stieg noch einmal den Turm hinauf. Eilig kam er zurück und sagte, es ziehe ein Gewitter auf, und wir sollten uns schnell auf den Weg zum Forsthaus machen, das hier in der Nähe sein müsse. Nun waren wir aufgeregt und blieben dicht beisammen. Nach einigem Suchen fand unser Lehrer tatsächlich das Haus des Försters, das unter riesigen alten Bäumen versteckt lag, ein sehr spitzes Dach und über der Tür ein Hirschgeweih hatte. Die Förstersfrau lud uns gleich ein, in die Stube zu treten, die uns recht eng vorkam. Aber schließlich fanden wir auf den Bänken und Stühlen alle Platz, und die vielen ausgestopften Vögel, Waldtiere und seltsame Geweihe konnte ich in Ruhe bewundern. Es wurde immer dunkler um uns, und schon setzten Blitz und Donner und ein heftiger Regen ein. Da waren wir aber glücklich, hier einen so gemütlichen Unterschlupf gefunden zu haben! Zuletzt trat auch noch der Förster herein. Er sah in seiner grünen Uniform, mit dem grünen Hut und dem Gewehr genau wie der vom Rotkäppchen aus. Auch zwei Hunde, einen großen und einen Dackel, brachte er mit. Alle drei waren schon etwas naß, aber der Förster trug einen weiten Umhang, der ihn vor dem Regen geschützt hatte.

Nach geraumer Zeit wurden Blitz und Donner schwächer, und der Regen hörte ganz auf. Der Reihe nach bedankten wir uns bei der Förstersfrau und auch beim Förster für die gute Aufnahme in ihrem Haus und gaben beiden zum Abschied die Hand. Wir gingen nun quer durch den Wald zu unseren Wagen zurück. Die Bäume tropften noch vom Regen, aber der Weg war ganz trocken. Fidi erklärte dazu, daß der Sandboden hier das Wasser aufsaugt. Etwas müde erreichten wir unsere wartenden Fuhrwerke und kamen gegen Abend ziemlich durchgeschüttelt wieder bei unserer Schule an.

Nun galt es für uns beide, noch fast eine Stunde zu Fuß nach Grönland zu laufen. Aber schließlich hatten wir auch das geschafft. Voll der neuen Eindrücke vom richtigen Wald, von einem echten Förster mit Jagdhunden und von einem Forsthaus voller ausgestopfter Tiere, betraten wir müde, aber überglücklich unser Haus. Wenn ich auch keine Zwerge und mein Bruder weder Reh noch Hirsch gesehen hatte, so zehrten wir noch lange von diesem Ausflugserlebnis im Langenberger Forst.

Unsere Schimmelkuh

Nach zwei Jahren des Aufenthalts im Gotteskoog brachten mein Bruder Fidi und ich unsere gute alte Schimmelkuh, die uns von allen Rindern als einziges geblieben war, wieder nach Fahretoft zurück. Wir wählten den Weg um Niebüll herum, damit das schwere Tier nicht im Ort auf dem harten Pflaster gehen müsse. Für den Marsch von rund 20 km hatten wir etwa acht Stunden veranschlagt, und außer Mittagsbrot bekamen wir 50 Pf Zehrgeld mit auf den Weg. Es war Frühsommer, und wir zogen zeitig am Morgen los. Wir kannten die Wege gut. Sie waren alle unbefestigt, was unserer Schimmelkuh, aber auch unseren bloßen Füßen zugute kam. Das Proviantpaket, die überflüssigen Kleidungsstücke sowie unsere Schuhe banden wir der Kuh über den Rücken, so daß wir unbeschwert unsere Wanderung aufnehmen konnten. Nach einer kurzen Strecke ging das überaus gutmütige Tier bereits alleine seinen Weg, fraß hier und dort von den saftigen Kleeflächen links und rechts am Wege und strebte offensichtlich seiner alten Heimat Fahretoft zu. Auch wir freuten uns darauf, unsere Großeltern und alte Freunde wiederzusehen, und schlenderten im übrigen gemütlich dahin, uns weitgehend dem Tempo des Tieres anpassend. Wir vertrieben uns die Zeit mit gelegentlichen kleinen Spielen oder erkundeten die nähere Umgebung nach eventuellen Entennestern und was es sonst so alles an den Grabenkanten an Interessantem gab. Um die Mittagszeit wurde es heiß, wir aßen unser Mittagsbrot und legten uns ins warme Gras, die Kuh jetzt an einer langen Leine haltend, die mein Bruder sich um den Leib band, damit sie uns während des Schlafens nicht weglaufen konnte. Aber auch sie war müde und legte sich wiederkäuend neben uns. Weit und breit waren keine Menschen und Häuser zu sehen. Die Sonne schien, Kiebitze und „Tüter“ waren zu hören, und Lerchen sangen über unseren Köpfen. Ich fühlte mich an der Seite meines großen Bruders sehr geborgen und freute mich auf unser neues Zuhause in unserer alten Heimat. Ich sollte erst eine Zeitlang bei meinen Großeltern wohnen, was mir auch ganz recht war.

Nach einem kurzen Schlaf zogen wir drei weiter. Für das Geld, so hatten wir uns geeinigt, wollten wir beim Kaufmann in Maasbüll eine Stange Lakritze und für 10 Pf Bonbons kaufen. Von dort aus waren es dann auch nur noch 5 km bis zu unserem Ziel.

Das Marschtempo wurde nun langsamer und von unserer Kuh bestimmt, die groß und schwer dahinzog. Als wir endlich Maasbüll erreichten, war es schon hoher Nachmittag. Während ich, um keine Zeit zu verlieren, mit dem „Schimmel“ weiterging, besorgte mein Bruder bei Kaufmann Paulsen die süßen Sachen und kam dann hinterhergerannt. Auf die Stange Lakritze freute ich mich besonders. Die Teilung machte jedoch zunächst einige Schwierigkeiten, weil mein Messer in der alten Hose verblieben war. Zum Glück fanden wir aber noch einen Bindfaden, und mit ihm sägten wir dann die dicke, zähe Stange etwas mühsam durch. Die seltene Köstlichkeit genießend, wanderten wir nun auf dem Moordeich unserer alten Heimat entgegen. Doch hatten wir von den Süßigkeiten bald genug und steckten den Rest in die Hosentasche. Unterdessen stellte sich ein unbändiger Durst ein, und kein Wasser in Sicht! Wir kannten aber auf dem halben Wege des Moordeiches einen Sielzug bei der Wassermühle, der auch in trockenen Sommern Wasser führte. Der Weg dorthin schien uns unendlich, zumal unsere Schimmelkuh nun merklich langsamer wurde und häufig einfach stehenblieb. Wir entlasteten sie daher von unseren Kleidungsstücken, nur, es schien wenig zu nützen. Schließlich erreichten wir aber doch die ersehnte Wasserstelle, die jedoch zu unserer Bestürzung von einer großen Schar Enten bevölkert war. Nicht einmal unsere Weggefährtin, die sicher auch Durst hatte, konnte sich zum Trinken dieser Brühe entschließen. Wir rannten nun am Sielzug entlang und hofften, eine bessere Stelle zu finden. Umsonst. Doch schließlich war unser Durst so heftig, daß wir uns entschlossen, bei den Enten zu trinken. Wir legten uns bäuchlings auf die Kante und löschten unseren Durst an einer Stelle, wo es uns noch am saubersten erschien, ohne auf den Gedanken zu kommen, in dem nahen Haus des Wassermüllers um ein bißchen Wasser zu bitten. Unsere zweijährige Abgeschiedenheit hatte uns wohl ein wenig menschenscheu werden lassen. Übrigens kann ich mich nicht erinnern, daß uns diese Brühe geschadet hat.

Müde und ganz zerschlagen erreichten wir drei schließlich unser Ziel. Als wir in die Nähe unserer früheren Kuhfenne kamen, wurde unser „Schimmel" plötzlich munterer, steuerte zielbewußt das Hecktor an und blieb vor ihm stehen. Es war unverkennbar, unsere alte Kuh erkannte nach zwei Jahren der Abwesenheit ihre Heimat wieder. Wir waren schon immer in der ganzen Familie davon überzeugt, daß sie ein besonders kluges Tier war, aber ein solches Erinnerungsvermögen hatte keiner erwartet, und sie erwarb sich damit noch mehr Ansehen bei uns. Mein Bruder und ich glaubten sogar, daß sie auch ohne uns den Weg vom Gotteskoog nach Fahretoft gefunden hätte, was unser Vater allerdings bezweifelte.

Nun waren wir schon wieder einige Jahre in unserer alten Heimat Fahretoft und hatten die Zeit im Gotteskoog weitgehend vergessen. Unsere alte Schimmelkuh hatte nach Vaters Berechnungen inzwischen ein Alter von über dreizehn Jahren erreicht. Sie war über viele Jahre hin unsere beste Milchkuh gewesen, aber nun gab sie immer weniger Milch, und meine Eltern entschlossen sich schweren Herzens, sie zu verkaufen. Ich hatte schon seit längerer Zeit gemerkt, daß Vater nicht gern das Alter der Kuh im Gespräch erwähnte, weil es unter Bauern nicht als klug gilt, die Kühe so alt werden zu lassen. Aber sie gehörte eben zur Familie und kannte uns alle genau. Das spürte man auch beim Melken, wenn sich jemand näherte, den sie nicht mochte oder nicht kannte. Sie gebärdete sich dann so unruhig, daß ein Melken unmöglich war. Kam aber einer, den sie gern hatte, wozu ich gehörte, wartete sie auch auf der Weide mit Geduld, bis der letzte Tropfen Milch im Eimer war, ohne daß man sie festhalten mußte. Ich konnte sogar ein bißchen mit ihr schmusen, soweit das mit einem so großen Tier möglich ist. Sie hielt dann mit dem Fressen inne und stand ganz still. Ihren über viele Jahre angestammten Platz im Stall steuerte sie immer wieder ohne Zögern an, obgleich sie sechs Monate lang auf der Weide gewesen war. Und wenn es im Frühling anfing, nach Gras zu riechen, muhte sie im Stall so lange, bis Vater sie hinausließ. Wurde es aber im Herbst kalt und naß, stand sie am Hecktor und brüllte markerschütternd, bis wir sie in den Stall holten. Bei den anderen Kühen haben wir solches Verhalten nicht beobachten können. Sie war eben eine ungewöhnlich kluge und liebe Kuh, wenn auch mit einem ausgeprägten Charakter.

Umso schwerer wurde uns allen der Entschluß, sie nun doch wegzugeben, zumal in dem Bewußtsein, daß der Weg nur zum Schlachter führen konnte. Ein Gnadenbrot kam nicht in Frage, weil wir es uns nicht leisten konnten und uns darüber hinaus dem Gespött des Dorfes ausgesetzt hätten. Im übrigen dachte meine Mutter da auch als Bauerntochter praktischer und rationeller, so daß der Abschied unumgänglich wurde. Als Mutter dann auch noch einen günstigen Preis erzielen konnte, war ihr Schicksal besiegelt, und mein Bruder und ich mußten noch einmal und nun zum letzten Mal mit ihr auf die Reise gehen.

Das Ziel war der Viehhändler Asmussen in Bargum. Im Handel war eine Mark Bringerlohn bei der Ablieferung ausgemacht worden. Für uns nur ein schwacher Trost. An diese letzte Wanderung mit unserer alten Schimmelkuh erinnere ich mich noch besonders deutlich, und es will mich noch heute eine leise Wehmut beschleichen. Es war wieder ein herrliches Wetter, und der Weg führte über Waygaard und Efkebüll auf dem flachen Deich entlang. Wieder liefen wir barfuß, und unsere Schimmelkuh trug unsere Schuhe und sonstigen überflüssigen Kleidungsstücke auf ihrem breiten Rücken. Ihr Gang war behäbig wie immer, aber sie blieb des öfteren stehen. Auch wir hatten keine Eile, ans Ziel zu kommen. Wir führten sie von einer duftenden Kleefläche zur anderen und erfreuten uns an ihrem Appetit. Dabei entdeckten wir ganz zufällig ein Lerchennest mit Jungen und beobachteten aus gebührender Entfernung eine Zeitlang das Füttern der Eltern. Im übrigen hielten wir ein Auge darauf, daß unsere Weggefährtin nicht versehentlich das Nest zertrat.

Je näher wir Bargum kamen, desto langsamer wurden unsere Schritte. Schließlich standen wir aber doch auf dem Hof des Händlers. Und dann ging alles ganz schnell. Man hatte schon auf uns gewartet und brachte unsere Schimmelkuh, bevor wir richtig darum gewahr wurden, in eine Box zu anderen Kühen. Der Händler gab mir eilig aus der Westentasche 1 Mark, und damit waren wir offensichtlich entlassen. Zögernd machten wir uns auf den Heimweg, hatten wir doch damit gerechnet, jeder 1 Mark zu erhalten.

Ein langer Blick zurück, aber unsere Schimmelkuh war längst im allgemeinen Getriebe untergegangen. Obwohl wir es beide wußten, sprachen wir auf dem Heimweg nicht darüber, daß sie nun dem Schlachter zugeführt würde. Müde und traurig gelangten wir nach Stunden zu Hause an, und noch lange hinterließ das Fehlen unserer alten guten Schimmelkuh eine Lücke in unserem Leben.

Alltag bei den Großeltern

Im Alter von 8 bis 11 Jahren lebte ich bei meinen Großeltern väterlicherseits in Fahretoft, wo ich mich mit manchen Handreichungen und Botengängen nützlich machen konnte. Sie betrieben eine kleine Landwirtschaft mit ein paar Milchkühen, einigen Jungtieren und zehn bis zwölf Schafen. Auch zwei Schweine und fünfzehn bis zwanzig Hühner gehörten dazu. Die Großeltern waren damals Mitte siebzig, aber schafften die Arbeit fast noch ohne fremde Hilfe. Ich war gern bei ihnen, und die schönste Zeit des Tages begann mit der Dämmerstunde. Aus Gründen der Sparsamkeit wurde die Petroleumlampe erst bei völliger Dunkelheit angezündet. Bis dahin erzählten die beiden Alten fast immer aus ihrem langen Leben, wovon ich nicht genug hören konnte.

Großvater war über viele Jahre von der Gemeinde eingesetzt, um den Schüttkoben hinter dem Spritzenhaus auf dem Holländerdeich zu betreuen. Dort wurden die frei herumlaufenden Rinder und Schafe „eingeschüttet", bis sich der Eigentümer meldete, damals eine häufig vorkommende Begebenheit, da fast alle Dorfbewohner ein paar Tiere hielten und die umgrenzenden Gräben der Fennen das Vieh nicht immer zurückhalten konnten. Für die Versorgung mit Futter und Wasser mußte der Besitzer der Tiere bei der Abholung ein festgesetztes Tagegeld entrichten.

In der Zeit der Kornreife wurden auch Enten eingeschüttet. Schon vorher richteten wir im Stall etliche Abteilungen ein, damit die Entenfamilien voneinander getrennt blieben. Die unzähligen Dorfenten richteten in den damals wenigen Kornfeldern erhebliche Schäden an, und die Bauern verlangten und erhielten von den Eigentümern einen Schadenersatz, je Ente 20 bis 30 Pf, den Großvater bei der Abholung mit einzuziehen hatte. Wenn die Enten nach Bekanntgabe am Schwarzen Brett nicht innerhalb von drei Tagen abgeholt wurden, fand eine Versteigerung der Tiere statt. Nach Abzug der Unkosten erhielt die Gemeinde den Restbetrag. Oft hatten wir fünfzig Enten gleichzeitig in Verwahrung, und das Tagegeld von 10 Pf war als Nebeneinnahme nicht zu verachten. Nicht selten wurden nach einigen Tagen dieselben Enten nochmals von einem Bauern gebracht, und der Eigentümer mußte sie erneut einlösen. Ein Problem ergab sich oftmals für die neuen Besitzer, die die Tiere auf einer Versteigerung erworben hatten, weil die Enten über Monate den unbändigen Drang haben, zu dem ursprünglichen Eigentümer zurückzukehren. Und da sie alle eine „Hausmarke" in den Schwimmhäuten, wie Einschnitte links, rechts, innen, außen oder gar Löcher in verschiedenen Anordnungen trugen, war der Nachweis des rechtmäßigen Besitzers oft schwierig, und Großvater mußte mit Hilfe seiner „Buchführung" klären helfen.

Da ich einen Großteil der Betreuung leisten konnte, wurde ich auch am „Gewinn" beteiligt, was mich stolz machte und meinem Arbeitseifer sicherlich zugute kam.

Meine Großeltern hielten keine Enten. Ihre Erfahrung war: „Wenn du Ärger haben willst, schaff dir Enten an!" An diesen Spruch mußte ich oft denken, als ich mir später – nach ihrem Tod – doch Enten zulegte. Im Winter hielt ich bis zu zwölf dieser liebenswerten, sanften Geschöpfe, die alle einen Namen hatten, auf mein Rufen eilig angewackelt kamen und mir aus der Hand fraßen. Im Frühjahr legten sie große grüne Eier in die vorbereiteten Nester meiner aus Reet gebauten Entenhütte. Die ganze Familie schätzte diese Lekkerbissen weich gekocht mit dunkelrotem Dotter oder in Kuchen verbakken.

Doch es gab auch Enten, die ihre Eier irgendwo im Reet an den Grabenkanten legten, die schwer oder gar nicht zu finden waren und verlorengingen. Als ich diese Sorgen einmal meiner Großtante auf Jannenswarft erzählte, gab sie mir einen ganz einfachen, aber sicheren Rat: Man fängt diese „Wegleger" ein und streut ihnen ein wenig Pfeffer auf den Po. In der Meinung, daß ein neues Ei fällig ist, rennt nun die Ente spornstreichs zu ihrem geheimen Gelege, und man braucht ihr nur zu folgen, um das Versteck zu entdecken. Auf diese Weise habe ich mehrfach Nester mit sechs bis zwölf Eiern ausfindig gemacht. So einfach ist das, man muß es nur wissen.

Ganz unrecht indes hatten meine Großeltern mit ihrer Einstellung zu der Entenhaltung nicht. Nach Abklingen des Eierlegens ließ ich sie brüten. Alle erhielten zwölf Eier untergelegt, so daß sie im Durchschnitt mit zehn Jungen davonzogen, nachdem auch ich ihnen meine „Hausmarke", die abgeschnittene rechte Ferse, mit auf den Weg gegeben hatte. Bei den damaligen wassergefüllten Gräben ernährten sie sich alleine und kehrten allgemein erst im Herbst, wenn die Nahrung knapper wurde, mit den erwachsenen Jungen mehr oder weniger vollzählig nach Hause zurück.

Ich ging schon mal mit dem Springstock, „Klootstock" genannt, übers Feld und erkundete, wo sich die einzelnen Familien aufhielten und wie sich der Bestand entwickelte, aber im übrigen hatte man kaum Mühe mit ihnen. Erst mit dem Herannahen der Schlachtreife der Jungen stieg das Risiko, daß sie im Korn ertappt und eingeschüttet würden oder daß sie plötzlich verschwänden und irgendwo in der Bratpfanne landeten. Letzteres passierte immer wieder, und damit war der Ärger vorprogrammiert. Dennoch überwog für mich die Freude an diesen Tieren bei weitem.

Natürlich besaßen mein Bruder und ich auch Kaninchen, deren Anzahl im Laufe des Jahres allerdings erheblich schwankte. Mit den kleinen Jungen zusammen kamen wir einmal auf fünfundvierzig Stück. Aber das war eine Ausnahme, denn wir trieben einen regen Handel mit ihnen. Allgemein hielten wir zwei bis drei weibliche Alttiere, die wir im zeitigen Frühjahr zum Rammler brachten. Gab es davon mehrere in erreichbarer Nähe, suchten wir für unseren Nachwuchs den größten und farblich schönsten aus und scheuten uns nicht, dafür einen längeren Weg in Kauf zu nehmen. Je nach Entfernung trugen oder fuhren wir die Weibchen zum jeweiligen Besitzer, meistens einem Schulkameraden, und ließen sie dort einige Tage. Das Deckgeld betrug üblicherweise eine Mark oder ein sechs Wochen altes Junges. Da wir wenig Bargeld besaßen, überließen wir dem Bockbesitzer lieber ein Jungtier, das er sich aus dem betreffenden Wurf aussuchen durfte.

Unsere Tiere waren in großräumigen Kisten oder gar in Schweinekoben untergebracht. Kam die Zeit des Werfens heran, trugen die werdenden Tiermütter Heu in eine von ihnen erwählte Ecke und richteten ein warmes Nest her. Für uns begann dann eine spannende Zeit, weil das Werfen häufig nicht ohne Schwierigkeiten verlief und uns natürlich die Anzahl der Jungen interessierte. Einige Tage nach dem Wurf schoben wir deshalb die Hand vorsichtig tastend unter die schützende Decke aus Haar und Heu.

Da junge Kaninchen im Gegensatz zu Hasen neun Tage lang blind und nackt sind, dürfen sie während dieser Zeit nicht aus dem warmen Nest genommen werden. Erst nach zehn bis zwölf Tagen beginnen sie, nun sehend und mit einem zarten Haarkleid angetan, die nächste Umgebung ihres Lagers zu erkunden. Von da an darf man die überaus possierlichen Tierchen schon mal in die Hand nehmen. Das Heranwachsen der Jungen verläuft sehr schnell, und wir nutzten die Zeit, um mit ihnen zu spielen. Bei Sonnenschein trugen wir sie mit der besorgten Mutter zusammen hinaus in den Garten, wo sie neben der Muttermilch auch das zarte Grün schon zu schätzen wußten. Wir legten uns zu ihnen ins Gras, und die Kaninchenfamilien waren uns gegenüber so zutraulich, daß sie dauernd an uns herumschnupperten, wobei uns ihre Barthaare in der Nase kitzelten.

Einmal erlebten wir ein Muttertier, das seine Jungen bis auf drei von uns gerettete zu unserem Schrecken gleich nach der Geburt auffraß, was wir ihm als Bösartigkeit auslegten. Später erfuhren wir, daß eine Schale mit Wasser, im Kaninchenstall abgestellt, solches Unheil verhindern kann.

Da wir ungern unsere Tiere schlachteten und der Kaninchenbraten in unserer Familie deswegen nicht sonderlich beliebt war, verkauften wir die Jungtiere nach Möglichkeit.

Schlimme Folgen hatte einmal mein Versuch, unser Lieblingstier, das aus dem Stall entkommen war, wieder einzufangen. Es lief in das „Kartoffelstück“ unseres Gartens, wo es im hohen Kraut verschwand. Ich nahm eine lange Stange und schlug hier und da ins Kraut, um das Kaninchen hinauszutreiben. Plötzlich ertönte ein von mir nie gehörter hoher, klagender Laut. Ich erstarrte, denn offenbar hatte ich das arme Tier ungewollt schwer verletzt. In meiner Not rannte ich laut weinend zu meiner Mutter in die Küche, die mir geistesgegenwärtig mit dem Feuerhaken in der Hand eilig in den Garten folgte. Während ich mich auf den Boden warf und mir beide Ohren zuhielt, ging sie dem jammervollen Ton nach.

Als Mutter mich nach einer Weile aufhob, lag unser schönstes Kaninchen leblos neben uns im Gras; sie aber tröstete mich, daß es nun keine Schmerzen mehr habe. Noch lange verfolgte mich dieser klagende Schrei des sonst stummen Tieres bis in den Traum.

Die Zeit auf der Kirchwarft

Im Jahre 1922 vorzeitig aus dem Gotteskoog nach Fahretoft zurückgekehrt, konnten wir unser Haus, das Vater 1912 gebaut hatte, nicht beziehen, weil es für mehrere Jahre vermietet war. So übernahmen meine Eltern auf der Kirchwarft eine Gastwirtschaft. An Sonntagen, bei Hochzeiten und Beerdigungen fuhren die Bauern mit ihren „Federwagen“ und ihren zweirädrigen Gigs bei uns vor, und wir Kinder bewachten dann die Gespanne. Die Pferde waren oft sehr unruhig, und wir hatten große Angst, sie könnten ausbrechen. Nach der kirchlichen Feier kamen die Besucher fast alle zu einem Umtrunk zu meinen Eltern in die Gastwirtschaft. Meistens wurden aus kleinen Tassen ein bis zwei Teepünsche getrunken, die zur Hälfte aus Tee und zum anderen Teil aus Branntwein, „Geele Köm“, bestanden, dem friesischen Standardgetränk. Bevor die Gäste dann wieder abfuhren, bekamen wir ein Trinkgeld, das meistens einen Groschen, also 10 Pf betrug. Wenn ich mich recht erinnere, kostete 1924 ein Punsch 25 Pf. Vorher, in der Zeit der Inflation, hatten wir auch schon mit Tausenden und zuletzt gar mit Billionen gerechnet, und ich weiß noch, daß ich einmal eine Milliarde Mark bekam und der Kauf-

Schankwirtschaft von Sönke Lorenzen auf der Gabrielswarft um 1924

mann, der im gleichen Haus wohnte, mir wohl nur aus Mitleid dafür zwei Bonbons in die Hand drückte.

In der Nachbarschaft wohnte Pastor Ahrens, mit dessen Sohn Walter ich häufig spielte. So wurde ich auch gelegentlich dort zum Essen eingeladen, was mich nun gar nicht erfreute. Schon die vornehmen Eßsitten und die langen Gebete vor und nach der Mahlzeit waren sehr anstrengend, und ich fühlte mich erleichtert, wenn ich wieder draußen war. Pastor Ahrens trug einen langen weißen Bart und war groß und beleibt. Seinem Sohn gegenüber war er sehr streng, und mehrfach hörten wir die Wehlaute, wenn er sein Kind mit einem Tauende für Vergehen züchtigte, die in unserer Familie nur ein Stirnrunzeln der Eltern hervorgerufen hätten. Ich habe deshalb vor dem Pastor immer ein wenig Angst gehabt und bin ihm möglichst aus dem Weg gegangen.

Meine Fahretofter Großeltern

Meine Großmutter väterlicherseits, Marie, geb. Boysen (1848–1926), war die Erbin des Hausgrundstücks Holländerdeich 42 in Fahretoft, wo ich geboren bin. Mindestens seit Anfang des 17. Jahrhunderts ist es in Familienbesitz, und über viele Generationen befand sich darauf die Dorfschmiede. Der letzte aus der langen Reihe meiner Vorväter, die diesen Beruf ausübten, war mein Urgroßvater Sönke Boysen, der im Jahr 1850 verstarb. Mit ihm erlosch die Schmiedetradition.

Großmutter entstammte somit einer uralten friesischen Familie. Sie erzählte mir, daß sie bei ihrer Einschulung kaum ein Wort Hochdeutsch kannte. Doch war sie zum Glück nicht die einzige, der es so erging, denn Friesisch war damals die allgemeine Umgangssprache im Dorf. Mit allen Nachbarn und mit meiner Mutter, die gleichfalls aus einer alteingesessenen Fahretofter Familie kam, sprach sie ausschließlich friesisch. Bei Aufregungen und gelegentlichem Schimpfen verfiel sie auch in der Unterhaltung mit Großvater, mit dem sie sich sonst plattdeutsch verständigte, stets in ihre Muttersprache, ohne es wohl selbst recht zu merken.

Großvater (1848–1931) war dagegen in Leck mit der dänischen Sprache aufgewachsen. Da er gerade im Jahr des deutsch-dänischen Krieges (1864) konfirmiert wurde und die Religionsprüfung nun erstmalig in Deutsch abgehalten werden mußte, half sich der Pastor in der Weise, daß er jedem Konfirmanden der Reihe nach nur ein bestimmtes Gebot in Deutsch zu lernen aufgab. Sorgfältig in gleicher Reihenfolge aufgestellt, klappte das Abfragen bei der Prüfung großartig, und der preußische Prälat war hoch zufrieden, wie Großvater sich lächelnd erinnerte.

Im Jahre 1869 kam er als junger Müllergeselle aus Leck auf die Fahretofter Windmühle. Da nur ca. 100 Schritt westlich von ihr auf dem Bauernhof eine junge Tochter wohnte, war eine Bekanntschaft vorauszusehen. Der Müllergeselle hieß Friedrich Lorenzen und verlobte sich bald mit der Nachbarstochter Marie Boysen. Wenig später wurde mein Großvater wegen seiner stattlichen Größe von über 1,90 m zur Garde nach Potsdam eingezogen und mußte von dort in den Krieg 1870–71 gegen Frankreich ziehen. Erst 1874 kehrte er nach Fahretoft zurück und heiratete dann seine langjährige Verlobte. Es war sicherlich keine ganz glückliche Partnerwahl: er, inzwischen ein weitgereister, weltoffener Mann, und sie, eine zwar ansehnliche und intelligente, aber geistig im dörflichen Alltagsleben verhaftete Frau. Als mein Großvater eine gutgehende Mühle in Achtrup kaufen wollte, war sie nicht zu bewegen, Fahretoft zu verlassen, so daß er gezwungen wurde, auswärts Arbeit zu suchen. Sieben Jahre lang arbeitete er als Meistergeselle in dem Mühlengroßbetrieb auf dem Mikkelberg in Hattstedt, von wo er nur alle drei Wochen mit einer Pferdekutsche nach Hause kommen konnte. Anschließend war er infolge des allgemeinen Mühlensterbens jahrelang in Flensburg berufsfremd tätig. Schließlich fand er in dem damals beginnenden Küstenschutz Arbeit, während meine Großmutter die Landwirtschaft überwiegend alleine betrieb, wie es damals üblich war. Vier Kinder, darunter mein Vater Sönke, entstammen dieser Ehe, die erst in späteren Jahren eine gewisse Harmonie erlangte.

Im Jahre 1924 feierten meine Großeltern das Fest der Goldenen Hochzeit, das damals nur selten von Ehepaaren erreicht wurde. Ich sehe noch heute meinen Großvater, seine kleine Frau am Arm, mit vornehm-weltmännischer Geste den Zylinderhut schwenkend, nach allen Seiten grüßend, durch das Spalier der Dorfbewohner schreiten. Leider hatte er wenig Gelegenheit, in diesem dörflich-engen Bereich seine sicherlich für größere Aufgaben vorhandenen Anlagen zu beweisen.

Er erzählte mir oft von seiner Zeit in Potsdam und der Zeit nach dem Krieg in Paris. Dort hatte er auch eine kleine französische Freundin, die ihm zum Abschied eine winzige, von ihr selbst bestickte Geldbörse schenkte.

Diese lag wohlverwahrt, zusammen mit einer Trillerpfeife aus Blei und einem Tagebuch in dänischer Sprache in seiner Schatulle in einem der vielen kleinen Schubläden. Noch im hohen Alter zeigte er dieses Andenken mit einer gewissen Zärtlichkeit, und ich konnte aus Großmutters Kommentar entnehmen, daß sie immer noch ein bißchen eifersüchtig auf diese Französin war.

Die dänische Schriftsprache war ihm geläufiger als die deutsche, da er bis 1864, also seine ganze Schulzeit hindurch, nur dänisch gesprochen und geschrieben hatte. Erst dieser Krieg löste Schleswig-Holstein aus der jahrhundertealten dänischen Verwaltung. Von da an waren meine Vorfahren preußische Staatsbürger. Wenn man meinem Großvater im hohen Alter nicht so recht mehr den Weg zu Fuß nach Bredstedt oder Niebüll zumuten mochte, hieß es: *„Ick bin 1870 vun Potsdam no Paris to Foot lopen, un denn warr ick wull uck noch de poor Mielen achter mi bringen.* “ Sprach's und machte sich auf den Weg.

Alle Jahre im Dezember ging ein hochbetagter blinder Mann in Begleitung von Walter „Paster“ oder Tilly „Post“ in Fahretoft und Umgegend von Haus zu Haus und verkaufte den Breklumer Kalender. Dieser war sehr beliebt, weil darin außer den Sonn- und Feiertagen, Mondphasen und Jahrmärkten in Nordfriesland auch die Trächtigkeitszeiten für alle Haustiere standen. Für uns Kinder waren auch noch einige Geschichten darin, die ich in Ermangelung sonstigen Lesestoffs im Laufe der Winterabende alle las. Sie waren natürlich sehr fromm gehalten, und ich machte mir so meine Gedanken dazu, weil wir so ganz anders lebten.

Der alte Mann war Böhle Bunken[1], der früher einmal Lehrer in Nebel auf Amrum gewesen und für uns Kinder der Inbegriff eines frommen Menschen war. Ich traf ihn zum erstenmal bei Pastor Ahrens, wo ich als Freund des Sohnes Walter wiederholt zum Essen eingeladen wurde. Als Gast des Hauses übernahm Böhle, wie wir ihn kurz nannten, die Tischgebete, die bei ihm

1 Sein richtiger Name war Bandix Friedrich Bonken. Er wurde 1839 auf Hallig Gröde geboren, von wo die Eltern wenige Jahre später nach Langeneß übersiedelten. Gestorben ist er Ostern 1926 bei Freunden auf Bollhaus bei Waygaard (Nachruf im Jahrbuch des Nordfriesischen Vereins für Heimatkunde und Heimatliebe 13, 110ff.). *Böhle* ist das nur auf den Halligen vorkommende friesische Wort für Onkel; anders als seine genaue etymologische Entsprechung im Deutschen, „Buhle“, hat es die ursprüngliche Bedeutung „(älterer) männlicher Verwandter“ bis auf den heutigen Tag bewahrt.

Meine Fahretofter Großeltern Friedrich und Marie Lorenzen um 1895

Familie Sönke und Magda Lorenzen in Fahretoft, Holländerdeich, 1929

ungewöhnlich lang ausfielen, obwohl er, da er ja blind war, sie auswendig vortragen mußte.

Ich saß ihm gegenüber und sah ihn fortwährend an. Er hielt die Augen stets geschlossen, und ich folgerte daraus, daß die Lider zusammengewachsen waren. Ich machte mir Gedanken, wie man sie mit einem sehr scharfen Messer, einem Rasiermesser vielleicht, voneinander trennen und ihm helfen könnte, als er im Gespräch plötzlich beide Augen weit aufriß und zwei weiße Kugeln zum Vorschein kamen, was mich sehr erschreckte.

Nach dem Essen fragte er nach meinem Namen und kannte sodann meine ganze Familie. Er wollte wissen, ob ich auch fleißig die zehn Gebote mit den dazugehörigen Erklärungen sowie die Choräle bei Küster Pauls lerne. Ich bejahte die Frage ein wenig zögernd, da das Auswendiglernen nicht gerade meine Stärke war. So war ich froh, daß er keinen Beweis meines Könnens von mir verlangte.

Als ich Großvater von meiner Begegnung mit Böhle erzählte, fiel ihm ein, daß er als Junge eine Ohrfeige von ihm erhalten hatte. Ich konnte es nicht glauben, bis ich hörte, daß Böhle um 1860 Junglehrer in Achtrup gewesen war, wo Großvater sich den Sommer über als Hütejunge aufhielt. An sich vom regelmäßigen Schulunterricht in seiner Heimatgemeinde Leck „dispensiert", mußte er einmal in der Woche Schularbeiten bei Böhle vorzeigen und neue Aufgaben abholen. Die Ohrfeige habe er erhalten, als er einmal zu spät erschien.

Ich drängte darauf, daß Großvater bei Böhles bevorstehendem Besuch die Begebenheit in Erinnerung bringen sollte, und erwartete ungeduldig das Ergebnis dieses Zusammentreffens der beiden nunmehr fast achtzig- und neunzigjährigen Männer. Doch verlief diese Begegnung ganz undramatisch: „*So, ick heff di een klävt dormols? Na, denn hest du de wull uck verdeent hatt.*" Einige gemeinsame Erinnerungen aus der damaligen ärmlichen, aber trotzdem auch schönen Zeit folgten. Dann fühlte Böhle sich gedrängt, weitere Kalender des Jahrgangs 1925 in die Häuser zu tragen.

Als er gegangen war, erzählte Großvater noch einiges aus jener Zeit. Er war damals, wie allgemein üblich, von Anfang Mai bis Ende September von seinen Eltern an einen Bauern zum Viehhüten „verdingt" gewesen. An sich war die Arbeit, die er sich mit einem weiteren Jungen teilte, nicht schwer. Wenn die Sonne schien, verlebten sie herrliche Tage in der freien Natur. Unangenehm waren dagegen längere Regenzeiten, weil es weder wasserdichte Kleidung noch Unterschlupfmöglichkeiten für sie gab. Am schlimmsten war es allerdings im Herbst, wenn es kalt wurde und gar die ersten Nachtfröste auftraten. Barfüßig trieben sie die Rinder frühmorgens auf die Weide mit dem noch gefrorenen Gras. An solchen Tagen waren sie froh, ihre kalten Füße in einer der warmen Pfützen, die die Kühe natürlicherweise von Zeit zu Zeit hinterließen, ein wenig aufwärmen zu können.

In der Rückschau überwogen zwar bei Großvater die Sonnentage, wie ich deutlich merkte, doch war ich dankbar, das ganze Jahr über bei meinen Eltern oder Großeltern verbringen zu dürfen.

Das alte Hallighaus

Meine Großeltern besaßen einen Garten mit etlichen Apfel- und vielen Pflaumenbäumen, die heute noch erhalten sind und reichlich tragen. Da das Obst damals außerordentlich knapp war – es gab sicherlich keine zwanzig Apfel- und Birnbäume im Dorf –, gehörten wir zu den viel beneideten Kindern, die im Herbst oft Äpfel mit in die Schule bekamen. Ich erinnere mich, daß meine Mitschüler mich häufig baten, ihnen einen Apfel zu schenken oder ihnen wenigstens das Kerngehäuse zu überlassen.

Das lange, reetgedeckte Friesenhaus mit einliegendem Stall, das auf Eichenständern erbaut war, wäre heute sicherlich eine Sehenswürdigkeit. Das tiefgezogene Dach auf niedrigen Mauern, die Fenster mit je sechzehn winzigen Scheiben und der hohe First ergaben das auf einer Warft gelegene typische Hallighaus. Aber auch innen, mit dem gemauerten Herd – auf friesisch *Heetstien* – unter dem offenen Schornstein, wo die Kessel an einem eisernen, der Höhe nach verstellbaren Haken über den Flammen hingen, war es geradezu noch mittelalterlich ausgestattet.

Die Stube war niedrig, und sowohl die Decke als auch der Fußboden bestanden aus breiten Brettern. Die Wand nach Westen bildeten Holzpaneele mit dem Alkoven darin, in dem Großmutter einst geboren wurde und auch gestorben ist. Unter dem Alkoven, den wir „Lukenbett“, auf friesisch *Lükkebeed* nannten, befanden sich zwei Türen, hinter denen früher Kartoffeln frostfrei gelagert wurden. Im Bettraum selbst gab es sowohl zu Häupten als auch am Fußende breite Borde, wo mancherlei Hausrat Platz fand. Oberhalb des Alkovens und an beiden Seiten befanden sich etliche kleinere und größere Schränke, die für mich viele Geheimnisse bargen. Die ganze Holz-

Hallighaus der Großeltern aus dem 17. Jahrhundert, uthlandfriesisches Bauernhaus (Nordansicht)

1) Wohnstube
2) Alkoven
3) Pesel
4) Schlafkammer
5) Küche
6) Mädchenstube
7) Vordiele (Flur)
8) Loh (Vorratskammer, früher Dreschtenne)
9) Stall
10) Schweinekoben
11) Abstellraum
12) Herd und Backofen

wand wie auch die mit geschwungenen Füllungen ausgestatteten Türen waren in Blau mit mehreren Abtönungen gehalten. Zu meiner Zeit war die Stubendecke auch blau gestrichen, obwohl sich unter dieser Farbe noch deutlich großflächige Ornamente abzeichneten, die nach Großmutters Erinnerungen einst in Rot und Gelb erstrahlten.

Zwischen den beiden Fenstern stand der stabile Klapptisch, dessen herabhängende Seitenteile nur zu besonderen Gelegenheiten hochgenommen wurden, wodurch acht Personen Platz daran fanden. Die kleinen Fenster lagen so tief, daß die Großeltern sich bücken mußten, um nach draußen sehen zu können. Doch standen ihre einfachen, aber bequemen Lehnstühle mit den blau und rot bestickten Kissen zu beiden Seiten des Tisches so günstig vor den Fenstern, daß sie von dort den schönsten Blick in den Garten und ins Wetter hatten.

Die mit Geranien und Pantoffelblumen vollgestellten Fensterbänke erreichten genau die Höhen der Sitzflächen ihrer Stühle, und die Oberkante der Scheiben überragte kaum den Scheitel der Sitzenden. Dicht über den Fenstern verliefen die „Kattschorren", auf friesisch *dat Kåttschuur*, die mit Holz schrägverkleidete Fläche zwischen Längsbalken und Außenmauer, während die wuchtigen Eichenständer mit den schön geschwungenen Kopfbändern ihren unverhüllten Platz auf großen Feldsteinen in den Ecken hinter den Lehnstühlen hatten.

Unter dem Tisch stand der „Kieker", auch „Stoov" = fries. *Stuwe* genannt, das Kohlebecken zum Wärmen kalter Füße. Es war aus Kupfer gefertigt und besaß im Deckel kunstvoll geformte Durchbrüche in Gestalt von Herzen und Ranken. Vom häufigen Gebrauch war die Platte blank geworden und leuchtete hell auf, wenn die Sonne sie traf. Den Platz zwischen den Fenstern füllte ein Spiegel mit einem breiten geschnitzten Holzrahmen aus. Er hing nach vorne geneigt, so daß man sich darin nur sehen konnte, wenn man wie ich seinen Stuhl an der Vorderseite des Tisches hatte.

Abends stand die Petroleumlampe vor dem Spiegel, wodurch der Widerschein unseren Tisch doppelt erhellte. Von der Hitze der Flamme war der niedrige Deckenbalken im Laufe der Jahre angebräunt, und die ehemals blaue Ölfarbe zeigte viele Bläschen. Großvater achtete deshalb sehr darauf, daß der Docht nicht zu hoch gedreht wurde. Der Winkel zwischen dem Spiegel und der Mauer bot Raum für Schriftstücke aller Art. An Großmutters Seite steckten Briefe und Kartengrüße von mehreren Jahren aus dem großen Verwandtenkreis bis nach Amerika hin. Die neuesten Ansichtskarten und insbesondere Verlobungsanzeigen wurden zunächst für einige Zeit an der Vorderseite des Spiegels seitlich in den Rahmen geschoben. Dort prangten gelegentlich drei bis vier solcher Familiennachrichten, und nur Großmutter befand darüber, welche vorne eingesteckt wurden und wie lange sie dort zur täglichen Ansicht verblieben.

An Großvaters Seite dagegen sammelte sich der geschäftliche Schriftverkehr wie Steuerbescheide und Zahlungsbelege an. Diese Ablage hatte sich wohl überall im Lande als praktisch erwiesen, denn man hörte gelegentlich: „*Dat stäk di man achter'n Spegel!*", was soviel hieß wie: „Das vergiß nur nicht!" oder gar: „Das merke dir für alle Zeit!"

Hinter Großvaters Lehnstuhl hingen sieben Tabakspfeifen, sorgfältig der Länge nach geordnet. Alle hatten verschiedene Formen, und ihre Pfeifenköpfe zeigten unterschiedliche bunte Bilder: Mal war es eine schöne Dame im Reifrock, mal ein edles Pferd, ein röhrender Hirsch mit weißer Atemluft oder ein Segelschiff auf hoher See. Aber alle waren für mich gleich hübsch anzusehen. Die kürzeste Pfeife reichte Großvater beim Rauchen bis zum Brustansatz, die längste dagegen mußte er von seinem Stuhl aus schräg in die Stube halten. Nur während seiner beliebten „Wanderungen" im Zimmer hin und her konnte er sie bei seiner stattlichen Größe hängen lassen. Es war immer etwas Besonderes, wenn er die „Grote" wählte. Während Großvater beim Anzünden „oben" sog, hielt ich „unten" einen Fidibus an den Tabak. Brannte die Pfeife dann, war für mich die Gemütlichkeit vollkommen. Großmutter spann oder strickte, und ich las im Breklumer Kalender oder malte auf einer uralten, schweren Schiefertafel, die immer mit dem Griffel unter der Schatulle bereitlag. Daß sie tiefe Schreibrillen von fleißigen Kindern mehrerer Generationen aufwies und eine Ecke fehlte, störte mich überhaupt nicht, zumal auch Großmutter zu den früheren Benutzern gehörte.

In einem der Wandschränkchen hinter Großmutters Lehnstuhl lagen in einer blauroten Hutschachtel ihre Hauben, die sie auf friesisch *Hulle* nannte. An Alltagen trug sie eine kleine schwarze, mit bunten Perlen bestickte Haushaube auf ihrem straff gescheitelten Haar. Zum Kirchgang und zu Festtagen setzte sie sich eine sehr viel schönere auf, die ich stets bewunderte und die ich auch einmal in die Hand nehmen durfte. Sie war aus schwarzer Seide gefertigt und bedeutend höher als die alltägliche. Auf dunkelrotem Grund zeigte sie neben Perlen Silberranken und erinnerte so ein wenig an eine Krone. Mit dieser Haube fand ich Großmutter besonders hübsch und war immer stolz auf sie, wenn sie mit ihr zu unseren Schulfesten erschien.

An der Wand zur Küche hin stand der schwarz glänzende Ofen, „Bilegger" genannt, weil das Brennmaterial nebenan vom Herd aus „beigelegt" wurde. Diese Art der Befeuerung bot den Vorteil, daß die Stube sauber blieb. Der Bilegger war kastenförmig aus schweren gußeisernen Platten erbaut; auf seiner Vorderseite zeigte er bei uns die österliche Auferstehung, die trotz vieler dicker Farbschichten noch deutlich zu erkennen war. Zur Stube hin ruhte er auf zwei kunstvoll gedrehten Eisenbeinen, und an der Oberkante hatte er vier schöngeformte Messingknöpfe, an denen häufig Wäsche und Kleidungsstücke zum Trocknen hingen; vor den Festtagen durfte ich sie mit „Sidol" blankputzen.

Die Wand um den Ofen herum war mit blaubemalten Fliesen ausgelegt. Immer wieder verlockten sie mich mit ihren Mühlen, Bauernpaaren, Schiffen und Blumen zu eingehenden Betrachtungen. Obwohl sich die Bildmotive hier und dort wiederholten, waren sie nicht völlig gleich, und es machte mir Spaß, Großmutter die kleinen Abweichungen zu zeigen. Sie meinte, die Holländer hätten sie seinerzeit einzeln mit der Hand gemalt, wobei eben kleine Unterschiede entständen; und sicherlich sei das auch schon 200 Jahre her. Ich fand diese blauweiße Wand mit dem schwarzen Ofen davor wunderschön. Wer sie aus der langen Reihe ihrer Vorfahren einstmals hatte anbringen lassen, wußte Großmutter leider nicht zu sagen.

Lediglich von dem einen der beiden behäbigen „Koffer" (Truhen) im Pesel – dem roten mit den Eisenbeschlägen und den hohen, bauchigen Füßen – wußte sie, daß der 17. 8. 1798 das Datum des Hochzeitstages ihrer Urgroßeltern war. Nach dem Aufschließen des knarrenden Schlosses mit dem klobigen Schlüssel hob sie den schweren, gerundeten Deckel hoch und zeigte mir an der linken Kopfseite ein hochliegendes Bord, auf dem ihre persönlichen kleinen Kostbarkeiten aufbewahrt wurden: vergilbte Bilder, ein dickes, silberbeschlagenes Gesangbuch, ein Lederbeutel mit alten Gold- und Silbermünzen, einige Schmuckstücke und ein Bündel alter Briefe. Früher, so erzählte Großmutter, lag auf diesem Bord das ersparte Geld der Familie, und wer reichlich davon besaß, hatte etwas auf der hohen Kante, wie man damals sagte. Heute aber sei das Geld bei der Sparkasse besser und sicherer untergebracht.

Nebenan, nach Westen hin, befand sich der geräumige „Pesel", fries. *Piesel.* Hier war die Rückwand des Alkovens und der Schränkchen mit einem Paneel verkleidet. Eine weitere Holzwand mit vielen kassettenartigen Füllungen grenzte den Raum gegen die Kellerkammer ab. Alle Wände waren hier ungestrichen und warteten mit besonders schönen Maserungen auf. Die Peseldiele bestand aus wunderschönen gelbroten Ziegelsteinen, in kunstvollem Muster verlegt, die nach der Reinigung mit dem eigens dafür bereitgehaltenen feinen weißen Sand bestreut wurden. Ich höre noch heute das leise Knirschen unter meinen Sohlen, wenn wir zu Weihnachten oder zu besonderen, feierlichen Anlässen diesen Raum betraten. Akustisch wurde die festliche Stimmung noch von einer uralten hohen Standuhr untermalt, die mit einem unendlich langsamen Pendeltakt die Zeit mit nur einem Zeiger auswies.

Der Pendeltakt wie auch das Stundenläuten begleiteten mich während der Nacht über etliche Jahre, denn auf der zwei Stufen höheren Kellerkammer nebenan standen die Betten für Großvater und mich. Und hier habe ich nach dem Zubettgehen und dem Löschen der kleinen Kerzenflamme viele Geschichten aus dem langen Leben des unermüdlichen Erzählers gehört.

In der Küche befand sich ein riesiger, aus Steinen aufgeführter Backofen, in dem noch bis 1920 regelmäßig gebacken wurde. Zur Beleuchtung des Innenraumes, während man ihn mit den Brotlaiben beschickte, diente ein Rohrkolben, „Preesterprantjer", wie wir ihn nannten, der vorher in Petroleum getaucht war. Er steckte brennend auf dem ersten der etwa zwanzig Brote und leuchtete gerade so lange, bis alle Laibe in Reih und Glied den Ofenboden füllten.

Der offene Schornstein hatte den großen Nachteil, daß die Küche bei den Großeltern immer kalt war. Alles Leben spielte sich daher in der Stube ab, deren „Beilegerofen" ja von der Küche aus beschickt wurde und eine wohlige Wärme verbreitete. Für mich war es immer ein besonderes Vergnügen, von dem steingemauerten Herd aus durch den mächtigen Schornstein in den Himmel zu gucken. Wenn der Schornsteinfeger kam, hangelte er sich vom Herd aus in den schwarzen Schacht hinauf und dann weiter mit den Ellbogen und Knien ohne sonstige Hilfe bis ganz nach oben.

Ich rannte dann nach draußen, wo sein Kopf bald über dem Rand auftauchte und er mir freundlich zunickte. Weniger harmlos war, und ich schämte mich auch immer ein wenig, wenn ich bei Neuschnee versuchte, einen Schneeball von oben in den Schornstein zu werfen. Ich habe aber immer darauf geachtet, daß Großmutter nicht gerade am Kochen war. Wenn mir der Wurf glückte, hieß es wohl am Abend: *„Dor hett doch wedder so'n Bengel en Schneeball dörch de Schosteen schmäten! Tum Glück harr ick keen Pann* *över't Füür.*" Größere Schäden richtete so ein Schneeball nicht an, und es war unter der Dorfjugend ein allgemeiner Spaß, ihre Geschicklichkeit im Werfen auf diese Art zu beweisen. Wir wußten natürlich genau, welche Häuser noch offene Schornsteine besaßen, aber sie wurden um 1920 weniger, es war die Zeit der sogenannten „Sparherde", deren Einbau eine warme Küche brachte. Meine Eltern hatten auch schon längst einen solchen Herd.

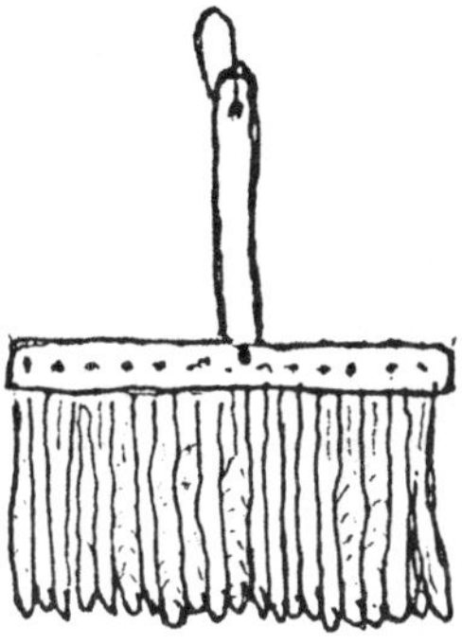

Meine Großeltern heizten damals noch fast ausschließlich mit sogenannten „Ditten", einem Produkt aus Kuhmist, dessen Herstellung später beschrieben werden soll. Dieses Brennmaterial lieferte verhältnismäßig viel Hitze, hielt lange das Feuer und eignete sich zum Kochen und zum Heizen des Beilegerofens, worin die Glut Tag und Nacht schwelte. Diese Ditten waren leicht herzustellen und kosteten nichts. Allerdings mußte man beim Anheizen mit diesem Brennmaterial für ausreichend Luftzufuhr sorgen, was am besten mit einer eigens dafür hergestellten „Federflucht" aus Schwungfedern von Gänsen erreicht wurde.

Wie fast alle Hauseingänge in Fahretoft lag auch der unsere an der Südseite. Großmutter erzählte, daß vor dem Bau der Chaussee durch das ganze Dorf parallel zum Holländerdeich und weiter nach Broderswarft ein Klinkerfußweg verlief, der bei uns südlich an den Häusern entlang bis nach Bottschlott führte. Der Kleiweg auf dem Deich sei damals während des Winterhalbjahres für Fußgänger unbegehbar gewesen, weil er von Fuhrwerken und mehr noch von den herbstlichen Ochsentriften – den Scharen von Rindern aus den nördlich gelegenen Kögen zum Viehmarkt nach Husum – in metertiefen Schlamm verwandelt wurde.

Dieser Zustand änderte sich schlagartig zum besseren, als „die Preußen", wie Großmutter sich ausdrückte, die Klinkerchaussee 1886 an der Westküste entlang von Langenhorn über Fahretoft nach Norden bauten. Diesem Unternehmen fiel zwar die nach Osten hin nahegelegene Windmühle zum Opfer, doch konnte man nun das ganze Jahr über trockenen Fußes sowohl Bredstedt als auch die Kreisstadt Tondern erreichen.

Unsere alte Haustür war in Ober- und Untertür quergeteilt und hatte in der „Boverdöör", wie wir den oberen Teil nannten, eine kleine grüne Scheibe, die in der Mitte kugelförmig nach außen verdickt war und bei Sonnenschein ein unwirklich schönes Licht im Flur verbreitete. Diese Haustür wurde aber, wie überall im Dorf, alltags wenig benutzt. Das übliche Aus- und Eingehen erfolgte durch den Stall oder durch eine Seitentür, die über einen Vorraum in die Küche führte und durch die auch Nachbarn und Bekannte eintraten. Läutete ausnahmsweise die selbsttätige Glocke oberhalb der Haustür, wußte man, daß es sich um den Besuch eines Fremden handelte.

In den Ställen und Scheunen bauten überall Rauchschwalben ihre Nester aus Lehm an Balken und Wänden, und ihr plauderndes Gezwitscher tönte den ganzen Sommer über durch unser Haus. Abends versammelten sie sich zu Hunderten auf den Telefondrähten entlang der Dorfstraße. Bei meinen Großeltern hatten wir neben den fünf bis sieben Nestern im Stall auch noch eines im Flur, der „Vordiele" (plattdt. „Vördäl", fries. *Forteele*), wie wir ihn nannten. Das bereitete alle Jahre einige Umstände, weil während der ganzen Brutzeit die Obertür tagsüber offenstehen mußte. Von morgens in aller Frühe bis hin zum Dunkelwerden waren die fleißigen kleinen Vögel unterwegs und bestimmten damit das Öffnen und Schließen der Obertür über Monate. Abends warteten wir, bis sie ihre angestammten Schlafplätze im Flur eingenommen hatten, was häufig Geduld erforderte. Daher fragten wir uns alle Jahre wieder, ob das Pärchen sich nicht auch wie die anderen einen Nistplatz im Stall suchen könnte. Doch wenn die beiden dann Anfang Mai wiederum aufgeregt vor der Haustür flatterten und offensichtlich um Einlaß baten, hat Großmutter ihnen doch wieder geöffnet; denn schließlich hieß es ja auch: „Schwalben bringen Glück und schützen das Haus gegen Blitzschlag."

Das Nest, auf einem alten Nagel an der Längswand erbaut, befand sich wegen der niedrigen Decke in so geringer Höhe, daß ich von der flachen Eichentruhe aus gemütlich hineinsehen konnte. Von dort erlebte ich den Ablauf der Brutzeiten aus nächster Nähe: das Ausbessern des Nestes mit Lehm aus den Pfützen des Kleiweges, das Auspolstern des Innenraums mit Daunen, das Ansteigen der Eierzahl auf fünf bis sechs, das Schlüpfen der winzigen, nackten und blinden Jungen mit ihren Riesenköpfen auf dünnen Hälsen und schließlich das tägliche Wachsen bis zum flüggen Jungvogel. Aus diesen Beobachtungen konnte ich übrigens die Meinung der Erwachsenen widerlegen, die Jungen seien mit einem Pferdehaar bis zum Flüggewerden am Nestgrund angebunden.

Infolge meiner häufigen Besuche wurden die Vögel so zutraulich, daß sie sich von mir in all ihrem Tun nicht stören ließen. Je nachdem wie sich der

Sommer zeigte, wurden ein- oder zweimal bis zu fünf Junge großgezogen. Einmal mußte ich aber miterleben, wie die zweite Brut im August wegen schlechten Wetters regelrecht verhungerte. Die Eltern konnten einfach nicht genug Insekten herbeischaffen. Zunächst lagen zwei tote Jungvögel im Nest, dann einige Tage später zwei weitere, so daß nur noch eines übrigblieb. Wir hofften, daß dieses wenigstens überleben werde, aber – es war inzwischen September geworden – plötzlich blieben die Eltern weg. Großvater war überzeugt, daß die Altvögel über Nacht mit all den anderen den Zug in den Süden angetreten hatten, denn die Telefondrähte blieben von nun an leer.

Ich versuchte daraufhin, das verlassene Schwalbenkind, das mir schon fast flügge zu sein schien, mit gefangenen Stubenfliegen zu füttern. Auf angespitzten Streichhölzern hielt ich ihm die vermeintlichen Leckerbissen vor den Schnabel. Aber ohne Erfolg. Auch kleine Mücken und gelbe Mistfliegen verschmähte es. Regungslos saß es auf dem Nestrand, und niemand konnte mir einen besseren Rat geben, auch Lehrer Hansen nicht.

Als ich anderntags aus der Schule kam, war das Nest leer. Großvater machte wie alle Jahre nach dem Abzug der Schwalben den Flurboden gründlich sauber und meinte beiläufig, das Junge sei nun wohl doch noch hinterhergeflogen, was mich sehr wunderte. Er war zuversichtlich, daß es einen so verregneten Sommer in seinem Leben nicht noch einmal geben werde. Von nun an blieb die „Boverdöör" auch tagsüber geschlossen, und wir konnten wieder selbst über unseren Tagesablauf bestimmen.

Gedanken an einem Sonntagmorgen

Nun bin ich schon über ein Jahr bei meinen Großeltern, und es gefällt mir immer noch gut hier. Ich kann ja jeden Tag mal zu meinen Eltern und Geschwistern gehen, denn sie wohnen nur zehn Minuten entfernt auf der Gabrielswarft, und wenn ich renne, was ich meistens tue, schaffe ich es auch in fünf Minuten. Großmutter lobt mich oft, daß ich ihnen schon viel helfen kann, obgleich ich erst im Sommer 10 Jahre alt werde. Also werde ich erstmal noch hierbleiben.

Aber heute ist Sonntag! Ich liege in der Kammer in meinem riesigen Bett. Großvater ist schon aufgestanden, denn seine Schlafstatt an der gegenüberliegenden Wand ist leer, und wie immer liegt die dicke Daunendecke sorgfältig zurückgeschlagen über dem Fußende. Sein Bett ist höher, aber nicht so lang wie meines. Aber das ist auch nicht nötig, denn Großvater schläft sozusagen im Sitzen. Hinter seinem Rücken türmen sich Kissen zu einem Berg, und wie er sich abends hinlegt, so wacht er morgens auf. Er sagt, diese neue Mode mit dem flachen Liegen und mit dem dauernden Drehen sei bestimmt ungesund. Früher war sein Bett sicher rot. Das sieht man noch an Stellen, wo die Farbe nicht abgeschlissen oder abgewaschen ist. Und dann besitzt es noch eine Besonderheit: Es hat eine schön geschwungene und verbreiterte Kante, die einem beim Aus- und Anziehen einen bequemen Sitz bietet und die von Großvater ausgiebig abends und morgens genutzt wird. Der einzige Stuhl in der Kammer steht an seinem Bett und nimmt abends immer in gleicher Reihenfolge die Hosen, die Wollstrümpfe, die Unterhosen, das Hemd, alles sorgsam zusammengelegt, und zum Abschluß seine Mütze auf. Am Morgen dann beginnt das Anziehen mit dem Aufsetzen der Mütze und der übrigen Kleidungsstücke in umgekehrter Reihenfolge. So hat er es 1869 bei der Garde in Potsdam gelernt und seitdem beibehalten.

Vor dem kleinen Fenster nach Westen hin mit sechzehn Scheiben steht ein kleiner runder Tisch auf einem Ständer mit drei nach unten abgespreizten Füßen. Die Platte hat einen leicht erhöhten Rand, so daß die Gegenstände, die ich abends dort aus meiner Hosentasche ablade, seien es Murmeln, Pflaumen oder Griffel, nicht hinunterrollen. Ebenso ein Kerzenhalter aus Zinn mit einer Schachtel Streichhölzer hat dort Platz. Der runde Teller darunter ist im Laufe der langen Jahre leicht verbeult und meistens voll abgebrannter Hölzer.

Ich finde hier alles so praktisch und gemütlich: die runden Kugeln an meinen Bettenden, wo ich abends meine Sachen anhängen kann, und die Bilder über Großvaters Bettseite: ein Riesenreetdachhaus mit jungen Bäumen ringsherum, das sein Elternhaus in Leck darstellt, und an jeder Seite davon ein französischer Soldat in prachtvoller, bunter Uniform. Die dunklen Gesichter mit steif abstehenden Schnurrbärten und die schwarzen Augen wirkten zuerst etwas fremd, aber Großvater sagt, die Franzosen seien, als der Krieg vorbei war, ganz nette Kerls gewesen. Er hat die Bilder 1870–72 aus Paris mitgebracht. Ein guter Kamerad hat sie in Öl gemalt. Angst brauche man davor nicht zu haben.

Unser gemeinsames Schlafgemach liegt zwei Stufen hoch über dem Keller, einem feuchtkalten und finsteren Backsteingewölbe. Aber hier oben läßt es sich gut schlafen. Mein Bett steht an der weißgekalkten Hausnordwand, während das andere zum Pesel hin an einem sehr schön gemaserten Holzpaneel seinen Platz hat. Zwischen den Betten ist so viel Platz, daß ich nicht von meinem ins andere springen kann, auch mein großer Bruder Fidi nicht. Aber der Versuch liegt schon lange zurück.

Eine weitere praktische Besonderheit bilden die „Bettbänder", auf friesisch *Bedebiene.* Bei uns sind es starke Taue, die über jedem Bett hängen und fest in der Decke verankert sind. Man kann sie im Liegen mit der Hand ergreifen. Unten am Ende haben sie einen kunstvoll verschlungenen Knoten, der das Abrutschen der Hand verhindert und schon ganz altersblank ist. Er ist größer als meine Faust. Älteren Leuten, die Rückenschmerzen haben, und Kranken und Schwachen helfen diese Bettbänder, sich im Bett zu drehen oder sich aufzurichten. In meinem Elternhaus gibt es diese gute Vorrichtung leider nicht mehr, wohl weil sie unmodern ist.

Was anderen hilft, ist für uns Kinder ein Spiel- und Sportgerät mit vielen Möglichkeiten. Schon ein kleiner Schlag gegen den schweren Knoten bringt das Tau ins Schwingen. Man kann es längs und quer pendeln lassen und zählen, wer die meisten Schwingungen erzielt. Man kann die Kordel auch in eine kreisende Bewegung versetzen oder mit dem Knoten auf Aststellen schießen. Zu zweien macht das natürlich am meisten Spaß. Schließlich kann man sich ganz steif machen, sich daran hochziehen und dann aus dem Fenster gucken. Da sehe ich Großmutters stolzen Hahn mit seiner Hühnerschar wie auch den Zwerghahn mit seinen beiden kleinen Hennen. Ab und zu kräht der große Hahn laut und schön, und der kleine kräht mit seiner dünnen Stimme gleich zweimal hinterher. Großmutter hält sehr auf eine gute Hühnerschar und besorgt sich deswegen die besten Hähne von weither, von Waygaard oder gar von Bollhaus, das fast eine Stunde zu Fuß entfernt liegt. Dafür aber sind unsere Eier auch besonders groß und werden von Kaufmann Ebsen gern gegen Waren in Zahlung genommen.

Alle Betten bekommen jeden Herbst eine neue Stroheinlage. Eine ziemlich mühsame Angelegenheit! Dann duftet es zwar sehr schön frisch in unserer Kammer, aber es dauert mindestens eine Woche, bis sich wieder eine gemütliche Schlafmulde gebildet hat. Ich kann da wohl ein bißchen nachhelfen, aber das neue Stroh ist sehr widerspenstig. Auf dem Stroh liegt das schwere, dicke Unterbett aus weniger guten Federn wie von Enten und Hühnern. Darüber ist das Laken gebreitet. Mein Oberbett enthält Daunen, ist aber schon recht schwer, so daß Großmutter es bei nächster Gelegenheit mit nach Bredstedt zum Reinigen geben will.

Nun beginnt die Kirchenglocke zu schlagen. Ich erkenne natürlich sogleich: Es ist das einfache Läuten, das den Gottesdienst in einer Stunde ankündigt. Der Kirchendiener, Onkel Siegfried, steht jetzt draußen am Glockenturm und zieht ganz regelmäßig am Strang, womit der riesige Klöppel von innen gegen den Glockenrand geschlagen wird. Sieben Minuten muß er läuten, und ich zählte einmal, daß es 372 Schläge waren. Onkel Siegfried und ich sind seit langem Freunde. Um 9.30 Uhr muß er den Beginn des Gottesdienstes „einbimmeln“, d.h. den Strang eine Minute lang so schnell wie möglich hintereinander ziehen und dann zum Schluß noch drei kräftige Schläge setzen. Für die verspäteten Kirchgänger, die wir schon kennen und zu denen auch meine Mutter gehört, wenn sie schon mal in die Kirche geht, bedeutet dieses Bimmeln, die schnellste Gangart einzulegen. Denn wer zu spät die Kirche betritt, muß sich vor den bereits singenden Besuchern schämen. Pastor Ahrens mag diese Störungen gar nicht und guckt mit seinem langen grauen Bart böse aus seinem Gitterverschlag. Mein Vater und meine Großeltern sind noch nie zu spät gekommen, und ich auch nicht. Lieber bin ich auf halbem Weg umgekehrt oder habe so getan, als ob ich ganz woanders hin wollte.

Onkel Siegfried muß dreimal am Tag die Uhrzeit läuten, und zwar morgens je nach Jahreszeit um 6, 7 oder 8, wenn es hell wird, um 12 Uhr mittags und um 4, 5 oder 6 abends, bevor es dunkel wird. Er ist da sehr genau. Mittags und abends gehe ich oft mit ihm, und er gibt mir seine große Taschenuhr. Wenn dann der große Zeiger auf 12 und der Sekundenzeiger auf 60 zeigt, rufe ich „Jetzt!“, und der erste gewaltige Schlag verbreitet sich über das Dorf. Es folgen acht weitere, nachdem wir zwischendurch immer langsam bis zehn zählen, und danach noch drei schnellere Schläge. So ist es von alters her Vorschrift. Wohl auf meinen sehnsüchtigen Blick hin ließ Onkel Siegfried mich auch mal schlagen, aber ich brachte nur einen jämmerlichen Ton hervor und schämte mich ein bißchen. Ich weiß jetzt, daß meine Kraft noch nicht ausreicht, um einen richtigen Schlag zu vollbringen. Aber in ein paar Jahren werde ich es wieder versuchen.

Zu den Festtagen und zu Beerdigungen wird ganz anders geläutet, und es klingt auch viel feierlicher. Dann wird nämlich die ganze Riesenglocke in Schwingungen versetzt, und der Klöppel schlägt von sich aus schwer gegen den Glockenrand. Onkel Siegfried sitzt dann ganz oben im Gebälk des Turmes und tritt abwechselnd auf zwei Brettenden, die auf der Achse der Glokke befestigt sind. Am Anfang ist es sehr schwer, die gewaltige Glocke in Bewegung zu versetzen, doch sie in Gang zu halten, kostet wenig Kraft. Ich durfte schon einmal mit hinauf in den Glockenturm und beim Läuten daneben sitzen. Aber ich merkte wohl, daß Onkel Siegfried Sorge hatte, ich könnte vom Balken rutschen, und so will ich ihn auch nicht wieder um einen Besuch dort oben bitten. Ich weiß ja nun, wie alles funktioniert und wie fürchterlich die Glocke dröhnt.

Auch beim Saubermachen in der Kirche habe ich mitgeholfen und beim Heizen im Keller. Einmal war ich dabei, als er ein neues Grab aushob. Onkel Siegfried ist ja nicht mehr jung und mußte sich ganz schön mühen, den schweren Kleiboden auf die Kante zu werfen. Ich habe aufgepaßt, daß die Klumpen nicht wieder ins Loch zurückkullerten. Ganz unten stieß er auf Eisenteile, die vom Sarg des vorigen Grabinhabers stammten. Nach einer oberflächlichen Säuberung erkannten wir darin Sarggriffe. Der letzte Tote war dort vor über sechzig Jahren beerdigt worden. Als die Kuhle schließlich fertig war, nahm Onkel Siegfried die Mütze ab und betete, und ich zog auch schnell die Pudelmütze vom Kopf.

Auch sonst kann ich meinem Freund gelegentlich helfen. Von Zeit zu Zeit renne ich mit seiner großen Taschenuhr von der Kirchwarft hinunter zur Post an der Dorfstraße, um mal wieder die genaue Uhrzeit zu holen. Tante Tilly, die das einzige Telefon im Dorf verwaltet, ruft dann in Bredstedt bei der Bahn an, die die Zeit auf die Minute genau durchgibt. Ich stelle die Taschenuhr danach ein und bringe sie ihm zurück. Es waren bisher aber nur mal zehn Minuten, die Onkel Siegfrieds Uhr zu früh ging, und die Fahretofter haben es sicher gar nicht gemerkt. Und wir sind der Meinung, lieber ein bißchen zu früh als zu spät läuten. Dennoch spielt das Schlagen der Kirchenuhr eine große Rolle im Dorf. Immer wieder hört man fragen: *„Heet jü schörkeklook al slåin?“* (Hat die Kirchenglocke schon geschlagen?)

Hier in dem großen Bett schlafe ich gern. Es gehört mir ganz alleine, während ich es zu Hause mit meinem großen Bruder Fidi teilen muß; zum Glück verstehen wir uns gut. Im Elternhaus mit der Gastwirtschaft dabei und zusammen mit meinen vier Geschwistern ist natürlich mehr Leben und immer etwas los. Am meisten entbehre ich eigentlich unseren Hund Treu. Wenn meine Mutter es nicht merkt, nehmen mein Bruder und ich ihn im Winter mit ins Bett. Er darf dann am Fußende liegen und wärmt unsere meist kalten Füße. Er ist ganz verrückt darauf, zu uns beiden ins Bett zu dürfen. Wenn wir dann morgens aufwachen, liegt er fast immer oben bei uns mit dem Kopf über der Decke wie ein richtiger Mensch. Dabei weiß er genau, daß er unten bleiben soll!

Treu ist ein Lebensretter und hätte eigentlich einen Orden verdient, wie Vater sagt. Das war im vorigen Jahr. Meine Schwester Mariechen war wohl um die drei Jahre alt. Ich war gerade bei meinen Eltern und spielte im Garten, als ich Treus aufgeregtes Bellen hörte. Es mußte etwas ganz Besonderes sein, das ihn so erregte. Ich also gleich hingerannt und finde Treu unten an der Straße am tiefen Wassergraben bellend hin- und herrennen. Eine Wasserratte, ein Igel oder eine Katze? Am Graben angekommen, traute ich meinen Augen nicht: Das war doch Mariechens Haarschopf, der da regungslos im Wasser lag! Ich, vorsichtig ins Randwasser gewatet, den Lockenkopf gepackt und herausgezogen! Während meine Schwester nach Luft rang, sprang Treu wild vor Freude bellend an uns hoch. Zu Hause wurden Treu und ich hoch gelobt, aber eigentlich war Treu der wahre Lebensretter.

Mehrfach habe ich Treu schon zu meinen Großeltern mitgenommen, und Großmutter gibt ihm immer reichlich zu essen, aber dann will er stets wieder nach Hause und rennt davon. Hier könnte ich ihn natürlich nicht mit ins Bett nehmen, obwohl es auch hier im Winter ganz schön kalt sein kann. Dann glitzert meine weißgekalkte Wand wie Schnee, und morgens ist meine Decke in Mundnähe steifgefroren. Das kleine Fenster trägt dann bis oben hin Eisblumen, die jegliche Sicht nach außen verhindern und auch tagsüber nicht abtauen. Wenn ich dennoch rausgucken will, muß ich die Scheibe eine ganze Weile anhauchen, bis sich ein winziges Loch bildet, das aber sogleich wieder zufriert. In solchen Zeiten bekomme ich einen großen schwarzen Stein mit ins Bett, der den ganzen Tag auf unserem Beilegerofen verbracht hat, und Großvater kriegt einen heißen Wasserkrug mit.

Nicht immer aber gehört mir das Bett alleine, z.B. wenn Onkel Lorenz ganz plötzlich auftaucht. Er ist Schrankenwärter bei der Bahn vor Husum und kann ausdauernd und lustig erzählen. Leider mag er wohl auch gerne Teepunsch und vernachlässigt dann schon mal seinen Dienst. Für die Großeltern eine große Sorge, und ich sah zufällig, wie Großmutter ihm beim Abschied heimlich Geld zusteckte. Kommt er angereist, legt er sich wie selbstverständlich mit seinem großen schweren Körper in mein Bett, das früher wohl mal seins gewesen ist.

Er rollt sich auf die Seite und schläft. Da habe ich schon Probleme mit der Zudecke, obwohl das Bett ja breit genug ist. Als ich Großmutter meinen Kummer erzählte, lud sie mich zu sich in den Alkoven ein. Während die Erwachsenen in der Stube sich lustig unterhielten, konnte ich sie durch einen Spalt zwischen den Luken beobachten. In dem Alkoven sind am Fußende zwei Borde und am Kopfende eines, worauf Schachteln und allerlei sonstige Sachen wie auch Großmutters „Gewitterkoffer" stehen. Und natürlich hängt auch dort ein „Band" über dem Bett. Aber das ist viel dünner und zum Spielen völlig ungeeignet. Ich bin dann wohl eingeschlafen und merkte es erst, als Großmutter mich vorsichtig nach hinten schob. Auch das Alkovenbett ist ungeheuer breit, hat aber in der Mitte eine Kuhle, in die wir beide immer wieder hineinrollten, und somit hatten wir keine gute Nacht. Seitdem gehe ich lieber nach Hause, wenn wir Besuch bekommen, und schlafe mit Fidi und Treu zusammen. Wir kennen keine Schlafprobleme. Wir liegen entweder in „55" oder bilden den „Doppeladler" (›‹), ohne dabei aufzuwachen. In der Schule höre ich, daß einige Kinder mit zwei und drei Geschwistern in einem Bett zusammenschlafen, und zwar zwei am Kopf- und zwei am Fußende, ohne Schwierigkeiten mit dem Platz und der Zudecke zu haben.

Ein bis zweimal im Jahr kommt auch Tante Mete uns besuchen. Sie ist die Tochter meiner Großeltern und somit die Schwester meines Vaters. Ihr gehört die Landstelle „Grönland" im Gotteskoog, die wir zwei Jahre bewirtschafteten und wo wir wegen der dortigen Nässe unser ganzes Vieh außer unserer Schimmelkuh verloren haben. Tante Metes Mann, Onkel Martin, ist 1915 in Rußland verschollen. Obgleich inzwischen fast zehn Jahre vergangen sind, glaubt sie immer noch felsenfest an seine Heimkehr. Wie es in unserer Familie heißt und wie ich es auch einmal von ihr selbst hörte, hat Onkel Martin, bald nachdem er als vermißt galt, bei ihr auf Grönland mitten in der Nacht ans Schlafzimmerfenster geklopft und ganz deutlich gesagt: *„Mete, ick kumm wedder. Tööf op mi!"* Und so wartet sie seitdem getreulich auf seine Rückkehr, obwohl sie als junge, hübsche Frau schon mehrfach vorteilhafte Heiratsangebote erhielt, wie Großvater sagt.

Tante Mete ist inzwischen längst verstorben. Sie wurde 76 Jahre alt, ohne ihre Hoffnung aufzugeben. Ihr Mann aber ist nicht aus Rußland zurückgekehrt.

Über mir verlaufen die „Kattschorren", d.h. die mit Holz verkleideten Trägerbalken unseres alten Halligaus. Das ganze Dachgeschoß ruht auf mächtigen Eichenbalken und -ständern, wie Großmutter erzählt. Ihre Vorfahren haben es vor über 300 Jahren erbaut, als Fahretoft noch eine Hallig war und diese Bauweise den Bewohnern Schutz vor Sturmfluten bot. Selbst wenn die Brandung die Mauern zum Einsturz brachte, blieb das Dachgeschoß, wohinauf sich die Hausbewohner flüchteten, auf den Eichenständern stehen und rettete dadurch ihr Leben. Bei der „Buchardi-Flut“ am 11. Oktober 1634, so hatte Großmutter von ihren Vorfahren gehört, wurde die Südmauer zwar eingeschlagen, aber die gesamte Familie und noch einige Nachbarn überlebten die schreckliche Sturmflut auf diesem Boden über mir.

Wie mag es damals hier ausgesehen haben? Ob auch die Tiere gerettet wurden? Großmutter wußte es nicht, zeigte mir aber eine Eichentruhe in der Vordiele, wo uralte, in Schweinsleder gebundene heilige Bücher aufbewahrt werden, auf deren freien Seiten am Schluß die Chronik ihrer Urahnen mit Geburts-, Heirats- und Todesdaten über viele, viele Generationen aufgezeichnet ist. Dabei erzählte sie mir nicht ohne Stolz, daß ihre und somit auch meine Vorfahren wohl über 200 Jahre die Dorfschmiede in Fahretoft stellten. Daneben betrieben sie noch Landwirtschaft und waren über unser Dorf hinaus wohlangesehene Bürger. Ihr Großvater war mit dem berühmten Hans Momsen befreundet, weswegen dessen Tochter Engelena auch die Patin für Großmutters Mutter wurde, damals ein Zeichen der engen Verbundenheit der beiden Familien. Dieser Großvater schmiedete 1780 auch für den Umbau des Hauses von Hans Momsen die Maueranker für den Giebel, die noch heute mit ihren schön verschlungenen Buchstaben HM und AM an die Namen der Eheleute Hans und Adelheid Momsen erinnern.

Dann aber, und ich merkte Großmutter die Trauer an, starb ihr Vater Sönke Boysen ganz plötzlich im Alter von 45 Jahren am Weihnachtsabend des Jahres 1850 an einer Lungenentzündung und ließ ihre Mutter mit sechs kleinen Kindern zurück. Zu allem Unglück fand sich kein Nachfolger für die Schmiede, so daß sie diese schweren Herzens abgeben und nun alleine von der verbleibenden Landwirtschaft die Kinder ernähren und großziehen mußte. Großmutter war damals zwei Jahre alt. Diese unglückliche Geschichte ging auch mir sehr nahe, und ich denke jetzt, ob der letzte Schmied unserer Familie wohl hier in dieser Kammer starb, vielleicht gar in meinem Bett . . .?

Heute ist Sonntag, und ich darf liegenbleiben, solange ich will. Ich sehe nach dem alten Ständer in der Ecke der Kammer, der nun nicht mehr gebraucht wird; wie auch unsere hohe Warft, einstmals mit unendlichen Mühen aufgeschichtet, dann jahrhundertelang den Hausbewohnern Schutz vor Sturmfluten bietend, ausgedient hat. Denn seit rund 250 Jahren schützt uns nun der Außendeich. Über mir in den „Kattschorren" spielen wieder die Mäuse. Ihnen ist die alte Ständerkonstruktion des Hauses sicherlich recht, denn dort oben sind sie vor Katzen und Menschen sicher. Aber sie kommen auch gern hinunter auf das Regal zu Füßen von Großvaters Bett, weswegen Großmutter dort fast immer Mausefallen aufgestellt hat. Wenn ich gelegentlich nachts aufeschrecke, beruhigt mich Großvater: *„Dat weer bloß en unvörsichtige Muus."*

Lieber ist mir schon, wenn dort keine Fallen stehen. Dann kann ich, wenn ich mich ganz still im Bett verhalte, dem Spiel dieser niedlichen Tierchen ohne Angst zusehen. Sie klettern blitzschnell am Regal hoch, flitzen um die Schüsseln herum, daß man glauben könnte, sie spielen Versteck oder Kriegen. Zu Großmutter aber sage ich nichts davon, sonst stehen am nächsten Tag wieder die Fallen bereit.

Zu gewissen Zeiten sind auch leise, geheimnisvolle Geräusche in unserer Kammer zu vernehmen. Erst gestern abend wieder. Großvater hatte mir, so wie meistens vor dem Einschlafen, noch aus seinem langen Leben einige Geschichten erzählt und mir dann Gute Nacht gewünscht. Es war nun ganz dunkel und so still, daß man das Singen in den eigenen Ohren hörte. Auch die Mäuse hatten sich wohl müde gerannt und schliefen. Da hörte ich es wieder ganz deutlich: ein leises Klopfen oder mehr ein Ticken immer in gleichen Abständen, mal über meinem Bett, dann mehr zum Fenster hin. „Hört Großvater auch das Klopfen?" fragte ich in die stille Dunkelheit hinein, „was ist das?" „Das höre ich immer mal wieder, seitdem ich hier schlafe, mein Junge. Großmutter glaubt, das sind die Totenuhren, die man in alten Häusern hört, wo viele Menschen gestorben sind. Ich denke aber, es sind Holzwürmer, die hier im alten Gebälk ihre Löcher und Gänge graben und sich durch dieses Klopfen verständigen. Du brauchst also keine Angst zu haben." Großvaters Erklärung war mir lieber als Großmutters Meinung. Dennoch will ich gelegentlich mal fragen, was es mit diesen Totenuhren auf sich hat.

Jetzt höre ich in der Küche schlurfende Schritte. Großmutter hat seit längerer Zeit immer kalte Füße und trägt nun große, dicke Filzpantoffeln. Unsere Küche ist wegen des offenen Schornsteins und des steinernen Fußbodens immer bitter kalt. Zur Aufwärmung trinkt Großmutter häufig kochendheißen Tee, wobei sie die große Tasse in beide Hände nimmt und wohlige Laute von sich gibt. Wenn sie so alleine in der Küche wirtschaftet, spricht sie meistens laut mit sich selbst. Ich war natürlich neugierig, was sie sich da so erzählt, und habe sie vor einiger Zeit mal eingehend belauscht. Das war gar nicht einfach. Großmutter kann zwar schlecht sehen, aber sehr gut hören. Hinzu kommt, daß sie nicht so deutlich und dann auch noch in ihrer friesischen Muttersprache redet. Na, und ertappt wollte ich ja auch nicht werden. Ich erwartete, daß sie aus alten Zeiten erzählte oder gar mit ihren verstorbenen Vorfahren Zwiesprache hielt. Doch dann war es ganz langweilig, was ich da hörte; es handelte sich nur um alltägliche Dinge. Eigentlich waren es ihre Gedanken, nur laut ausgesprochen: „*Wat mäi 'e Klook wäil weese? Ick schall je noch mölke. Awäädrige möut ick Maxen tele än frååge, weer hi sin Schöulårbet alles mååged heet.*" (Wieviel Uhr mag es wohl sein? Ich soll ja noch melken. Nachher muß ich Max wecken und fragen, ob er seine Schularbeiten alle gemacht hat.) Na, das reichte mir, und ich bin schnell wieder ins Bett geschlüpft.

Auf dem Boden über mir „pflückt" Großvater Heu für das Vieh und bereitet es durch Schütteln auf. Es ist Mitte April, und vor Mai ist das Gras selten so weit, daß die Tiere auf die Weide getrieben werden können. Aber wir haben immer Heu genug, so daß wir nicht wie einige andere im Dorf mit dem „Hungerwagen" uns irgendwo Heu leihen oder kaufen müssen, um den Anschluß an die Weidezeit zu erreichen. Großvater hat vier Kühe, davon werden zwei gemolken und zwei stehen trocken – wir sagten „güst", auf friesisch *geest* –, weil sie in Kürze kalben sollen. Zusammen mit den vier Jungtieren, den beiden Schweinen, sieben Schafen und dem Geflügel bringt die kleine Landwirtschaft doch ganz schön viel Arbeit für die beiden Alten.

Für die Schafe, die zusammen dreizehn Lämmer haben, ein gutes Ergebnis, bin ich zuständig. Jeden Morgen vor dem Schulbeginn muß ich zählen – „sogen", fries. *sååge* –, ob doch keines während der Nacht in die vollen Wassergräben gefallen ist. Oft muß ich in die Fenne, die etwa zehn Minuten entfernt liegt, hineinlaufen, um auch wirklich alle zwanzig Tiere zählen zu können. Sitzt nämlich eines der Schafe oder Lämmer im Graben, so kann man es bei rechtzeitiger Entdeckung häufig noch retten. Zweimal habe ich schon ein Lamm aus dem Graben gezogen. Das letzte war so durchkühlt, daß ich es nach Hause trug, wo es, in alte Decken gepackt, auf dem Beilegerofen wieder zu Kräften kam. Ich habe es dann wieder zur Mutter gebracht, aber ich hatte das Gefühl, daß weder sie noch der Bruder es vermißt hatten. Immerhin hat es erstmal tüchtig bei der Mutter getrunken.

Alle Tierarten haben hier einen „Rufnamen", worauf sie hören und meistens gleich angerannt kommen. So rufen wir die Kühe mit „Kuusch,

Kuusch, Kuusch", die Schafe mit „Sick, Sick, Sick", die Schweine mit „Üüsch, Üüsch, Üüsch", die Hühner mit „Tiep, Tiep, Tiep" und die Enten mit „Piele, Piele, Piele".

Von nebenan im Pesel höre ich durch die dünne Paneelwand den zirpenden Klang unserer alten Standuhr, die lediglich einen Stundenzeiger aufzuweisen hat, so daß man die Zeit nur etwa in Viertelstunden ablesen kann. Nach Großmutters Meinung stammt die Uhr aus England und ist weit über 100 Jahre alt. Als sie gebaut wurde, kannte man nur Uhren mit Stundenzeiger. Erst später ist der Minutenzeiger erfunden worden. Obgleich wir in der Wohnstube noch eine moderne Wanduhr besitzen, zieht Großvater an jedem Sonntag die an dicken Tauen hängenden schweren Bleigewichte nach oben. Zehnmal hat sie eben angeschlagen, da muß ich wohl doch bald aufstehen.

Heute gibt es zum Mittagessen Grünkohlsuppe auf geräucherter Schweinsbacke gekocht. Lecker, lecker. Diese Suppe, wie auch von Erbsen und Bohnen, kocht Großmutter immer gleich für zwei Tage. Sonst lohnt es sich nicht, sagt sie. Als wir kürzlich Grünkohlsuppe aßen, meinte Großvater: *„Jung, nimm man noch en Schlach, denn Gröönkohl is gesund!"* und erzählte in diesem Zusammenhang, daß ein junger Arzt sich in Nordfriesland niederlassen wollte und ihm von einem erfahrenen Kollegen gesagt worden sei, daß man hier als Arzt nichts verdienen könne, denn hier werde so viel Grünkohl gegessen.

In der Woche gibt es bei uns fast jeden Tag Pellkartoffeln und Speck in der Pfanne. Der Speck ist meistens ungeräuchert und wird mit den Zwiebeln so lange gebraten, bis die Zwiebeln braun und die Schwarten vom Speck ganz knusprig sind. Nun kommt noch Rahm hinzu, der sich unten auf dem Boden der Pfanne ausbreitet. Jeder pult sich seine Kartoffeln, zerteilt sie auf dem Teller und tunkt die Stücke mit der Gabel tief in diese Speck-Rahmsoße. Ein herrliches Essen, zumal meine Großeltern die knusprigen Schwarten nicht mehr zerbeißen können, sie abschneiden und mir auf den Teller geben. Da ich diese Leckerbissen nicht gleich alle essen will, stecke ich einen Teil davon in meine Hosentasche und kann noch lang davon zehren. Nur während des Unterrichts soll man sie möglichst nicht genießen, weil man es weithin hört und der Lehrer neulich wissen wollte, wer denn da Nüsse knackt. Ich jedenfalls nicht; ich fühlte mich ziemlich unschuldig. Jetzt warte ich doch lieber bis zur Pause, und wenn ich sehr viele habe, gebe ich schon mal den besten Schulkameraden ein paar Schwarten ab. Alle sind natürlich scharf darauf.

So, nun läutet Onkel Siegfried wieder. Der Gottesdienst ist also zu Ende. Drei Minuten lang muß er nun an dem Strang ganz normal ziehen, dann das Klingelbeutelgeld zählen und an den Pastor übergeben, noch ein bißchen in der Kirche aufräumen und nach dem Rechten sehen, bis er dann um 12 Uhr wie täglich wieder die Zeit läuten muß. Da es inzwischen schon gleich 11 Uhr ist, muß ich nun doch bald aufstehen, zumal die Sonne scheint und ich heute nachmittag mit Treu zum Außendeich will. Vielleicht kommen Paul Schooster und Korl Moler auch mit. Das wird ein schöner Nachmittag werden!

Leider hat Treu schon wieder einen dicken Bauch und ist deshalb nicht so lustig wie sonst. Fast alle Jahre bekommt „er" Junge, denn nur selten gelingt es uns, ihn während der ganzen „Laufzeit" einzusperren und ihn nur an der Leine auszuführen. Das ist eine schlimme Zeit für ihn und für uns, denn er jault den ganzen Tag, und das tut uns leid. In diesen Wochen wird unser Haus von bis zu zehn Hunden Tag und Nacht umlagert. Treus Zustand muß sich unter den Dorfhunden weit „herumsprechen", denn sie kommen sogar von Waygaard im Osten und Broderswarft im Westen angelaufen. Mein Bruder und ich kennen sie natürlich alle und wundern uns immer wieder, wie brav sie sich hier aufführen, während einige von ihnen in ihrem Zuhause ganz unangenehme Gesellen sind. Doch kommen sie alle umsonst hierher. Treu hat nämlich einen festen Partner, und das ist Flocki von Sörensen auf der Maynswarft, ein hochbeiniger schwarzer Terrier, kurzhaarig und immer frierend. Wir mögen ihn ganz und gar nicht leiden und wundern uns über Treus schlechten Geschmack. Aber diese Freundschaft besteht schon über Jahre, und wir können sie ihm nicht ausreden.

Doch werden wir die Jungen, so niedlich sie auch sind, leider alle ertränken müssen, wenn wir nicht vor der Geburt wenigstens einen Abnehmer finden. Und dieses unangenehme Geschäft müssen mein Bruder und ich ganz alleine besorgen. Mutter sagt, sie habe uns damals gewarnt, eine Hündin ins Haus zu nehmen, und nun sei es unsere Sache, damit fertig zu werden. Treu ist ja kein Rassehund. Er ist schwarz, hat ein sehr liebes Gesicht mit einer weißen Blässe, halblange, leicht gewellte Haare und einen hübschen buschigen Schwanz mit einer weißen Spitze. Alle sagen, es ist ein schönes Tier. Er hätte für uns Kinder ein bißchen größer und stärker sein dürfen, weil er, obgleich wir ihm ganz fachmännisch ein Geschirr anfertigten und einen passenden Wagen besorgten, uns nicht ziehen kann. Das ist sehr schade. Momme Simons großer Hund zieht immer den Fischwagen ganz alleine, und der ist sicherlich viel schwerer. Na ja, sonst ist er bestimmt der beste Kamerad. Nur die alljährlich auftauchenden Welpen machen uns Kummer. Vater versucht hin und wieder, bei seinen Kunden in der Werkstatt ein Junges anzubieten: *„De junge Hund ward säker so'n gude Rottenbieter as de Mudder.“* Ja, Treu hält uns tatsächlich alle Ratten vom Leib, denn ab und zu finden wir eine totgebissen auf dem Hofplatz. Er frißt sie nicht, während Mäuse, ob vom Feld oder aus dem Haus, zu seinen Lieblingsspeisen gehören. Am Außendeich hat er einmal mit meiner Hilfe sieben Feldmäuse ausgescharrt und aufgegessen, doch bekamen sie ihm offensichtlich nicht, denn er erbrach sie alle. Es waren wohl zu viele, und er hatte sie auch nicht gut gekaut, denn sie waren noch alle heil. Später wollte er sie erneut verschlingen, aber das ließ ich nicht zu, damit ihm nicht wieder übel würde.

Kurz vor dem Werfen baut Treu sich ein Nest auf dem Heuboden oder im Schuppen. Er ist immer ganz stolz auf seine Jungen, und wir bewundern sie ihm zuliebe entsprechend. Aber dann kommt wie im vorigen Jahr die schwere Entscheidung, welches Junge am Leben bleiben darf. Wir hatten einen Abnehmer gefunden, und fünf Junge lagen im Nest. Drei davon waren nach dem hochbeinigen Vater geraten und standen für uns nicht zur Debatte. Doch die anderen beiden waren gleichermaßen hübsch wie die Mutter. Eines konnte nur am Leben bleiben, aber welches? Schließlich einigten wir uns darauf, daß ich mich umdrehen und das Urteil sprechen sollte. Mein Bruder nahm eines in die Hand, und ich mußte „Tod“ oder „Leben“ sagen. Ich merkte wohl, daß ich nun eine große Entscheidung zu treffen hatte, und sagte „Leben“.

Die vier anderen haben wir dann ertränkt. Doch nicht so wie unser Nachbar Hannes: einfach die Kleinen in einen Sack packen und in den Graben werfen, wo sie noch eine ganze Weile auf dem Wasser treiben, bevor sie untergehen. Nein, wir polstern den Sack mit weichem Heu aus, legen die noch blinden Tierchen vorsichtig hinein, binden den Sack an den langen Klootstock und drücken ihn ganz schnell in einem tiefen Graben bis auf den Grund. Vater meint, die plötzliche Kälte läßt die noch so zarten Jungen augenblicklich sterben. Deshalb sollen wir diese unangenehme und höchst traurige Aufgabe auch gleich nach der Geburt erledigen.

Eine Schwierigkeit ergibt sich noch dadurch, daß Treu, wohl ahnend, daß sich wieder etwas Schreckliches anbahnt, auch mit dem leckersten Essen sich kaum vom Nest weglocken läßt. Einige Male mußten wir nämlich den ganzen Wurf ertränken, weil sich kein Abnehmer auftreiben ließ. Aber wenn er noch eines der Jungen vorfindet, ist er ganz glücklich. Wir bestatten die Kleinen schön auf Heu in einem Loch unter dem Holunderbaum. Nach dem Zuschütten streuen wir etwas Hühnerkot darauf. Da Treu diesen Geruch absolut nicht mag, sind wir sicher, daß er die Grabstelle nicht findet.

Die Zeit des Aufwachsens des Jungen bringt für die ganze Familie viel Vergnügen. Umso schwerer wird dann der Abschied. Doch Treu, so meinen wir jedesmal zu beobachten, ist schließlich ganz froh, diesen kleinen Plagegeist loszuwerden. Von nun an hat er nämlich wieder den vollen Familienanschluß: Er darf wie zuvor auf seinem Lager in der Küchenecke schlafen. Noch lieber liegt er allerdings auf dem Sofa, was ihm aber von Mutter strikt verboten ist. Doch er weiß, dieses Verbot zu umgehen, wie ich zufällig entdeckte. Kommen wir morgens vom Schlafzimmer herunter, sitzt er brav auf seinem Lager und begrüßt uns mit freundlichem Schweifwedeln. Der warme Platz auf dem Sofa verrät mir jedoch, daß er dort die Nacht verbracht hat. Aber das bleibt ein Geheimnis zwischen diesem liebenswerten Schlingel und mir.

Innerhalb der Familie sind wir uns darin einig, daß Treu jedes Wort versteht, soweit es sich um seine Belange handelt. Statt mit Worten antwortet er mit Bellen, mit Schwanzwedeln oder Hochspringen. Sitzt einer von uns abends mit übergeschlagenen Beinen, setzt er sich auf dem Fußboden dazu und legt eine seiner Vorderpfoten über dessen Fuß. Wird es abends spät und jemand gähnt, ahmt er es sofort nach, selbst wenn wir es nur zum Scherz tun. An seinem schönen buschigen Schwanz lesen wir unschwer seine jeweilige Seelenlage ab. Normalerweise trägt er ihn waagerecht mit einem leichten Schwung zum Schwanzende hin, so daß die weiße Spitze lustig nach oben zeigt. Will er mit uns spielen oder hat er eine fremde Katze entdeckt, steht der Schwanz steil nach oben und signalisiert Kampfbereitschaft. Dabei lebt er mit unseren beiden Katzen ganz freundschaftlich zusammen und schläft mit ihnen im gleichen Lager. Ist Treu traurig, hängt seine Rute ganz herab, und er wartet dann auf Zärtlichkeiten von uns.

Von der Kirchwarft her kündigt Onkel Siegfried mit zwölf kräftigen Glokkenschlägen die Mittagszeit an, und ich muß ganz schnell aufstehen, denn Großmutter hält sehr auf pünktliches Essen.

Meine Fahretofter Schulzeit

Unsere Schule bestand aus zwei Klassen. In der „Lüttschool“ waren die Jahrgänge 1 bis 4 und in der „Grotschool“ die restlichen 5 bis 9 zusammengefaßt, d.h. nur die Jungs mußten neun Jahre die Schule besuchen. Zu meiner Zeit saßen in der 1. Klasse fünfundsechzig und in der 2. Klasse zweiundsiebzig Schüler, links die Deerns und rechts die Jungs. Innerhalb der Jahrgänge hatten die guten Schüler ihren Platz „oben“, und die weniger tüchtigen saßen „unten“. Die Sitzfolge wurde allgemein am Beginn des Schuljahres neu festgelegt. Aber nach mehreren schlechten bzw. guten Leistungen erfolgte bisweilen auch eine Umsetzung innerhalb des Jahres. Während des Unterrichts wurden einige Jahrgänge immer mit schriftlichen Arbeiten beschäftigt. Nur beim Singen und in Religion waren wir alle dabei.

Unser Lehrer Pauls, der auch Organist war und deshalb Küster genannt wurde, kam zu jeder neuen Stunde mit einer brennenden Pfeife von unterschiedlicher Länge, zum Teil bis auf den Boden reichend, in die Klasse. Unter uns Schülern hieß es, je länger die Pfeife, desto gemütlicher werde der Unterricht. Gelegentlich gab es dennoch Ohrfeigen und bei schweren Vergehen gegen die allgemeine Schulordnung auch Stockschläge: für die Jungs in gebückter Haltung aufs Gesäß und für die Mädchen, wenn auch viel seltener, mit einem kürzeren Stock in die linke Handfläche. Aber solche schweren Strafmaßnahmen waren nicht häufig, und es gab sicherlich auch Jahre, in denen keine Stockschläge verteilt wurden.

Der Küster hatte seine Wohnung im Westteil des Schulhauses. Dazu gehörte auch ein kleiner Stall, in dem er zwei Kühe, Schweine und Hühner hielt, wofür die Gemeinde ihm das dazugehörige „Schulland“ zu günstigen Bedingungen überließ. Für die Unterbringung der Heuernte stand ihm der riesige Bodenraum über den Klassenzimmern zur Verfügung. Dieser landwirtschaftliche Nebenverdienst sowie die Anstellung als Orgelspieler bei der Kirche besserten das sonst eher kärgliche Gehalt des Schulmeisters auf.

Lehrer Bernhard Petersen, der über etliche Jahrzehnte die „Lüttschool“ betreute, hatte es da schon besser, weil er auf der Rickertswarft eine ansehnliche Bauernstelle sein eigen nannte. Als er in den Ruhestand trat und Junglehrer Kruse seine Stelle übernahm, brachen für diesen mit der Inflation um 1923 schwere Zeiten an. Er bewohnte zwei winzige holzverschalte Stuben auf dem Dachboden der Schule nach Osten hinaus. Um seine Lebensgrundlage einigermaßen sicherzustellen, sorgte die Gemeinde dafür, daß er täglich

Das Fahretofter Schulhaus um 1930 (Südansicht); links die Lehrerwohnung, mitte und rechts die Lütt- und Grotschool

„Lüttschool" Fahretoft im Jahre 1920 mit Lehrer Kruse und 68 Schülern aus vier Jahrgängen

reihum im Dorf eine kostenlose Mittagsmahlzeit erhielt. Diese Einrichtung sollte für mich eine entscheidende Bedeutung erlangen.

Nach zwei Jahren aus dem Gotteskoog zurückgekehrt, wurde ich meinem Alter entsprechend in den 2. Jahrgang der „Lüttschool" eingegliedert. Infolge der anhaltenden Überschwemmungen an unserem bisherigen Wohnort hatten wir Kinder dort viele Wochen lang den Unterricht versäumen müssen, und es fiel mir deshalb schwer, hier den Anschluß zu finden. Großmutter, die um meine Schulängste wußte, erarbeitete täglich mit mir die Hausaufgaben und versuchte mit unendlicher Geduld, meine Fertigkeiten im Lesen und Schreiben zu verbessern. Nach ihrem Rezept sollten die Wiederholungen der Aufgaben am Morgen „auf nüchternen Magen" ganz besonders einprägend wirken, und so gingen wir immer noch einmal vor dem Frühstück Lese- und Schreibaufgaben durch. Nur im Rechnen hatte ich keine Schwierigkeiten.

Dennoch hielt Lehrer Kruse es nach einiger Zeit für angebracht, mich zu den Schulanfängern zurückzuversetzen. Diese sicherlich gut gemeinte Maßnahme erschütterte mich tief und traf mein Ehrgefühl empfindlich. Mit den bis zu zwei Jahren jüngeren Kindern wieder mit dem ABC neu zu beginnen, war mir unvorstellbar. Ich weinte laut und führte mich in einer Weise auf, daß mein großer Bruder, der seine Rückstufung bereits vor einiger Zeit stumm hingenommen hatte, sich meines Auftritts vor der ganzen Klasse schämte. Dennoch erreichte ich damit einen kleinen Aufschub.

Zufälligerweise lag in dieser Zeit der Tag, an dem Lehrer Kruse zu meinen Großeltern zu Tisch kam. Es gab wunderschönen Grünkohl auf geräucherter Schweinebacke gekocht, das gute Geschirr war aufgedeckt, doch fand ich keine rechte Freude daran, als ich neben meinem Lehrer meine Suppe löffelte. Die Unterhaltung wurde in plattdeutsch geführt, und ich hatte Sorge, daß die Erwachsenen auf meine schlechten Leistungen in der Schule zu sprechen kommen könnten. So war ich froh, daß Großmutter einen Auftrag für mich hatte und ich die Stube nach dem Essen verlassen durfte.

Meine Schwierigkeiten in der Schule dauerten weiterhin an, und meine Angst, doch noch zurückgestuft zu werden, verfolgte mich bis in die Träume. Doch hatte ich auch gelegentlich das Gefühl, daß Lehrer Kruse mir mit etwas mehr Verständnis begegnete. Als ich dann nach den Sommerferien, während derer Großmutter und ich unsere Lese- und Schreibübungen fleißig fortgeführt hatten, zum ersten Male fast ohne zu stocken lesen und auch besser schreiben konnte, war der Bann gebrochen. Von da an ging ich angstfrei in die Schule und „kletterte“ erfreulicherweise allmählich von „unten“ auf höhere Plätze. Viel später erfuhr ich, daß Großmutter nach dem damaligen Essen mit Lehrer Kruse „gesprochen“ und eine Entscheidungsfrist bis zum Herbst für mich erbeten hatte.

Im Unterricht und für die Hausaufgaben benutzten wir unsere Schiefertafel, die auf der einen Seite Linien für die Schrift und auf der anderen kleine Quadrate für die Zahlen bereithielt. Nur für Aufsätze, Diktate und Rechenarbeiten, die drei- bis viermal im Jahr anstanden, gab es entsprechende Hefte. Zum Wochenende hieß es, die Tafel zu waschen, wobei es darauf ankam, die Holzumrandung schön sauber zu scheuern. Zu jeder Tafel gehörten zwei Wischer, fest eingerollte Leinenstücke, von denen das eine trocken und das andere naß zu sein hatte. Beide hingen an einem Bindfaden, der durch ein Loch im Rahmenholz gezogen war. Während des Schulgangs baumelten sie außerhalb des Ranzens, damit sie nicht die Hausaufgaben verwischten. Am Montagmorgen überzeugte sich der Lehrer von der Reinigung der Tafel, vom Zustand der Wischer und der angespitzten Griffel. Außerdem wurden natürlich die Hausaufgaben kontrolliert, bevor sie gelöscht werden durften. Dabei war das Auswischen des Geschriebenen mit Hilfe von Spucke streng untersagt.

Wir erlernten zunächst nur die alte deutsche „Langschrift“. Beherrschten wir die Buchstaben, nahm das Schönschreiben einen breiten Raum ein; es fand mit dem zarten Auf- und dem druckvolleren, breiteren Abstrich seine Vollendung. Die lateinische Schrift wurde erst in der „Grotschool“ gelernt. Zum Schreiben benutzten wir Stahlfedern der verschiedensten Formen, die wir in das Tintenfaß tauchten, das sich im oberen Teil der Schreibplatte befand. Dieses Eintauchen erforderte einige Erfahrung, da zuviel Tinte an der Feder unweigerlich zu dem sehr verpönten Klecks führte, der in glücklichen Fällen durch schnelles Auflecken weitgehend ungeschehen gemacht werden konnte.

An jedem Morgen begann der Unterricht mit einem kurzen Gebet, das reihum von den Schülern gesprochen wurde. Darauf folgte in der ersten Stunde Religion, in der wir zuerst die Zehn Gebote mit den Erklärungen – „Was ist das?“ – auswendig lernten. Im Laufe der Zeit folgten das Glaubensbekenntnis mit seinen umfangreichen Ausdeutungen und schließlich die weiteren Hauptstücke. Diese uns überwiegend unverständlichen, endlosen

Litaneien konnten einige Mädchen zu meiner Bewunderung ohne Stocken hersagen. Doch nicht nur ich hatte meine liebe Not mit dem Erlernen dieser Hauptstücke, und so mußten wir sie mehr als einmal in Schönschrift abschreiben, was fast einen ganzen Nachmittag dauerte. Richtig erfaßt habe ich sie dennoch nicht.

Etwas besser erging es mir da schon mit den Chorälen, die wir ebenfalls in großer Zahl und mit allen Strophen auswendig zu lernen hatten. Diese reimten sich wenigstens. Handelte es sich jedoch um die zwölf Verse von „Befiehl du deine Wege" oder gar die fünfzehn von „In allen meinen Taten", versagte ich auch da. Der Sinngehalt blieb mir fremd, weil er uns entweder nur oberflächlich oder gar nicht erklärt wurde. Deshalb bedrückte mich der tägliche Religionsunterricht beim alten Küster Pauls, und ich atmete auf, als er in den Ruhestand trat und das bisherige Auswendiglernen von einer lebendigen Unterweisung mit Fragen und Antworten abgelöst wurde.

Alljährlich bot die Einschulung der fünfzehn bis zwanzig Anfänger uns größeren Kindern in der „Lüttschool" eine willkommene Abwechslung. Dem Lehrer hingegen bescherte sie fast unlösbare Aufgaben, da er nun neben den fünfzig Kindern der Jahrgänge 2, 3 und 4 sich zumindest vorübergehend vermehrt den Kleinen zuwenden mußte. Ganz schlimm traf es Junglehrer Green, der aushilfsweise zu uns kam und kaum unser Platt und schon gar nicht Friesisch verstand. Da die Eingeschulten aber überwiegend aus friesischsprechenden Familien stammten, war eine Verständigung zwischen Lehrer und Kindern nicht nur schwierig, sondern teilweise unmöglich.

So rief einmal ein kleines Mädchen immer wieder laut weinend: *„Ick häw min Stäck slänn!"* Lehrer Green versuchte, es zu beruhigen, und fragte hilflos in die Klasse hinein: „Was hat Elke nur?" Ein älteres Mädchen übersetzte schließlich, daß sie ihren Griffel verloren habe.

Ich hatte bei meiner Einschulung den Vorteil, aus einem Hause zu kommen, in dem hauptsächlich plattdeutsch gesprochen wurde, und konnte mir somit durch Lautverschiebungen das Hochdeutsche leidlich erschließen: *Mudder* = Mutter, *Vadder* = Vater, *Goorn* = Garten, *Disch* = Tisch und *Kark* = Kirche. Doch meinen friesischsprachigen Mitschülern war selbst dieser Weg versperrt, da die friesischen Entsprechungen *Mämm, Täte, Tünn, Scheew* und *Schörk* keinerlei Brücken zum Hochdeutschen enthalten. Deshalb wurde es im Unterricht wie eine Fremdsprache gelehrt, wobei der richtige Gebrauch der über fünfzig auswendig gelernten Verhältniswörter uns immer wieder Schwierigkeiten bereitete. So war uns während der ganzen Schulzeit „ich geh zu Hause" statt richtig „nach Hause" kaum auszutreiben, da es ja auf plattdeutsch „ick goh to Huus" und auf friesisch *ick gung tu Hüß* heißt.

Da es weder Radio noch Fernsehen gab, bot neben der Schule nur noch die sonntägliche Predigt in der Kirche Gelegenheit, unsere bescheidenen Kenntnisse zu erweitern und zu festigen. So blieb für die meisten von uns das Hochdeutsche eine fremde Sprache, deren wir uns nur ungern bedienten.

Im Jahre 1924 bekamen wir einen neuen Hauptlehrer, Küster Peter Nissen (1895–1968). Er führte viele Neuerungen ein. Die Schulräume wurden vergrößert, sie erhielten Luftabzugsklappen, und das Rauchen in der Klasse gab es nun auch nicht mehr. Er modernisierte den Unterricht, legte großen Wert auf Sport, und so zogen wir im Sommer jede Woche mit allen erforderlichen Gerätschaften zum Außendeich und trieben dort auf dem weiten Vorland sportliche Spiele, wobei „Schlagball" für uns Jungs das Hauptvergnügen brachte.

Sein besonderes Interesse galt allerdings der Musik. Gesangvereine für Männer und Frauen wurden ins Leben gerufen, eine Blaskapelle sowie ein Trommler- und Pfeiferzug gebildet und den interessierten Kindern unentgeltlich Geigenunterricht erteilt. Er war musikalisch außerordentlich talentiert, spielte achtzehn verschiedene Instrumente und komponierte insgesamt elf friesische Lieder, darunter das vielgesungene Heimatlied „Gölj, Rüüdj än Ween" (Gold, Rot und Blau).

Bis dahin hatten wir bei besonderen Angelegenheiten immer „Ihr Freunde, stimmt an unser Friesenlied" gesungen, das Lehrer Nissen aber wenig schätzte. Um so mehr war er bemüht, das obengenannte Gedicht von Albrecht Johannsen zu vertonen und es damit zum Heimatlied zu erheben. Meinen Eltern erzählte er einmal in meinem Beisein, wie er schließlich die passende Melodie fand: „Schon seit Monaten suchte ich nach einer Weise, die der einfachen Form des Gedichts entsprach. Aber keine wollte mir gefallen. Eines Morgens war ich mit dem Fahrrad auf dem Moordeich zu einer Konferenz nach Niebüll unterwegs. Die Sonne schien, die Vögel sangen, und mir gingen Melodien für das friesische Gedicht durch den Sinn. Und auf einmal hatte ich sie: So und nicht anders mußte sie sein! Ich sprang vom Rad, setzte mich an den Deich und schrieb laut singend mit einem Bleistiftstummel die Noten auf einen Papierfetzen. Zu spät, aber überglücklich erreichte ich die Konferenz."

Wir Kinder liebten und verehrten Küster Nissen tief. Viele Stunden habe ich für ihn in der Kirche die Bälge zu Orgelspiel-Übungen getreten. Es war eine harte Arbeit, aber ich tat es gern. Wenn dann nach zwei Stunden „Bach" unvermittelt und fröhlich „Trink, trink, Brüderlein, trink" erklang, wußte ich, daß nun Schluß war, und wir verließen lustig plaudernd gemeinsam die Kirche.

Unser Trinkwasser

Die Trinkwasserverhältnisse in der Marsch waren damals, an heutigen Maßstäben gemessen, katastrophal. Es gab nur Regenwasser, das vom Reetdach herabtropfte und auf der Erde in einer Steinrinne zum „Sod"[1], der Zisterne, geleitet wurde. Der Sod, aus Ziegelsteinen in Grassoden gesetzt, war so eng, daß man nur mit Mühe die fünf Meter an einer Leiter hinabsteigen konnte, um ihn alle Jahre zu reinigen. Er ist aus damaliger Zeit noch erhalten und auf der Terrasse an der Südseite des Hauses Holländerdeich 42 jetzt mit einer Zementplatte abgedeckt. Mit dem Regen wurde vom Dach natürlich auch der Vogelkot heruntergespült, und auf der Erde gelangte weiterer Schmutz sowie Regenwürmer und sonstiges Getier hinzu, das sich im Sod ansammelte. Der Bodensatz war beim Reinigen denn auch zuweilen kniehoch und stank entsprechend. Und dieses Wasser, das vom Reet eine braune Färbung annahm, tranken groß und klein einschließlich der reichlich vorhandenen Mückenlarven und anderer Lebewesen unabgekocht. Pastor Ahrens warf, wie ich beobachtete, einige Frösche in seine Zisterne, die das Wasser nach seiner Ansicht von Insektenlarven reinigten. Sie saßen alle rundherum an der Wand festgekrallt, um den Kopf über dem Wasser zu halten. Mit Erlaubnis meiner Eltern setzte ich nun auch Frösche in unseren Sod, gab aber einige Brettenden mit hinein, damit die armen Tiere doch mal trocken sitzen konnten, was sie auch offensichtlich gerne mochten.

1 Niederdeutsch *Sod* oder *Sood*, fries. *Suus*, das etymologisch zum Verb „sieden" in der alten Bedeutung „aufwallen" gehört, bezeichnet von Haus aus den Brunnen. In der Marsch und auf den Halligen, wo das Grundwasser wegen seines Salzgehalts ungenießbar ist, wurde das Wort auf die Zisterne fürs Regenwasser übertragen.

In regenarmen Sommern reichte das Wasser meistens nicht aus, und wir suchten Gräben, die noch klares Wasser enthielten, und holten es nun dort für unseren Bedarf. Als Kinder legten wir uns auch gelegentlich einfach auf den Bauch und stillten unseren Durst direkt aus den meist randvollen Gräben, wie wir es vom Vieh kannten. Auf dem Schulhof standen zwei Eimer mit ebensolchem Wasser, dazu hing ein angeketteter blauer Emaillebecher an der Wand. An heißen Sommertagen bildeten sich in den Pausen lange Schlangen vor dieser Trinkeinrichtung, und alle tranken wir aus demselben Becher. Dazu muß man wissen, daß damals die Tuberkulose noch weit verbreitet war und eine Ansteckung meistens den Tod zur Folge hatte.

Auf der Geest waren die Wasserverhältnisse erheblich besser, weil man dort sauberes Grundwasser hatte. Bei uns dagegen stieß man bei Bohrungen nur auf Brackwasser, das salzig schmeckte und nicht einmal vom Vieh angenommen wurde. Kamen Geestbewohner zu uns, wurden sie häufig von der „Marschkrankheit“ befallen, die sich in Form von Durchfällen und Fieber zeigte. Nach allgemeiner Ansicht war sie auf unser unsauberes Trinkwasser zurückzuführen, an das wir von klein auf gewöhnt, gegen das die Fremden aber anfällig waren.

Der „Erste“ in der „Grotschool“ hatte neben anderen Sonderaufgaben auch für den Wasservorrat in der Küche der Lehrersfrau zu sorgen. Diese von uns gern übernommenen Gefälligkeiten wurden von ihr mit gelegentlichen kleinen Geschenken in Form von Äpfeln oder Kuchen entgolten. Da ich diesen Platz gar zwei Jahre innehatte, holte ich über diese Zeit hinweg regelmäßig in der großen Pause zwei bis drei Eimer Wasser aus der Zisterne am Westrand des Schulhofes. Dieser unterirdische Wasserbehälter wurde vom Dach des Pastorats gespeist und ist auch heute noch vorhanden.

Den Zink- oder Emailleeimer hängte ich in den am Ende einer langen Holzstange angebrachten „Schwiensteert“, ließ ihn vorsichtig hinunter,

„Schwiensteert“

drückte den Eimer dann mit einem gekonnten Schwung unter Wasser und holte ihn gefüllt nach oben. Die Kunst bestand darin, die Stange so geschickt zu führen, daß der Eimer während dieses Vorgangs nicht aus dem schweineschwanzähnlich gedrehten Eisenhaken herausrutschte. Versank nämlich ein

Eimer, war ein umständliches Suchen mit einem Spezialhaken an einer langen Leine die Folge, worin ich jedoch von zu Hause einige Fertigkeit mitbrachte. Aus diesem Grunde angelte ich hin und wieder erfolgreich während der Religionsstunde nach Eimern, die unkundige Wasserholer versenkt hatten, und erntete bei der Küsterfamilie hohes Lob. Als ich aber auch hier wie zu Hause zur Verbesserung der Wasserqualität Frösche einsetzen wollte, machte die hübsche Küstersfrau ein so entsetztes Gesicht, daß ich die bereits eingefangenen Frösche wieder in die Freiheit entließ und die Brettenden erst gar nicht auspackte.

Dörfliche Umgangsformen

Es war damals üblich, daß die Kinder Verwandten und Bekannten der Eltern bei der Begrüßung die rechte Hand reichten und eine kleine Verbeugung, einen „Diener" machten. Dabei mußte man den Erwachsenen auch noch ins Gesicht sehen. Das alles zusammen war nicht leicht, und ich fühle noch heute die Hand meiner Mutter, die mit sanftem Druck auf meinen Kopf an die Verbeugung erinnerte.

Als mein Bruder Erich 1919 geboren werden sollte, wurde ich bei meiner Großtante Lene auf der Gabrielswarft für einige Tage einquartiert. Tante Lene betrieb ein Kolonialwarengeschäft und verfügte somit über Bonbons und andere Süßigkeiten, die es bei uns nur ganz selten gab. Sie hielt sehr auf gutes Benehmen, weil sie sich zu der „besseren Gesellschaft" im Dorf rechnete, und so mußte ich meinen ganzen Anstand zusammennehmen, um dort als guterzogener Junge bestehen zu können und meiner Mutter keine Schande zu bereiten. Dazu gehörte, daß man als Kind beim Essen die linke Hand unterm Tisch hielt und nicht redete, welche Vorschrift ich denn auch strikt befolgte. Die jungen Leute im Haus versuchten nun häufig, mich durch allerlei Fragen zum Sprechen zu verleiten, doch ich sagte kein Wort, und Tante Lene lobte mich entsprechend.

Aber ich hatte noch weitere Prüfungen meiner guten Erziehung zu bestehen. So erinnere ich mich an eine besonders schwere Aufgabe. Eine Tochter des Hauses hatte sich gerade verlobt und ging mit ihrem Bräutigam Hand in Hand im Garten spazieren. Ich bekam nun den Auftrag, die beiden zu Tisch zu bitten, und das sollte so vor sich gehen: *„Ick schull frogen, ob Tante Anne* *un Onkel Korl so gut sien wullen, in tom Äten to komen.*" Zweimal hatte Tante Lene mir den Text vorgesagt, und ich wiederholte ihn laufend auf dem Weg in den Garten. Aber angesichts des mir fremden Onkels hatte ich alles vergessen. Hinter der Hausecke übte ich den schwierigen Vers nochmals und brachte ihn dann auch wohl einigermaßen richtig heraus, während mir das Herz bis zum Hals herauf klopfte.

Ich war erleichtert, als man mir einige Tage später erzählte, daß jemand einen Storch mit einem Wickelpaket auf dem Schornstein meines Elternhauses gesehen habe, und es werde gesagt, daß ich einen Bruder bekommen hätte. Ich machte mich nun auf den Weg nach Hause, und tatsächlich lag meine Mutter mit einem Säugling im Arm im Bett. Der Storch hatte sie ins Bein gebissen, damit sie ein paar Tage beim Säugling bleiben müsse. Aber das wußte ich ja schon, das war bei allen Müttern mit Neugeborenen immer das gleiche.

Als ich etwas größer war, durfte ich die Geburten in der Nachbarschaft „ansagen". „*Ick schall gröten vun Lene un Andrees, dat dor en gesunde Jung opstohn is, un de schall Martin heten.*" Das war immer ein einträglicher Auftrag. In allen zehn bis zwölf Häusern, wohin ich die frohe Botschaft zu bringen hatte, erhielt ich Kuchen oder gar 10 Pf geschenkt. Dieses „Wissenlassen" – „Wetenloten", fries. *Waaeläiten* – hatte für die Mutter und das Kind einen praktischen Sinn: Die so benachrichtigten Familien schickten nach gegenseitiger Absprache ein immer reichliches Mittagessen für die Wöchnerin, so daß während der ersten neun Tage, die sie damals zwingend im Bett bleiben mußte, für sie und meistens auch für die weiteren Kinder gesorgt war. Für diesen Nachbarschaftsdienst stand extra ein Eßgeschirr mit mehreren Behältnissen übereinander beim Wohlfahrtsverein bereit. Diese Sitte war für manche Familien in der damaligen schweren Zeit eine große Hilfe.

Besuchte die Mutter mit dem Säugling dann zum ersten Mal ein Nachbarhaus, bekam das Kind dort ein frisch gelegtes Ei geschenkt, das ihm Glück bringen sollte.

Als Kinder hatten wir alle Erwachsenen, denen wir im Dorf begegneten, auch die unbekannten, zu grüßen, und zwar mit „Moin" bis zum Mittag, mit „Guu'n Dach" bis zum Abendbrot und mit „'n Oomt" oder – auf friesisch – „'d Een" für den Rest des Tages. Unter uns Kindern sagten wir „Moin" zu allen Tageszeiten. Von seiten der Eltern wurde großer Wert auf das Grüßen aller Erwachsenen gelegt, und sie hielten überhaupt das stumme Aneinandervorbeigehen für sehr unhöflich und geradezu peinlich. So wurden dann auch unter den Erwachsenen neben dem Gruß noch ein paar Worte gewechselt, die sich meistens auf das Wetter bezogen, das immer Stoff bot. Neben dem Grüßen hatten wir Jungs vor dem Pastor und den Lehrern die Mütze zu ziehen. Da wir alle Pudelmützen trugen, war diese Sitte für uns mit einigen Umständen verbunden, weil das Wiederaufsetzen schwierig und nur mit beiden Händen möglich war. Daß wir uns tunlichst vor so viel Umstand drückten und schon mal hinter einer Hausecke verschwanden, wenn solche Prozedur damit abzuwenden war, sollte verständlich sein. Die Mädchen hatten es da besser: Sie brauchten nur einen kleinen Knicks zu machen.

Als mein großer Bruder und ich einmal bei Nachbarskindern standen und diese vor einem uns gut bekannten großen Bauern die Mütze zogen, waren wir von so viel Höflichkeit überrascht. Wir erzählten es zu Hause und fragten, ob diese Grußart auch für uns zu gelten habe. Mutter meinte daraufhin, solange der Bauer nicht seine noch immer anstehenden Schulden bei Vater bezahlt habe, hätten wir schon gar keinen Grund, ihn besonders höflich zu grüßen.

Vom Kirchgang

Obwohl Fahretoft im Gegensatz zu Dagebüll in dem Ruf stand, ungewöhnlich viele fleißige Kirchgänger zu beherbergen, so zählten wir ganz sicher nicht dazu. Während es in einigen Familien gewissermaßen zur Pflicht gehörte, daß wenigstens ein Angehöriger sonntags reihum in die Kirche mußte, kannten wir dagegen keinerlei feste Regelungen. Außer zu den Festtagen und Beerdigungen gingen wir kaum mal hin.

Eine Wöchnerin durfte damals das Hausgrundstück – den „Staben", fries. *Stöuwen* – vor dem ersten Kirchgang nicht verlassen; dieser hieß „Kirchgang hooln" (halten), auf friesisch *öun Schörk gunge* (in die Kirche gehen). In Begleitung einer älteren Frau, gewöhnlich einer Verwandten, mußte sie vor dem Gottesdienst einmal den Altar umrunden und eine Spende dahinter auf ein Bord legen. Dieser Gang vor der vollbesetzten Kirche brachte manche Frau in große Verlegenheit, wie ich von meiner Mutter hörte.

Wenn ich mit Großvater in die Kirche ging, bekam er zwei Pfennige und ich einen von Großmutter mit auf den Weg für den Klingelbeutel. Wir gingen immer sehr zeitig, damit Großvater vor der Kirchentür noch mit den anderen Besuchern etwas reden und Neues über Dorfbegebenheiten, aber auch über Schweinepreise und sonstige Alltagsdinge erfahren konnte. Sobald die Orgel zu hören war, gingen alle hinein. Jeder hatte seinen Stammplatz. Die Frauen kamen durch einen eigenen Eingang und saßen vorne auf kleineren Bänken von den Männern getrennt. Nachdem wir unseren Platz erreicht hatten, durften wir uns nicht gleich hinsetzen, sondern mußten einen Augenblick mit der Mütze in der Hand und gesenkten Hauptes stehen bleiben. Dann nahmen wir Platz. So machten es alle Männer, während die Frauen sich gleich hinsetzen durften.

Meine Großeltern schätzten die allsonntäglichen Kirchgänger nicht sonderlich und meinten, die hätten es dann wohl auch nötig, was soviel hieß, wer kein schlechtes Gewissen habe, brauche auch nicht so oft in die Kirche zu gehen. Was mir bei unseren gelegentlichen Kirchgängen noch auffiel: Großvater faltete bei den gemeinsamen Gebeten nicht die Hände, sondern legte sie nur aufeinander, was ich dann auch tat.

Vor der Predigt, während des Singens, kam der Kirchendiener mit dem Klingelbeutel an einer langen Stange durch die Reihen der Bänke und sammelte die Kollekte ein. Es war sehr unangenehm, wenn man kein Geldstück dabeihatte. Man mußte dann eine kleine Verbeugung machen, damit er den Beutel mit der Klingelglocke wieder zurückzog, so daß diese Peinlichkeit nicht gar zu sehr von den Umsitzenden bemerkt wurde. Freche Jungs warfen auch schon mal aus Verlegenheit oder auch zum Schabernack einen Blechknopf hinein, was dann in der Pastorenfamilie, zu der ich ja über den Sohn eine ständige Verbindung hatte, sehr übel vermerkt wurde, während der „Täter“ unter seinesgleichen an Ansehen gewann.

Beerdigung („Liek“)

In unserem alten Friesenhaus wurden alle meine Vorfahren im Pesel, dem größten und nur Feierlichkeiten vorbehaltenen Raum, nach ihrem Ableben aufgebahrt. Als die letzten einer ganzen Reihe von Generationen standen dort zu meiner Zeit 1926 meine Großmutter Marie und 1931 mein Großvater Friedrich Lorenzen. Die Fenster waren für die Zeit der Aufbahrung mit weißen Laken und im Sommer noch dazu von draußen mit schweren Säcken verhängt, weil die Beerdigung oft erst nach fünf bis sieben Tagen vorgenommen werden konnte. Bevor der Sarg angefertigt wurde, kam der Tischler ins Sterbehaus und vermaß den Verstorbenen, um die Größe des Sarges festzulegen. Dann nahm er die allgemeinen Raumverhältnisse und die Türen in Augenschein und machte sich ein genaues Bild, auf welchem Wege der Sarg die meist engen und verwinkelten Räume mit den schmalen Türen verlassen könne. Auch da spielte die Länge und Breite des Sarges häufig eine ganz entscheidende Rolle. Waren diese Fragen fachmännisch geklärt, begann die Anfertigung. Aus eigener Anschauung in der Werkstatt meines Vaters weiß ich, wieviel Sorgfalt auf die Qualität und Kunstfertigkeit in der Ausführung dieses Auftrages verwendet wurde. Wenn schließlich dieses schwarzglänzende Gebilde fertig in der Werkstatt stand, verlieh es dem Raum eine Weihe, daß wir kaum laut zu sprechen wagten.

Die Fahretofter Kirche um 1910

Am Tage der Beerdigung saßen wir als Angehörige seitlich des offenen Sarges, und die Dorfbevölkerung trat an das Fußende des Verstorbenen und nahm mit einer leichten Verbeugung zum Toten hin Abschied. Dann hielt der Pastor vom Kopfende her die Totenehrung, in deren Verlauf der Lebensweg des Entschlafenen ausführlich gewürdigt wurde. Nach der Aussegnung wurde dem Toten ein weißes Taschentuch über das Gesicht gebreitet, und der schwere Sargdeckel von mehreren Männern aus der Nachbarschaft aufgelegt und fest verschraubt. Diesen Augenblick empfand ich immer als den traurigsten, da die Verschraubung mir wie eine Einsperrung erschien. Dann trugen die Nachbarn den Sarg hinaus, was bei uns weniger Mühe machte, weil die Zimmer und Türen genügend Raum boten.

Draußen auf der Straße wartete dann schon ein Bauernfuhrwerk, das von einem Nachbarn als Ehrendienst gestellt wurde. Der Wagen war einer der üblichen, aber sorgfältig gewaschen. Im Winter, wenn die Pferde lange ohne Arbeit waren, mußte häufig ein Mann vorne am Kopf der Tiere den ruhigen Ablauf der Fahrt sichern. Der Kutscher wie auch die meisten Männer des Gefolges trugen Zylinderhüte, die dem Zug einen feierlichen Rahmen gaben. Allmählich formierte sich nun der Trauerzug durch das Dorf zur Kirche hin: vorne der Lehrer, zugleich Küster und Organist, mit sechs Jungen, die sowohl im Trauerhaus als auch auf dem Weg zum Friedhof Choräle sangen. Dahinter der Pastor im Ornat, dann der Leichenwagen und schließlich die Angehörigen in der Reihenfolge des Verwandtschaftsgrades. Auf dem Friedhof angekommen – wir sagten auf plattdeutsch „Kirchhoff“[1] –, wurde der Sarg einmal um die Kirche herumgetragen und dann ins vorbereitete Grab gesenkt, während wir Jungs bestimmte Kirchenlieder sangen. Für die Nachbarn war das Tragen des Sarges meistens eine schweißtreibende Arbeit und auch das Hinabsenken in die Grube oft schwierig, so daß der jeweilige Tischler gelegentlich mit Hand anlegen mußte, um den geordneten Ablauf zu sichern.

Im Trauerhaus indessen entwickelte sich ein reges Leben, da dort nun das sog. „Arfbeer“[2], also die Bewirtung der nächsten Angehörigen, die oft einen weiten Weg zu Fuß oder mit einem Pferdewagen zurückgelegt hatten, vor-

1 Das friesische Wort ist *Hauert*, eig. „Hofwurt“, „Hof“ in der alten Sonderbedeutung „Kapelle, Kirche“ (vgl. heute noch fries. *How* für Gottesdienst). In den friesischen Marschen liegt der Friedhof auf der Kirchwarft, *jü Schörkeweerw* – so die Ockholmer Bezeichnung auch für den Friedhof, während man in Langenhorn *Schörrword* sagt. In dieser Wortbildung blieb also – wie in *Hauert* – die sonst in Nordfriesland durch *Weerw*, plattdt. *Warf* verdrängte Bezeichnung „Wurt“ für den Wohnhügel der Marschgebiete erhalten.

2 Plattdt. *Arfbeer* bedeutet eigentlich „Erbbier“, während Fahretofter fries. *Ierbier* Umdeutung zu „Ehrenbier“ zeigt. Erik Rooth behandelt in seinem Buch „Nordfriesische Streifzüge. Laut- und wortgeographische Studien“ (Lund/Leipzig 1929) die nordfriesischen Ausdrücke für Kindtaufe, Tauffeier (*Sulme* usw.), Wochenbett (*Sulmebeed* usw.), Hochzeit, Hochzeitsfeier (*Koost* usw.) und Beerdigungsfeier.

bereitet wurde. Die mit Tüchern verhängten Spiegel und Bilder wurden freigemacht und die Uhren, die seit der Sterbestunde angehalten blieben, wieder in Gang gesetzt. Die Fenster und Türen wurden geöffnet und die meistens im Pesel aufgestellten Eimer mit kaltem Wasser zur Kühlung des Raumes ausgeleert.

Als „Sängerknabe“ mußte ich über viele Jahre an allen Beerdigungen in Fahretoft und Waygaard mitwirken. Küster Nissen wählte mich immer wieder aus, weil ich wohl eine gute Stimme hatte. Und so habe ich von Tudenswarft oder Broderswarft, von Lütjenswarft oder gar von Waygaard bis hin zum Friedhof mit meinen fünf wechselnden Sangesbrüdern meine Stimme durchs Dorf erschallen lassen. Doch wenn keine Häuser an der Straße standen, machten wir schon mal eine längere Pause. Übrigens wurden wir mit 50 Pf oder gar mit 1 Mark entlohnt, und im Trauerhaus gab es ein wenig Gebäck.

Außendeich und Vorland

Mit dem Begriff des Außendeiches verband sich für uns Kinder die grenzenlose Freiheit. Hatten wir im Sturmlauf den Deich erstiegen, lag das weite Vorland vor uns: im Übergang vom Herbst zum Winter völlig leer, keine Menschen, nicht einmal Schafe, soweit man sehen konnte. Aber diese scheinbare Leere täuschte uns nicht, denn liefen wir den Deich hinab und bewegten uns der kilometerweit entfernten Abbruchkante zum Watt hin zu, zeigte sich doch mannigfaltiges Leben in Form von Vögeln vieler Arten, wie z.B. Kiebitze, „Liewen“ (Austernfischer), „Tüter“ (Rotschenkel) und Möwen. Aber auch Enten und Gänse, die uns am meisten interessierten, gab es in Massen. Die Jagd auf diese großen Vögel war weit verbreitet, und die Aussicht auf eine zusätzliche Mahlzeit ließ die Schießverbote in den Hintergrund treten.

Bei Sturm saßen überall Männer hinter einem notdürftig errichteten Sichtschutz und schossen auf die bei diesem Wetter niedrigfliegenden Vögel. Bei auflaufender Flut lagen die selbsternannten „Jäger“ an der Uferlinie versteckt und warteten auf die herantreibenden Enten und Gänse. Ganz geschickte Jäger legten sich flach in einen selbstgefertigten hölzernen „Schlickrutscher“, schoben sich vorsichtig mit den Fußspitzen zu den im Watt gründelnden Entenschwärmen auf Schußweite heran und kamen gelegentlich mit reicher Beute zurück. Einmal zählten wir in dem flachen Gefährt elf erlegte Enten und bewunderten den stolzen Schützen.

Eine weitere Art, an diese kostenlosen, wenn auch verbotenen Braten zu kommen, war die nächtliche „Laternenjagd". Ich durfte später einmal in entsprechendem Abstand an ihr teilnehmen. Mein großer Bruder und ein älterer Nachbar, beide mit einer alten Doppellauf-Schrotflinte ausgerüstet, zogen an einem „rusigen", dunklen Herbstabend los, und nach einem einstündigen Fußmarsch standen wir an der Abbruchkante zum Watt. Bis zur Hohlebbe blieben noch eineinhalb Stunden, und auch die Windrichtung war günstig, weil es von See her wehte. Wir konnten das Geschnatter Hunderter Enten draußen auf dem Schlick deutlich hören und sie gegen den Wind vorteilhaft angehen. Nun wurden die vor der Brust befestigten Laternen angezündet, hinter deren trübem Schein die Enten erfahrungsgemäß die nahenden Gestalten nicht entdecken konnten.

Zuerst ging es einige hundert Meter zügig voran, dann immer langsamer, weil darauf zu achten war, daß kein Geräusch unser Näherkommen verriet. Verstummte das Geschnatter der Enten, blieben wir stehen und warteten, bis sie wieder unbekümmert weiterschnabbelten. Es war abgesprochen, daß der Nachbar wegen seiner langen Erfahrungen in dieser Jagdart zuerst schießen sollte und erst auf sein Zeichen hin mein Bruder. Nun hatten die beiden die Schußentfernung erreicht, und der Nachbar hob sachte das Gewehr: „Klick" – ein Versager, und „Klick" – wieder kein Schuß! Die Enten stoben hoch, und mein Bruder feuerte ohne Aufforderung geistesgegenwärtig zweimal in das Flügelgewirr. Der Nachbar war untröstlich über die verpaßte Gelegenheit und schob die Schuld auf seine untaugliche Flinte. Trotzdem fanden wir zu unserer freudigen Überraschung sieben tote oder flugunfähige Enten, drei für unseren Nachbarn und vier für uns. Eine tolle Schießleistung meines Bruders! Stolz kehrten wir nach Mitternacht mit unserer reichen Beute heim, zumal es sich um große, fette Stockenten handelte. Übrigens waren diese nächtlichen Jagdgänge keineswegs ungefährlich, da durch vorzeitig auflaufende Flut oder einfallenden Nebel die Männer gelegentlich in ernste Schwierigkeiten gerieten.

Nun wußten wir Jungs natürlich, daß ein erheblicher Teil der tödlich verletzten Enten noch weite Strecken zurücklegen kann und deswegen vom Schützen häufig nicht gefunden wird. Mitunter erkannten wir am Flugbild, wenn Tiere angeschossen waren, und bemühten uns, den Einfallsort ausfindig zu machen. Darüber hinaus lohnte es sich, die Strandregion nach angeschossenen und verendeten Enten abzusuchen. Das Jagdfieber trieb meine beiden Freunde und mich mit meinem Hund Treu immer wieder an die Küste, und kein noch so schlechtes Wetter konnte uns schrecken. Hatten wir Glück, eine oder gar zwei Enten zu finden, war der Stolz groß, und Mutters Lob zu Hause blieb trotz meiner nassen Kleidung und Füße nicht aus.

Viel schöner war es natürlich im Sommer auf dem weiten Vorland. Wir spielten an der Abbruchkante, bauten Dämme oder ließen über Kanäle die Wasserlöcher leerlaufen. Auch Feuer konnten wir machen, denn wir hatten immer ein Brennglas in der Tasche, und an brennbarem Treibsel - wir sagten „Teek", auf friesisch *Täik* - herrschte kein Mangel. Dann zogen dicke Rauchwolken übers Land. Wir rannten in sie hinein und sprangen über die Glut, und kein Erwachsener erschien je, uns dieses Vergnügen zu verbieten.

Kam Ende Mai heran, schickte Mutter uns Kinder mit Beuteln und Kissenbezügen sowie einem scharfen Messer zum Außendeich, um „Suden" - fries. *Südde* - zu pflücken. Pastor Ahrens nannte sie Meerstrandwegerich, aß sie auch gerne und gab uns seinen Sohn mit. Die Mädchen fanden immer schnell einen vermeintlich lohnenden Platz und blieben dort bis zum Schluß. Die Ausbeute war entsprechend mäßig, wenn auch „pinnig" sauber. Mein Bruder Fidi und ich dagegen streiften das weite Vorland bis zur Uferregion ab und nahmen nur die größten und schönsten Büschel, verwendeten jedoch wenig Zeit auf das Aussortieren des mitabgeschnittenen Grases. Dafür brachten wir aber die doppelte Menge an.

Diese Beschäftigung machte allen Freude, zumal uns auch Zeit blieb, uns im Gras auszustrecken, in den blauen Himmel zu gucken und den Lerchen und „Tütern" zu lauschen. Daß wir alle barfuß liefen und die Grasnelken sich dabei zwischen den Zehen verfingen, erhöhte noch unser Vergnügen. Jahre später faßte meine Frau diese Stimmung in einen Kinderreim:

Wer will mit zum Außendeich?
Dort ist unser Königreich,
wachsen Suden ohne Zahl,
pflücken wir zum Mittagsmahl.
Nelken duften um uns her,
rosarotes Blütenmeer
lädt uns ein, ob groß, ob klein . . .

Zu Hause, wenn wir abends alle um den Tisch versammelt saßen, um auch das letzte Grashälmchen aus der ansehnlichen Ernte zu entfernen, rümpften die Mädchen die Nasen über unsere lotterige Arbeitsweise, während Mutter auch die größere Menge zu schätzen wußte.

Die Sudenmahlzeiten wurden von uns allen heiß geliebt, ob als Gemüse mit Kartoffeln und Spiegeleiern oder als Eintopf mit Muskartoffeln auf Räucherspeck gekocht. Großvater erzählte einmal, daß ein reicher Fremder gerade zur Sudenzeit unsere Gegend bereiste und zu einer solchen Mahlzeit eingeladen wurde. Nach Hause zurückgekehrt, erzählte er, er habe Gras zu essen bekommen und sei froh, diese Reise nicht zur Winterszeit unternommen zu haben, weil man ihm dann sicherlich Heu vorgesetzt hätte. Wir Kinder lachten: *„Sowat Dummes! För de Winter warrn de Suden doch in grote Steenkröge insoltet un schmecken genauso fein.“*

Eine weitere immer wieder gern übernommene Aufgabe führte uns Kinder gemeinsam an den Außendeich: das alljährliche „Schulensammeln“, das im Hochsommer anstand. „Schulen“ – aus fries. *Schule* – hieß der steinhart getrocknete Schafmist, der für Herd und Ofen ein überaus wertvolles Heizmaterial lieferte. Mit einer Schubkarre, drei bis vier großen Säcken und ausgiebigem Kaffeebrot ausgerüstet, zogen wir los. Ich erinnere mich, daß wir dabei immer schönstes Wetter hatten. Treu war natürlich auch mit von der Partie. Auf dem halbstündigen Hinweg durfte jeder mal ein Stück auf der Karre mitfahren, und schon hatten wir den Deich erreicht. Hier galt es nun, nur die guten, das heißt die trockenen Stücke zu sammeln und in den Sack zu werfen. „Schulen“, die bei Sturmfluten mit dem Salzwasser in Berührung gekommen waren und daher oft in Massen im Spülsaum – „Teekwall“, fries. *Täikwåll* genannt – zusammengetrieben lagen, schieden als Feuerung aus, weil sie an Heizkraft eingebüßt hatten und zudem mit ihrem Salzgehalt die Feuerstätten zerfraßen.

Das Sammeln empfanden wir nicht als besonders anstrengend oder gar langweilig, weil jeder bestrebt war, seinen Sack baldmöglichst zu füllen. Nach getaner Arbeit ging jeder seiner Neigung nach. Meistens trafen wir auch Nachbarskinder, die zu dem gleichen Zweck gekommen waren. Da das Vorland für alle genug Platz und Sammelgut bereithielt, war keine Konkurrenz zu fürchten. Wenn die Flutzeit günstig lag, nahmen wir Jungs noch schnell ein Bad im seichten, warmen Wasser an der Abbruchkante oder, wer schwimmen konnte, in einem tieferen Priel. Da wir alle keine Badehosen hatten, noch solche kannten, fiel die Entscheidung leicht. Entschlossen sich auch die Mädchen zum Baden, gingen sie in einiger Entfernung gleichfalls ohne weitere Umstände ins Wasser, und ich kann mich nicht erinnern, daß einer der Jungs die unsichtbare Anstandsgrenze zu den Mädchen hin je überschritten hätte.

Mit viel Hallo wurden anschließend die vollen Säcke auf der Karre verschnürt, und geschlossen gingen wir, abwechselnd das Gefährt schiebend, nach Hause. Dort wurde die Ausbeute von den Eltern mit Anerkennung in Empfang genommen. Aber für den Wintervorrat reichte sie natürlich noch nicht, so daß es hieß, noch mehrmals diese Aktion zu wiederholen.

Jahrzehnte hindurch pachteten wir einen Streifen – wir sagten „Acker" dazu – auf dem Vorland zur Heugewinnung. Dieses Heu war ungewöhnlich nahrhaft und wurde daher von den Viehhaltern sehr geschätzt. Während das Gras unmittelbar am Deich lang und somit leicht zu mähen war, gehörte zum Schneiden des teils nur eine Handbreit hohen, aber außerordentlich dichtstehenden Grases auf dem Vorland eine überaus scharfe Sense sowie viel Geschick und Körperkraft. Lag das gemähte Gras in Schwaden auf dem 300–400 m langen Acker bis zur Abbruchkante hin, begann die Zeit der Sorge, die Ernte sicher einzubringen. Schon ein steifer Westwind der Stärke 7 bis 8 ließ das Vorland überfluten und das mühselig gemähte Heu hinwegtreiben. Alle Pächter links und rechts waren daher wie auch wir bestrebt, die Ernte zügig voranzutreiben, was aber weitgehend vom guten Wetter abhing.

War die Witterung unbeständig und stand gar noch eine Springflut bevor, entwickelte sich die Heuernte vor dem Außendeich zu einer einzigen Aufregung. Trotz dramatischer Bergungsversuche, an denen die ganze Familie teilnahm, indem wir das Heu mit Schubkarren und Planen durch knietiefes Wasser an den rettenden Deich zu schleppen versuchten, verloren wir mehrfach die gesamte oder große Teile der für uns so wertvollen Ernte. Dennoch ist mir diese ungewöhnlich schwierige Heugewinnung dort draußen als ein sich wiederholendes großes Abenteuer im Gedächtnis geblieben. Daß mir in all dem Durcheinander noch Zeit blieb, hin und wieder von kleinen Inselchen draußen auf dem Acker schnell ein paar Mäuse vor dem Ertrinken zu retten, wundert mich noch heute. Als eines der Tierchen mich ganz schön schmerzhaft in den Finger biß, fand ich in meiner Familie allerdings wenig Mitleid. Dennoch schien mir der Einsatz für diese kleinen verängstigten Geschöpfe, die ich am Deich absetzte, gerechtfertigt. Treu dagegen verstand die Welt und auch seinen besten Freund nicht mehr.

Für uns Kinder brachte auch die alljährlich zweimal stattfindende Deichschau, „de Diekbetoch", aufregende Stunden. An diesen Tagen fuhr der Deichgraf mit seinen Vögten den ganzen Außendeich entlang, um dessen Zustand in Augenschein zu nehmen, wie Großvater mir erklärte. Im Frühjahr hieß es, die Winterschäden abzuschätzen und die Sturmflutsicherheit während der ruhigen Sommermonate wiederherzustellen; im Herbst dagegen galt es, die vorgenommene Ausbesserung der Schäden und den Allgemeinzustand im Hinblick auf die kommenden Herbst- und Winterstürme zu begutachten.

Wir Kinder wußten natürlich, daß diese „Diekbetöge" für unsere Sicherheit hinter dem uns schützenden Deich sehr wichtig waren. Zu Hause und in der Schule hatten wir häufig genug über schwere Sturmfluten, gebrochene Deiche und das damit verbundene Elend der betroffenen Bevölkerung aus vergangenen Jahrhunderten gehört. So begegneten wir diesen meist älteren Männern, die in ihren von Pferden gezogenen vierrädrigen „Federwagen" und den zweirädrigen Gigs bedächtig auf dem hohen, schmalen Außendreich entlangfuhren, mit großer Achtung.

Um ihnen das Öffnen und Schließen der vielen Hecktore – der „Hecken", fries. *Häge* – zu ersparen, war es von alters her Sitte, daß dies von Kindern übernommen wurde, die dafür von den Vorüberfahrenden ein „Trinkgeld" bekamen. So war auch ich bemüht, keinen dieser Deichschautage zu verpassen. Um aber die Kinderschar, die die Hecktore belagerte, zu begrenzen, wurde der Zeitpunkt unter uns Jungs als Geheimnis gehandelt. Die Jungs von Broderswarft, Lüttjens- und Tudenswarft ließen deshalb auch keine „Fremden" in ihre Bereiche, und wir von der Kirchwarft waren ebenfalls darauf bedacht, die beiden vor uns liegenden Hecktore nur mit „eigenen Leuten" zu besetzen. So liefen wir gleich nach dem Ende des Schulunterrichts an den Außendeich, nahmen sie vorsorglich in Besitz und erwarteten, meist viel zu früh, die Wagenkolonne, die aus sechs bis acht Fahrzeugen bestand. Sie kam stets von Norden her über Dagebüll, hielt gelegentlich an und näherte sich dann langsam. Schon über etliche Kilometer Entfernung sahen wir sie, da die Sicht auf dem langgeschwungenen Deich frei war, und vertrieben uns die Zeit mit allerlei Spielen.

Schließlich kam der große Augenblick. Wir verteilten uns auf unsere beiden

Hecktore und sahen – links und rechts der Durchfahrten stehend – dem erhofften Geldsegen entgegen, der üblicherweise aus Zwei-, Fünf- und Zehnpfennigstücken bestand. Kaum war das letzte Gespann vorbeigefahren, suchten wir nach etwa noch im Gras verstreuten Münzen, und gelegentliche Freudenrufe kündeten von Erfolgen. Beglückt zählte nun jeder sein Trinkgeld. Bei großen Unterschieden fand unter Geschwistern und guten Freunden meist ein kleiner Ausgleich statt.

Plötzlich Hunger auf das versäumte Mittagessen verspürend, machten wir uns auf den Nachhauseweg, während die Fahrzeugkolonne sich langsam Tudenswarft näherte, wo gleichfalls Kinder auf ihr Glück warteten. Bei den einzelnen Deichschauen war der Gewinn immer sehr unterschiedlich. So bekam ich einmal 70 Pf; aber auch 40 oder 30 Pf erfreuten uns schon, betrug doch der Stundenlohn, den Vater als Tischler für sich berechnete, gerade eben 80 Pf.

Im Jahr 1927 wurden wir bei einer Deichschau sogar gefilmt! An diesem Tag warfen uns die Deichvögte, wie es schien, besonders reichlich Geldstükke zu. Aber das war wohl nur eine Anweisung von den Filmleuten, denn das Ergebnis entsprach durchaus nicht den weitausladenden, großartigen Armbewegungen der Wageninsassen, und wir ärgerten uns.

Monate später fuhren wir mit dem Rad nach Niebüll in Ecks Kino, eigens um uns den Film anzusehen. Für mich war es nach „Ben Hur" der zweite meines Lebens. Wieder ärgerten wir uns über den Schwindel mit der vorgetäuscht großzügigen Entlohnung. Außerdem ging im Film alles viel zu schnell, so daß wir uns kaum zu sehen bekamen. Auch mein Flachskopf war in Sekundenschnelle wieder verschwunden, wie man noch heute bei gelegentlichen Vorführungen dieses nunmehr historischen Films „Südtondern in den zwanziger Jahren" feststellen kann.

Ein bißchen Wehmut bestimmt die Erinnerung an einen Vorlandbesuch, den ich an der Hand meines Großvaters machte. Bei strahlendem Sonnenschein gingen wir beide an der Kirche vorbei auf dem zu dieser Jahreszeit schön geglätteten Kleiweg zum Außendeich. Auf seiner Krone rastend und über die weite Landschaft blickend, erzählte Großvater mir, mit wieviel Mühen dieser Deich um 1685 gebaut worden war, der uns nun schon rund 250 Jahre vor Sturmfluten schützte und gleichzeitig die ehemalige Hallig Fahretoft landfest machte. Über 3000 Menschen seien unter primitivsten Bedingungen und bei kärglichem Lohn eingesetzt gewesen, und wäre nicht gerade die

Schubkarre erfunden und hier zum ersten Mal bei diesem Bauwerk verwendet worden, wären noch weitere 1000 Arbeiter erforderlich gewesen, um den Deich in drei Jahren fertigzustellen.

Wir gingen dann über das weite Vorland zur Uferlinie hinaus und setzten uns auf die Abbruchkante, die dort wohl 1 m hoch sein mochte. Es war die Zeit der Ebbe, und vor uns lag das schier unendliche Wattenmeer. Großvater nannte mir der Reihe nach die sichtbaren Inseln und Halligen, die er als wichtige Wellenbrecher für unseren Deich bezeichnete. Von ihm erfuhr ich auch, daß es viele tausend Inseln, aber nur zehn Halligen auf der ganzen Welt gibt, die alle hier vor unserer Küste liegen. *„Un wenn du grot bist, ward hier en Diek vun Ockholm no Lüttjenswarf trocken, un wo wi hier nu sitten, is denn dat beste Ackerland. Denk mol doran, wat ick di seggd heff!" – „Aber dann ward Grotvadder je doch uck noch dor sien!" – „Nee, mien Jung, bit dorhen heff ick al lang en Sod' op de Näs."*

Dieses Bild von der Grassode auf der Nase meines geliebten Großvaters hat mich lange verfolgt. Und als wir dann Jahre später im Pesel alle um seinen Sarg saßen, mußte ich an seine Worte denken, die nun Wirklichkeit wurden. Vorerst aber, tröstete ich mich, würde der von meinem Vater angefertigte schwere Sargdeckel noch lange die Erde von seinem Gesicht fernhalten.

Gut dreißig Jahre später wurde tatsächlich der neue Deich für den Hauke-Haien-Koog von Ockholm nach der Lüttjenswarft gezogen, und wo wir beide seinerzeit saßen, wächst seitdem der beste Weizen.

Letzte Begegnung mit „Ååln"

Meine Urgroßeltern mütterlicherseits waren angesehene Bauern und wohnten auf der Jannenswarft. Urgroßvater Sönke Hansen (1832–1912) war lange Jahre Bürgermeister der Gemeinde Fahretoft. Ich habe ihn nicht kennengelernt, aber seine Frau Ida, geb. Jacobsen (1838–1923), die wir „Åäln"[1] nann-

1 *Åål*, das friesische Wort für Großmutter, erhält in der Objektform (3./4. Fall) die Endung *-n*; daher der Wechsel zwischen *Åål* und *Ååln* in der Erzählung. Ebenso *Åtte, -n* (Großvater), *Mämm, -en* (Mutter) und *Täte, -n* (Vater) sowie die Vornamen, z.B. *Megräit, -en* (Margarete), *Mumme, -n* (Momme). Der von den skandinavischen Sprachen übernommene Buchstabe *Å/å* bezeichnet den kurzen, offenen *o*-Laut, der gewöhnlich aus dem langen dunklen, *o*-haltigen *a*-Laut (*Åå/åå* geschrieben) gekürzt ist.

„Åtte" Sönke Hansen und „Åål" Ida auf der Jannenswarft um 1890

ten, hatte ihren Platz „auf der Kellerkammer" am Fenster und war, wenn wir sie besuchten, am Spinnen oder am Stricken. Mit ihren über 80 Lebensjahren war sie für uns das Sinnbild des Alters, und wir begegneten ihr mit großer Ehrfurcht. Als ich 9 Jahre alt war, starb Åål, und sie wurde die erste Tote, die ich sah und mit der ich näher in Verbindung treten mußte.

Ich litt damals wohl gelegentlich an einer Blasenschwäche, und nach damaliger weitverbreiteter Meinung war eine Heilung zu erwarten, wenn der Betroffene eigenhändig einer Leiche eine kleine Flasche Urin in den Sarg legte und mit ins Grab gab. Und nun war Åål gestorben, und es ergab sich die Möglichkeit, diesen Heilungsweg zu suchen. Also wurden meine große Schwester Erna und ich zu diesem Zweck, ausgerüstet mit dem Notwendigen, auf den Weg nach Jannenswarft geschickt. Dort angekommen, wurde ich mit viel Geheimnistuerei alleine in das Sterbezimmer geleitet. Hier lag Åål im Sarg aufgebahrt und hatte ein Gesangbuch unter dem Kinn. Ihr blaßgelbes Aussehen, ihre nun noch größer wirkende Nase ließen sie mir sehr fremd erscheinen, und nur zögernd näherte ich mich ihr, die Flasche in der Hand haltend. Doch dann überwand ich meine Scheu. Åål, die immer so lieb zu mir gewesen war, lag so friedlich mit gefalteten Händen in dem weißen Leinen, daß es eigentlich nichts Beängstigendes an sich hatte. Wenn auch immer noch auf ihr Gesicht schauend, hob ich nun behutsam das Laken hoch und wunderte mich, daß anstatt des erwarteten Strohs Hobelspäne zum Vorschein kamen. Dann fiel mir ein, daß der Sarg von meinem Vater angefertigt wurde und somit die Hobelspäne aus unserer Werkstatt stammen mußten. Diese Erkenntnis half mir sicherlich, nun die ungewöhnliche Zeremonie zielstrebig zu Ende zu bringen. Ich stopfte die Flasche in die Hobelspäne, zog das Laken wieder darüber, sahÅåln nochmals prüfend an und verließ ohne Hast das Zimmer. Ob die Prozedur Erfolg hatte, kann ich nicht mehr erinnern.

Meine Großeltern auf Langeneß

Meine Großmutter war die Tochter des Bauern Sönke Hansen von der Jannenswarft. Sie soll eine ungewöhnlich hübsche und lebenslustige Frau gewesen sein. Leider starb sie vierzigjährig bei der Geburt ihres siebten Kindes im Jahre 1905. Man hatte sie noch mit heftigen Wehen mühsam auf einer Leiter von der Rixwarft zur Ilf, dem winzigen Hallighafen, getragen und in einem kleinen Segelboot nach Wyk zum Arzt gebracht. Doch dieser konnte, wie Großvater erzählte, angeblich nur das Leben der Mutter oder das des Kindes retten. Er entschied sich für das Leben des Kindes und nahm damit fünf kleinen Kindern die Mutter. Die ganze Tragik dieser Entscheidung wurde erst nach Jahren sichtbar, als sich herausstellte, daß das gerettete Kind infolge der schweren Geburt hirngeschädigt war und sein Leben in einer Anstalt verbringen mußte. Auf dem Sterbebett nahm Großmutter ihrem Mann das Versprechen ab, nicht wieder zu heiraten. Dieses Gelöbnis hat er über fünf-

„Mutter Bine"
im Alter von 80 Jahren

zehn Jahre gehalten, dann heiratete er Engelbine Hansen, von uns Mutter Bine genannt, die ein kleines Haus auf der Hunnenswarft mit in die Ehe brachte, wo die beiden ihren Lebensabend verlebten. Mutter Bine war eine stattliche Erscheinung, besonders wenn sie ihre kleidsame Friesentracht mit dem reichen Silberschmuck trug.

Großvater Thomas unterhielt viele geistige Verbindungen mit interessanten Persönlichkeiten. So pflegte er über Jahrzehnte nahe Beziehungen zu dem niederdeutschen Schriftsteller Rudolf Kinau in Finkenwerder. Aber auch Prinzessin Irene, eine Schwester der letzten Zarin von Rußland, gehörte dazu und war alljährlich mit einigen Hofdamen im Gefolge bei ihm in dem kleinen Friesenhaus zu Gast. Sie schlief in dem Alkoven, in dem auch ich bei meinen Besuchen mein Nachtlager hatte. Dieser Umstand beflügelte meine Gedanken, und im Traum sah ich durch die halbgeschlossenen Luken des Bettes die schöne Prinzessin im Reifrock mit einem Diadem in den hochgesteckten, gepuderten Haaren Großvater gegenüber am Tische sitzen. An ihren Fingern trug sie blitzende Ringe, an den kleinen Füßen silberne Schuhe, und ihre Stimme klang hoch und rein.

Haus der Großeltern auf der Hunnenswarft mit Marie Hansen, Prinzessin Irene und „Mutter Bine" um 1925

Großvater Thomas Petersen im Alter von 90 Jahren

Meine näheren Nachfragen zerstörten dann allerdings diese märchenhaften Vorstellungen, denn ich erfuhr, daß die Prinzessin um die 70 Jahre alt sei, von Gicht geplagt werde und deshalb dicke Jacken und Wollstrümpfe trage. Mutter Bine pflegte die Hofdamen, die meist adligen Geblüts waren, bei den täglichen Hausarbeiten voll mit Kartoffelschälen, Bettenmachen und Abwaschen einzuspannen, während Großvater und die Prinzessin Gespräche über Gott und die Welt führten.

Großvater rauchte die damals üblichen langen Pfeifen, die zum Teil bis an die Erde reichten. Der Rauch sei dann schön kalt und besonders aromatisch, wie er sagte. Das Problem mit dieser langen Pfeife ergab sich aber beim Anzünden, wozu Mutter Bines Hilfe nötig war. Ich höre ihn noch rufen: *„Bine, de Piep is utgohn!"* worauf die Stimme aus der Küche kam: *„Jo, Thomas, ick kumm glieks."* Zum Anzünden brauchte man Fidibusse, kleine gefaltete Papierstreifen, die immer in einem Glas reichlich vorhanden waren. Als ich größer wurde, durfte ich diesen Ehrendienst auch gelegentlich übernehmen.

Alle Bewohner, also auch die hochherrschaftlichen, waren auf das im Stall befindliche Plumpsklosett angewiesen, dem man die häufige Reinigung mit Scheuerpulver sogleich ansah. In der kalten Jahreszeit nahm man für diesen Gang ein Ringkissen mit, das eigens dafür angefertigt war, seinen festen Platz auf dem Beilegerofen hatte und somit in dem ungeheizten Stall eine wohlige Sitzwärme ausstrahlte.

Die Gastfreundschaft der Großeltern zeitigte natürlich Gegeneinladungen, und so waren beide häufig zu Besuch bei der Familie Kinau sowie bei Onkel Ludolf, Großvaters Sohn aus erster Ehe, der in Hamburg wohnte und dort ein in Schiffahrtskreisen bekannter Kapitän war. Aber auch die Prinzessin Irene lud die beiden auf ihr Gut Hemmelmark bei Eckernförde ein.

In Vorbereitung dieser Reise bat Mutter Bine ihren Mann, für diese Zeit den alten Schnürsenkel, an dem er seit Jahren seine Taschenuhr trug, gegen seine goldene Uhrkette auszutauschen. Doch er fand dies nicht der Mühe wert, ließ sich aber dazu überreden, das zerschlissene Schuhband gegen ein neues auszuwechseln. Auch die Ausstattung mit Oberhemd und Krawatte schien ihm zu aufwendig, und er meinte, sein alltägliches schwarzes „Vorblatt“ würde während des Aufenthalts dort auch seine Dienste erfüllen. Von diesem Besuch erzählte Großvater später, daß zu ihrer Begrüßung die ganze Dienerschaft auf den Stufen zu beiden Seiten der Freitreppe versammelt war, während die Prinzessin oben in der Mitte zum Empfang bereitstand. Mutter Bine war dieser Situation wohl nicht ganz gewachsen und begrüßte nun, von unten beginnend, alle Bediensteten links und rechts mit Händedruck, während Großvater, etwas unglücklich wartend, nach oben zur Begrüßung der Dame des Hauses strebte.

Mutter Bine war von den Besuchen nicht sonderlich beeindruckt und berichtete meiner Mutter unter anderem, daß sie sehr verwundert war, einmal zum Essen ganz kleine Mohrrüben – „luurlütte Wotteln“ – bekommen zu haben. Solch kleine „Wurzeln“ zu kochen lohne sich doch wirklich nicht! *„Bi uns kriegen disse lütten Dinger immer de Schwien.“* Soviel Sparsamkeit auf Hemmelmark schien ihr unangebracht zu sein.

Großvater Thomas Petersen (1861–1952) stammte ursprünglich aus Angeln und war in seinen jungen Jahren als Matrose an die Westküste gekommen. Dort hatte er 1887 seine erste Frau, Engel Hansen, kennengelernt, sie später geheiratet und seinen Wohnsitz auf der Hallig Langeneß genommen. In den Feierabendstunden spielte er gerne Geige, was ihm einmal fast zum Verhängnis geworden wäre. Als er seinen Militärdienst seinerzeit in Rendsburg ableistete, spielte er in der Kaserne in seiner Freizeit bei offenem Fenster ein neues Lied, das ihm gut gefiel. Plötzlich wurde er verhaftet und vor seinen Hauptmann geführt, der ihn streng verhörte. Dort erfuhr er, daß er die „Internationale“ gespielt hatte, die im Kasernenbereich unter Verbot stand. Als man seine Arglosigkeit bemerkte, ließ man ihn mit einer Verwarnung wieder gehen.

Großvater Thomas wurde 91 Jahre alt und war bis zuletzt geistig sehr rege. In seiner Lebensanschauung war er Freidenker. Während Mutter Bine, wie fast alle Halligbewohnerinnen, sich bemühte, den Alltag mit der kirchlichen Lehre in Einklang zu bringen, lehnte Großvater das christliche Dogma konsequent ab. Er wollte deshalb auch nicht auf der allgemein bevorzugten Südseite des Halligfriedhofes beigesetzt werden, sondern bestimmte, an der Nordseite der Kirche beerdigt zu werden, wo es bis dahin noch keine Grabstätten gab. Seinem Wunsch wurde entsprochen, und so lag er dort alleine, bis man einige Jahre später Mutter Bine zu ihm bettete. Heute ist auch das Grab seines Sohnes Ludolf wie auch das seiner Frau dort zu finden. Noch auf dem Sterbebett versprach Großvater seinem Sohn Sönke, der ihm in der Lebensanschauung sehr nahe stand, daß er ihm nach seinem Ableben ein deutliches Zeichen geben werde, sofern sie sich in ihrer Einschätzung des Christentums geirrt haben sollten. Onkel Sönke versicherte mir später mehrfach, daß dieses Zeichen ausgeblieben sei und er keine Veranlassung sehe, seine bisherige Einstellung zur Kirche zu revidieren.

Onkel Sönke hatte sich von Jugend an der Schiffahrt verschrieben. Über Jahrzehnte betrieb er diesen Beruf von der Hallig Oland aus zwischen den Inseln, Halligen und dem Festland mit eigenen kleinen Küstenschiffen. Während er im allgemeinen Materialien aller Art und Vieh beförderte, spezialisierte er sich im Sommer auf Ausflugsfahrten mit Touristen. Anfang der zwanziger Jahre heiratete er die Oländerin Grete Christiansen und fand Unterkunft bei seinen Schwiegereltern. Da das Haus sehr klein war und auch noch die Schuhmacherwerkstatt seines Schwiegervaters beherbergte, mußte er, wie ich mich von meinen Besuchen her erinnerte, jahrelang nach der Heirat mit seinen Schwiegereltern eine kleine Schlafkammer teilen. Die Schwiegereltern wie auch meine Tante Grete waren sehr gläubige Christen, was sich unter anderem im gemeinsamen Beten vor dem Essen und in allsonntäglichen Kirchgängen zeigte. Onkel Sönke, ein Freigeist wie sein Vater, unterwarf sich zu Hause diesen strengen Bräuchen bis auf die Kirchenbesuche, die er zumeist mit dringenden Arbeiten an seinem Schiff zu umgehen wußte. Für mich waren die Gottesdienste während meiner Besuche auf Oland in der kleinen Kirche interessant, weil sie wegen der geringen Besucherzahl so ganz anders als bei uns abliefen.

Tante Gretes Bruder Broder wohnte auch auf Oland und war ehrenamtlicher Kirchenkassenführer. Bei einer Kassenprüfung von seiten der Kirchenleitung fehlten 60 M, deren Verbleib nicht geklärt werden konnte. Obwohl weder der Prüfer noch die Kirchenvertreter ihm irgendwelche Vorwürfe machten oder ihn einer Unterschlagung verdächtigten, nahm er sich diesen Vorfall so zu Herzen, daß er sich in der folgenden Nacht erhängte, und das, während seine Frau nach der Geburt ihres fünften Kindes im Wochenbett lag. Ich erinnere mich noch genau, wie meine Eltern uns Kindern diese traurige Tat zu erklären suchten, als sie von der Beerdigung auf Oland zurückkamen. Onkel Broder, wie wir ihn nannten, war immer ganz besonders freundlich zu uns Kindern gewesen.

Einige Tage nach seiner Beerdigung kam die Mitteilung von der Kirchenkasse auf Langeneß, daß die fehlenden 60 M versehentlich dort eingegangen seien.

Sturmflut auf der Hallig

Großvater Thomas und Mutter Bine lebten auf Hallig Langeneß-Hunnenswarft und betrieben bis ins hohe Alter eine kleine Landwirtschaft. Vor dem Bau des Sommerdeiches wurde die Hallig ab Windstärke 8 bis 9 aus West regelmäßig überflutet, rund vierzigmal im Jahr, überwiegend natürlich in den Wintermonaten. Im Jahr 1928 jedoch erlebten wir in Nordfriesland eine besonders schwere Sturmflut. Mutter Bine erzählte uns bei unserem nächsten Besuch von diesem Ereignis und zeigte uns die noch deutlich sichtbare Wasserlinie an den Wänden in der Küche und in der Stube.

Bei dem aufkommenden Sturm hatten die Großeltern ihre Kuh in den Stall geholt und angebunden sowie die drei Schafe hineingetrieben. Großvater hatte aus bestimmten Anzeichen im Wettergeschehen entgegen der Meinung der Nachbarn frühzeitig eine schwere Sturmflut vorausgeahnt, weswegen sie alle notwendigen Vorkehrungen rechtzeitig hatten einleiten können. Als das Wasser fußhoch im Haus stand, brachten sie vorsichtshalber mit Hilfe von Nachbarn die Schafe über die Leiter auf den Dachboden, wo der Wintervorrat an Heu lagerte. Das Hinaufbefördern der schweren und widerstrebenden Tiere hatte viel Mühe gekostet. Dann waren Großvater und sie mit den nötigsten und wertvollsten Sachen wie Bettzeug, Kleidung, Wäsche und den wichtigsten Papieren ebenfalls auf den Boden gestiegen, wo sie für Großvater ein warmes Bett im Heu bereitete. Der Sturm nahm immer noch an Heftigkeit zu und heulte fürchterlich, so daß sie beide um ihre Sicherheit bangen mußten. Schließlich stand die Flut an einigen Stellen über einen Meter hoch im Haus. Der Kuh reichte das Wasser bis an den Bauch, sie zerrte wild an der Kette und brüllte ängstlich. Und noch immer war der Höhepunkt des Hochwassers nicht erreicht.

Nach der Taschenuhr in der Weste greifend, fiel Großvater mit Schrecken ein, daß diese noch unten in der Küche auf der Fensterbank liegen mußte. Da es sich um ein wertvolles Stück handelte, stieg Mutter Bine nochmals die Leiter hinunter, watete durch das kalte Wasser bis in die Küche und nahm sie an sich. Doch auf dem Rückweg versank sie plötzlich in dem „Kartoffelloch", das sich im Fußboden befand und dessen Deckel abgetrieben war. Bei diesem Sturz versank auch die gute Uhr in dem salzigen Wasser. Durchnäßt und ohne Erfolg kam Mutter Bine wieder nach oben, doch hatte sie noch trockene Kleidung zum Umziehen und konnte sich bei Großvater aufwärmen. Nach etwa zwei weiteren Stunden der Angst ging die Flut zurück, aber die Nacht verbrachten sie noch mit ihren Schafen zusammen auf dem Heuboden, zumal unten in der Wohnung alles naß und kalt war. Sie mußten die Stunden bis zum Morgen im Dunkeln verbringen, da das Anzünden einer Petroleumlampe eine zu große Feuersgefahr bedeutet hätte.

Die Kuh überlebte die Sturmflut gut, und auch die Schafe überstanden den Transport auf den Boden und wieder hinunter ohne Schaden. Nur Großvaters Taschenuhr konnte das Salzwasser nicht vertragen, und der Uhrmacher bemühte sich umsonst. Übrigens blieb die Fensterbank vom Wasser verschont, so daß die ganze Rettungsaktion mit ihren unangenehmen Folgen völlig überflüssig gewesen war. Die Schäden in der Wohnung und an den Möbeln durch das Salzwasser wurden erst nach und nach sichtbar, und die Feuchtigkeit blieb noch über Wochen spürbar. Ein weiteres Problem ergab sich dadurch, daß der Fething mit dem Süßwasser überspült worden war und das Vieh nun über Tage hinweg ohne Trinkwasser auskommen mußte, bis ein Nachschub vom Festland eintraf. Es dauerte Monate, bis sich das Leben nach dieser Sturmflut wieder normalisierte.

Onkel Lude

Meine Urgroßeltern auf der Jannenswarft hatten drei Töchter und einen Sohn mit Namen Ludolf. Eine der Töchter, Engel, wurde später meine Großmutter. Onkel Lude, wie wir ihn nannten, hatte sich in Tondern zum Lehrer ausbilden lassen, mußte diesen Beruf aber wegen eines Kehlkopfleidens aufgeben und übernahm den väterlichen Hof. Trotz seiner hohen Intelligenz war er nicht in der Lage, den Bauernhof zu erhalten, obwohl er aus seinen Ehrenämtern als Deichvogt, Amtsvorsteher und Strandvogt noch einige Nebeneinnahmen zur Verfügung hatte. Er war ein Schöngeist, spielte gern und gut Geige und verbrachte viel Zeit mit dem Lesen klassischer Literatur, während draußen auf den Fennen, wie bei uns in der Familie erzählt wurde, das Heu verfaulte. Die Bewirtschaftung des Hofes wurde auch nicht besser, als er die aparte Berlinerin Elise Schwarz heiratete, die besonders Hölderlin verehrte und schon damals vegetarisch kochte, was im Dorf für einiges Aufsehen sorgte.

Um die Mitte der zwanziger Jahre kamen die ersten Radiogeräte auf den Markt, und so ein Monstrum mit vielen rotglühenden Birnen und gewickelten grünen Ankern kaufte sich mein Onkel Lude als erster im Dorf, was meine Neugier natürlich erregte. Auf mein Bitten hin fand meine Mutter bald einen Grund, mich nach Jannenswarft zu schicken, damit ich das Wunderding, das Musik zauberte, mal ansehen konnte. Als ich dort eintraf, saßen er und seine beiden Jagdhunde Cäsar und Leo in der hübschen blauen Friesenstube, alle drei mit Kopfhörern versehen, und lauschten andachtsvoll den für mich offensichtlich noch verborgenen märchenhaften Klängen. Nun wurde Cäsar, nachdem mein Onkel ihm den Grund für die Unterbrechung erklärt hatte, der Hörer abgenommen und mir übergestülpt, und tatsächlich: Musik, wie ich sie nur von unserem Grammophon her kannte, klang an mein Ohr. So saßen wir drei nun eine Zeitlang und lauschten, bis eine menschliche Stimme kundtat, daß nunmehr eine Pause folge. Das war mein erstes und bleibendes Erlebnis mit der neuen Technik auf diesem Gebiet, und ich konnte in der Schule erzählen, daß ich „Musik aus der Luft" gehört hatte.

Leider verschlechterte sich das Leiden meines Onkels in den nächsten Jahren, und gleichzeitig verfiel der Hof zusehends. Eines Tages im Herbst 1931 erreichte uns dann die Schreckensnachricht, daß Onkel Lude mit einer alten Pistole zunächst seine Frau und dann sich selbst erschossen habe. Man fand später noch leere Patronenhülsen am nahen Schöpfwerk, wo er offensichtlich die Funktionsfähigkeit der Waffe erprobt hatte. Wie sich herausstellte, wäre sein Kehlkopfleiden in absehbarer Zeit tödlich verlaufen, und sein Hof war total verschuldet. Meine Eltern waren sich darin einig, daß er seine Frau mit in den Tod genommen hatte, um ihr die Schmach der Mittellosigkeit zu ersparen. Da beide, aber besonders meine Tante Elise als christlich eingestellt galten, war die Aufregung im Dorf groß.

Der Pastor entschied, daß mein Onkel als Mörder und Selbstmörder nicht unter den unbescholtenen Christen auf dem Friedhof beigesetzt werden könne, sondern seinen Platz abseits am Graben finden müsse. Tante Elise dagegen als Opfer dieser Bluttat sollte sowohl in der Kirche aufgebahrt als auch mit allen christlichen Ehren bestattet werden. Nach heftigen Auseinandersetzungen mit dem Pastor und der Kirchenvertretung setzte meine Mutter schließlich durch, daß sie eine gemeinsame Grabstelle auf dem Friedhof erhielten. Der Bibelspruch: „Richtet nicht, auf daß ihr nicht gerichtet werdet", wiederholt von ihr angeführt, hatte schließlich seine Wirkung nicht verfehlt, wie Mutter uns später verriet. Auch die Trennung vor der Kirchentür konnte sie verhindern, indem sie darauf bestand, daß entweder beide oder keiner vor dem Altar aufgebahrt werden sollte. Da der Pastor aber keine Mörder in der Kirche dulden wollte, mußte auch auf die Aufbahrung von Tante Elise verzichtet werden. Letztendlich fanden beide nebeneinander auf dem Friedhof ihre letzte Ruhe.

Dies war sicherlich ein einmaliges Geschehen, das bei den überaus zahlreichen Teilnehmern an der Beerdigung viele Diskussionen auslöste. Später erfuhren meine Eltern von einem Brief, der beim Aufräumen im Sterbehaus gefunden wurde, worin Tante Elise bekundete, unter Umständen mit ihrem Mann zusammen aus dem Leben scheiden zu wollen. Mein Großonkel Lude war damals 59 und meine Tante Elise 49 Jahre alt.

Krabbenfischen

Im Herbst kam die Zeit, da alt und jung sich aufmachten, Krabben (Garnelen) zu fischen. Dann gingen auch wir mit unseren Schiebenetzen aufs Watt hinaus und fischten in den großen Prielen „Porren" – fries. *Poorne* –, wie wir die Krabben nannten. Mein großer Bruder und ich waren eifrige Fischer. Sobald die Ebbezeit günstig und das Wetter einigermaßen ruhig war, zogen wir los. Gleich hinter dem Deich südlich der Richardswarft begann damals das Vorland und 500 m weiter das Watt. Bis hierher hatten wir die beiden Netze und die Eimer auf einer Schubkarre transportiert, aber dann mußten wir die Gerätschaften tragen. Bis zum Priel waren es sicherlich über zwei Kilometer, und besonders am Anfang wateten wir durch tiefen Schlick. Weiter draußen auf dem festen Sand wurde das Gehen dann leichter. Wichtig war, daß wir den richtigen Zeitpunkt kurz vor der Hohlebbe nicht verpaßten, denn dann erreichte der Wasserstand seinen niedrigsten Punkt und die Krabben ihre höchste Dichte.

Draußen angekommen, ging das Schieben des Netzes vor dem Bauch gleich los. Das Wasser reichte uns bis zur Hüfte und gelegentlich bis an die Brust. Wir, wie alle mitfischenden Männer und Frauen, trugen alte Kleidungsstücke im Wasser, die wir erst am Ufer durch trockene ersetzten. Badehosen oder gar -anzüge kannten wir nicht. In der tiefsten Zone befanden sich die größten und somit besten Krabben. Während ich als der kleinere mehr am Rand des Priels fischte, wagte mein Bruder sich schon weiter in die nicht unerhebliche Strömung hinaus. Er konnte damals schon schwimmen und fühlte sich daher auch sicherer. Die übrigen Anwesenden waren bestimmt alle Nichtschwimmer, so daß diese Fangmethode bei der Strömung und dem unebenen Boden nicht ungefährlich war.

So ertranken 1915 Tante Maria, damals siebzehnjährig, und ihre Freundin beim Krabbenfischen vor Oland. Die Flut spülte mit der nächsten Tide die beiden Mädchen an Land. Sie waren noch fest ineinander verschlungen. Beide konnten nicht schwimmen, und meine Eltern sprachen oft davon, was sich dort draußen im Priel wohl für ein Drama abgespielt habe, und ermahnten uns, das Schwimmen zu erlernen.

Da ich im flacheren Wasser fischte, beobachtete ich laufend, wie das Bodenbrett des Netzes die im Sand liegenden Meerestiere aufscheuchte, die dann an den Maschen hängenblieben. Auf diese Weise konnte ich gut verfolgen, wieviel sich im Netz verfangen hatten und wann ich es entleeren mußte. Genau zur Zeit der Hohlebbe stand das Wasser ein paar Minuten still, dann setzte die Gegenströmung ein. In diesen Minuten war die beste Fangzeit. Nun dauerte es nicht lange, bis die Strömung zur Küste hin so stark wurde, daß wir uns beeilen mußten, das feste Land wieder zu erreichen, damit die auflaufende Flut uns nicht den Rückweg abschnitt. Je nach dem Fangergebnis war der Rücktransport entsprechend mühevoll: die nassen Kleider am Leib, die Netze und nun dazu die Eimer mit den Krabben. Ich erinnere mich, daß wir einmal über 80 Pfund Krabben gefangen und an Land geschleppt haben. Erst dort konnten wir alles auf die Karre laden und nach Hause fahren. Kamen wir an, hatte Mutter schon kochendes Wasser in einem Waschkessel bereitet und eine dicke Eisenstange vorgeglüht. Die Krabben wurden nun portionsweise in das kochende Wasser gekippt und anschließend mit der glühenden Stange umgerührt. Mit dieser Methode kam das Wasser sofort wieder ins Kochen, wodurch die rote Farbe, ein festes Fleisch und ein leichtes Pulen gesichert waren. Hinzu kam, daß die Tiere so einen schnellen Tod fanden und nicht aus dem heißen Wasser auf den glühenden Herd sprangen, wie ich es mal in der Nachbarschaft mit Schrecken gesehen hatte. Wichtig war übrigens, daß die Krabben lebend zur Verarbeitung kamen, andernfalls wurden sie ungenießbar.

Am Abend saßen wir alle um den Küchentisch und pulten „Porren“, erst in den Mund, dann fürs Brot und schließlich für den Wintervorrat. Letztere wurden in Steinkrügen eingesalzen. Nach der Entnahme mußten sie einen Tag lang im Wasser liegen und schmeckten dann aber immer noch sehr salzig. Mutter machte meistens Frikadellen daraus, aber viel Nahrhaftes dürfte nicht mehr darin gewesen sein. Nach dem Kochen schmeckten sie jedenfalls am besten, und wir durften so viel essen, wie wir mochten.

Krabbenfischer mit Schiebenetz, „Porren-Gluup“, fries. Poorne-Glüpp
Foto: Ernst C. Payns

Die Müllerlehre meines Großvaters

Mein Großvater Friedrich Lorenzen (1848–1931) hat seine Kindheit und Jugend in Leck verbracht und erlernte das Müllerhandwerk in Sonderburg. Als er Ostern 1864 in die Lehre ging, hatte man ihm versprochen, zum Weihnachtsfest zum erstenmal nach Hause zu dürfen. Er litt unter starkem Heimweh, und als das Fest herankam, meinte der Müller, er müsse man noch ein Jahr warten, dann wäre das Heimweh sicherlich vorbei. Das war ein schwerer Schock für ihn, und er kroch, wie er mir erzählte, nach Feierabend oft in die Kappe, die höchste Spitze der Mühle, hinauf und versuchte von dort aus, sein Heimatdorf Leck zu sehen, was bei der Entfernung natürlich nicht möglich war.

Als es nun wieder Weihnachten wurde, durfte er sich auf den Weg machen. Von Sonderburg fuhr er mit dem Schiff nach Flensburg und ging von dort zu Fuß in der Nacht nach Leck. Er hoffte, diesen Weg in fünf bis sechs Stunden zu schaffen. Eine Eisenbahn gab es auf dieser Strecke damals noch nicht. Es war kalt und stürmisch und pechschwarz die Nacht. Vergeblich hatte er auf einen Wegbegleiter gewartet. So machte er sich alleine auf die Wanderung. Unterwegs kam von hinten ein schwankendes Licht lautlos immer näher. Er fürchtete, es sei ein Irrlicht, wovon damals viel gesprochen wurde. Unter diesen Umständen schien es ihm ratsam, den ausgefahrenen Sandweg zu verlassen und sich hinter einem Busch zu verstecken, seinen Stock schlagbereit in der Hand.

Wie erleichtert war er, als er beim Näherkommen des Lichts das Schnauben von Pferden vernahm! Es war ein Reisewagen, an dem hoch oben eine Windlaterne baumelte. Er rannte hinterher, setzte sich unbemerkt hinten auf das Gepäck und fuhr nun ein gutes Stück des Weges mit. Schließlich gelangte er am frühen Morgen, aber noch im Dunkeln, zu Hause an und klopfte gegen das Fenster des elterlichen Schlafzimmers. Das war ein freudiges Wiedersehen! Während er nun zu essen bekam, traten auch seine Geschwister in die Küche und fragten die Mutter scheu, wer dieser große fremde Mann denn sei. Er war in diesen fast zwei Jahren so gewachsen, daß sie ihn nicht wiedererkannten.

Sein Urlaub dauerte zehn Tage. Dann mußte er wieder zurück, und das Heimweh begann von neuem. Das Heimweh war bei uns gewissermaßen eine Familienkrankheit, und auch ich habe jahrelang darunter gelitten.

Von seiner Tätigkeit als Müller hat er mir oft erzählt. Die Mühlen hatten seinerzeit noch Segel auf den Flügeln und keine Klappen wie in späteren Jahren. Die Segel mußten morgens ausgerollt und abends wieder eingerollt werden. Dazu mußten die Gehilfen die nach unten gedrehten Flügel einzeln besteigen, das grobe Segeltuch ausbreiten und mit dem dafür vorgesehenen Tau befestigen. Bei Frost und Sturm eine harte Arbeit. Schlimm war es, wenn plötzlich ein Gewitter heraufzog. Dann mußte schnell gehandelt werden, damit der Lauf nicht außer Kontrolle geriet und nicht mehr zu bremsen war.

Die Mühle in Sonderburg stand auf einer ansehnlichen Höhe, und die Müller konnten somit die ankommenden Bauern von weitem sehen. Wenn mehrere Bauern der Mühle zustrebten, entspann sich häufig unter den Ankömmlingen ein Wettstreit um die Rangfolge der Bedienung. Denn der Leitspruch „Wer zuerst kommt, mahlt zuerst" galt unumstößlich für arm und reich. Schon der Vorsprung einer halben Pferdelänge konnte bedeuten, daß er zwei Stunden früher abgefertigt war. Ab und zu gab es Trinkgeld, das aber nur den Gesellen zustand. Da mein Großvater sehr groß war und schon in der Lehrzeit einen stattlichen Bartwuchs hatte, bekam er auch schon mal versehentlich einen Dukaten.

Wie ich aus den Erzählungen erfuhr, konnte man aus der Stellung der Mühlenflügel ablesen, ob sie den normalen Feierabend, einen Festtag des Jahres oder gar Trauer signalisierten. Die allgemeine Stellung zum Feierabend war das Kreuz. Zu festlichen Angelegenheiten in der Familie oder zu den Jahresfesten wurde die „Schere" gezeigt und zu Pfingsten sogar mit Birkengrün an den beiden oberen Spitzen geschmückt. In Trauerfällen innerhalb der Müllerfamilie oder bei Beerdigungen in der Nachbarschaft wurde die „Trauerschere" gesetzt, die Stellung zwischen Kreuz und Schere.

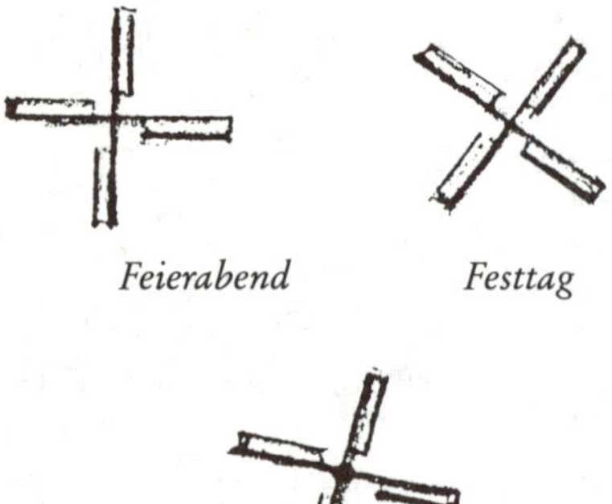

Feierabend *Festtag* *Trauerschere*

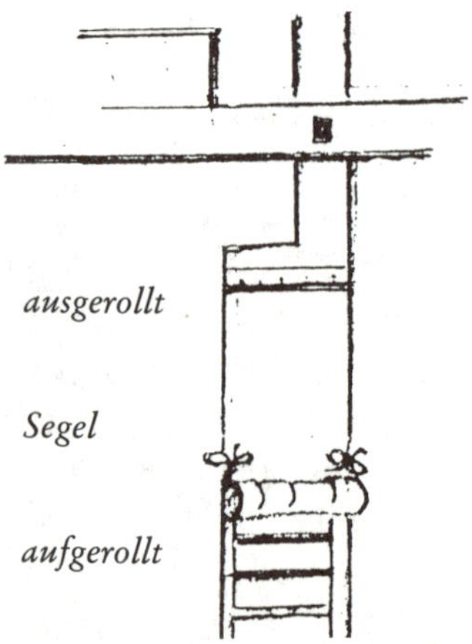

ausgerollt *Segel* *aufgerollt*

Vater als Tischler

In meiner ganzen Kinderzeit spielte ich gern und häufig in der hellen und nach frischem Holz wohlriechenden Werkstatt und sah Vater bei seiner Arbeit zu. Alle Handgriffe und Tätigkeiten wurden sicher und mit Bedacht ausgeführt: ob er Striche zog, an denen anschließend die Bügelhandsäge haargenau entlanglief, oder ob er weiße Späne wie lange Locken aus dem Hobel hervorquellen ließ, ob er Nägel zielgenau einschlug, die dem werdenden Gegenstand eine erste Gestalt gaben, oder ob Leimgeruch anzeigte, daß Vater Bretter zu Flächen zusammenfügen wollte, jede Handlung ergab einen Sinn. Er trug die damals übliche blaue Tischlerschürze, die bei Arbeitsunterbrechungen halbseitig hochgesteckt wurde, damit sie beim Gehen nicht störte. Ich sehe ihn noch, wie er sich bei der schweren Arbeit mit einem riesigen roten oder blauen Taschentuch den Schweiß abtrocknete, wobei er den Kopf in beide Hände nahm und das Tuch bis tief in den Nacken schob. Den etwas spärlichen Haarwuchs führte er gern auf den Stahlhelm im Krieg 1914–18 zurück, der ihm seine einstmals gewellte Haarpracht „erstickt" habe.

Auch ich durfte fleißig mit Hammer, Kneifzange und kleiner Säge werkeln. Eine niedrige Bank war mein Arbeitstisch, und Vater hatte immer viel Verständnis für meine Wünsche an Holzstückchen und Nägeln, woraus dann meistens Schiffe oder Wagen entstanden. Daß ich keine Räder machen konnte, störte mich wenig, ließ sich doch mein Gefährt mit einem Bindfaden über weite Strecken ziehen und Heu oder meine „Muscheltiere" gut befördern.

Beheizt wurde die Werkstatt im Winter mit den anfallenden Hobelspänen. Diese Späne bildeten aber auch die Grundlage unserer Küchenbeheizung und des täglichen Kochens. Der Gang hinüber zur Werkstatt, um Späne zu holen, gehörte in meiner Kindheit zur täglichen Gewohnheit. Ein riesiger Feuerungskasten, der von uns allen auch gern als Sitzplatz benutzt wurde, stand für die Aufnahme der viel Raum fordernden Späne neben dem Herd bereit. Um dieses kostensparende Heizmaterial wurden wir häufig von unseren Nachbarn beneidet.

Mein Vater war ein tüchtiger Tischler, und alle lobten ihn wegen seiner guten und sauberen Arbeit. Er konnte alles, bis auf eines: einen Lohn fordern, der der Arbeitszeit und den Materialkosten entsprach, und diesen auch gegebenenfalls bei zahlungsunwilligen Kunden energisch einfordern.

So war Mutter laufend bemüht, Vater im geschäftlichen Bereich zu beraten und zu unterstützen. Auch wir spürten die Inflation und die allgemeine Arbeitslosigkeit und litten unter der wirtschaftlichen Misere der Nachkriegszeit, die wir in unserer ländlichen Gegend keineswegs als die später sogenannten „goldenen Zwanziger" erlebten.

Ich erinnere mich an einen Fall, als Vater über Wochen an der Herstellung eines besonders großen und schönen Küchenschranks arbeitete und Mutter ihm riet, diesen nicht ohne sofortige Bezahlung aus der Werkstatt zu lassen, weil der Kunde nicht den besten Ruf hatte. Es war eine sehr schwere Arbeit gewesen, da der Auftraggeber das Holz dafür anlieferte, das er als Strandgut aus der Nordsee gefischt hatte. Vater mußte nun diese dicken und rauhen Bretter unter großen Mühen mit der Hand auf die entsprechenden Stärken hobeln, was sehr kraft- und zeitaufwendig war.

Wohl nicht ganz zufällig kam der Kunde vorgefahren, als meine Eltern gerade abwesend waren, und ich mußte tatenlos zusehen, wie er den schönen neuen Schrank aus der Werkstatt holte und ohne Bezahlung mit ihm davonfuhr. Da er im Gegensatz zu uns über ein gutes, regelmäßiges Einkommen verfügte, erschien meinen Eltern die Entlohnung trotzdem einigermaßen gesichert, zumal er mir so nebenher gesagt hatte, er werde in der nächsten Woche vorbeikommen und „Richtigkeit machen", wie es damals hieß. Doch warteten wir wochenlang umsonst. Schließlich mußte ich mit der Rechnung zu ihm nach Broderswarft laufen und erhielt erneut die Zusicherung, er werde in ein paar Tagen vorbeikommen. Abermals warteten wir vergeblich auf das so dringend benötigte Geld. In der Folgezeit wurde ich noch oft mit der Rechnung zu ihm geschickt und wurde immer wieder mit leeren Versprechungen abgespeist. Diese Aufträge waren mir höchst unangenehm, denn ich merkte sehr wohl, daß ihm die Anmahnungen lästig wurden, zumal dann, wenn ich ihn und seine Familie zufällig bei einer Mahlzeit antraf, deren Reichhaltigkeit ich bei uns nur von Festtagen her kannte. Allmählich verzagten meine Eltern gegenüber so viel Unredlichkeit, und Vater konnte sich nicht dazu durchringen, den Schuldner einmal persönlich aufzusuchen, um seinen sauer verdienten Lohn einzufordern. So blieb der Küchenschrank unbezahlt – bis auf den heutigen Tag.

Daß mein Vater auch Schwierigkeiten bei den Preisforderungen im täglichen Geschäftsgang hatte, zeigte sich ebenfalls einmal in meiner Gegenwart. Während ich in der Werkstatt an einer mir wichtigen Neuanfertigung arbeitete, trat der im Dorf als sehr wohlhabend, aber überaus sparsam bekannte

Bauer Jacob „Strich“ herein. Er wollte einen Schaftrog anfertigen lassen und trug einige Bretter unter dem Arm, die ich natürlich gleich als Strandgut erkannte. Nach der üblichen Begrüßung und einem Wort zum Wetter fragte er: *„Sönke, kannst du mi hierut en Schoopstroch moken?“* Vater besah sich das Holz. *„Jo, Jacob, dat ward gohn. Kumm man in acht Dog wedder vörbi, denn is de wull ferdi.“* Nach einer Woche - ich hatte immer noch in der Werkstatt zu tun - kam Jacob wieder herein. *„No, is de Schoopstroch ferdi?“* - *„Jo, dat is he.“* Jacob beguckte sich die Arbeit. *„Jo, de is je banni fein worrn. Wat schaßt du hemm dorför?“* - *„Nojo, Jacob, du hest dat Holt mitbröcht, no, un de Arbeit hett uck ni so lang duurt, jo, un de Nogeln kosten je uck ni so väl, giffst mi 1,80 M.“* - *„No, dat is je ni so väl. Kannst dormit ut?“* - *„Nojo, du betohlst je glieks.“* - *„Jo, dat do ick“* und zog mit seinem Trog davon. Als er gegangen war, hatte ich das Gefühl, daß Vater wohl doch nicht mit seinem soeben abgeschlossenen Geschäft und mit sich zufrieden war.

Beim Mittagessen fragte Mutter: *„Weer Jacob Sträk al dor?“* - *„Jo, dat weer he.“* - *„Wat hest du em denn för de Schoopstroch afnohm?“* - *„Och, Magde, he harr je dat Holt mitbröcht un de Nogeln . . .“* - *„Nu segg, wat hest du em afnohm?“* - *„Nojo, 1,80 M.“* - *„Watt, dissen rieken Giezhals schenkst du dien Tied un Kraft, un wi köön man knapp satt warrn?! 5 Mark harr de Troch kosten mußt, un dat weer noch billi wän. Sönke, Sönke, wann lehrst du endli, normole Priese to nähmen?!“*

Wir Kinder hörten nicht zum ersten Mal solche Auseinandersetzungen wegen Vaters Gutmütigkeit oder unangebrachter Bescheidenheit, wie Mutter es sah. Da wir beide gern hatten und beide Seiten zu verstehen glaubten, waren wir still und saßen an diesem Tag ein bißchen traurig um den Tisch herum.

Unsere Fußbekleidung

Die Holzschuhe gehörten zur Standardausrüstung eines jeden Familienmitgliedes. Wir Kinder bekamen im Herbst eines jeden Jahres ein Paar neue, zum einen, weil die alten aufgeschlissen, zum anderen, weil sie zu klein geworden waren. Der Holzschuhmacher hatte dann Hochkonjunktur. Sie kosteten 4,50 M.

Lederschuhe waren dagegen damals viel teurer und auch für den täglichen

Gebrauch unpraktisch. Sie wurden allgemein durch die ganze Kinderschar vererbt, und es kam schon mal vor, daß zwei Geschwister sich ein Paar Schuhe teilen mußten. Das hatte zur Folge, worüber wir aber nicht traurig waren, daß die beiden nur abwechselnd zur Kirche gehen konnten, denn dorthin ging man nur in Lederschuhen. Wir hörten jedoch, daß eine ganz arme Familie die Genehmigung vom Pastor erhalten hatte, daß ihre Kinder in Holzschuhen kommen durften, aber sie müßten vorher schön geputzt sein, hatte er zur Bedingung gemacht. Die Kinder dieser Familie waren nicht wenig stolz auf diese Ausnahmegenehmigung.

Schlimm war es allerdings, wenn die Schuhe einen Riß hatten und man ausgerechnet weiße Socken anziehen mußte. Da half nur, so lange schwarzes Schuhfett durch die Ritze zu streichen, bis man das Weiße nicht mehr sah. Das war natürlich nur eine Notlösung.

Die Holzschuhe trugen wir Jungs vom 1. Oktober bis zum 30. April. Ab dann gingen wir ununterbrochen barfuß, und es war immer ein großer Tag, wenn wir erstmals wieder mit bloßen Füßen in die Schule durften. Jungs, deren Eltern wegen der Witterung ein Barfußgehen noch nicht erlaubten, hatten auf dem Schulweg noch Gelegenheit, Schuhe und Strümpfe auszuziehen, um ihr Ansehen zu retten. Nach kurzer Zeit hatten wir schützende Schwarten unter den Füßen, die auch auf Schotterwegen einen Wettlauf gestatteten.

Die Holzschuhe mußten regelmäßig „beschlagen" werden. Die Absätze und Ballenleisten wurden von Vater mit altem Leder säuberlich abgedeckt und dann mit großen Holzschuhnägeln versehen. Die Spitze erhielt außer kleineren Nägeln vorne noch ein Eisenband, um den Verschleiß auch dort zu bremsen. Diese Nägel erlaubten auf dem Eis ein wunderbares „Glieden", und es war nicht unwichtig, den weitesten Rutsch zu zeigen.

In der Schule mußten wir die Holzschuhe vor dem Betreten des Klassenraums ausziehen, und Fremde wunderten sich gelegentlich, daß wir aus

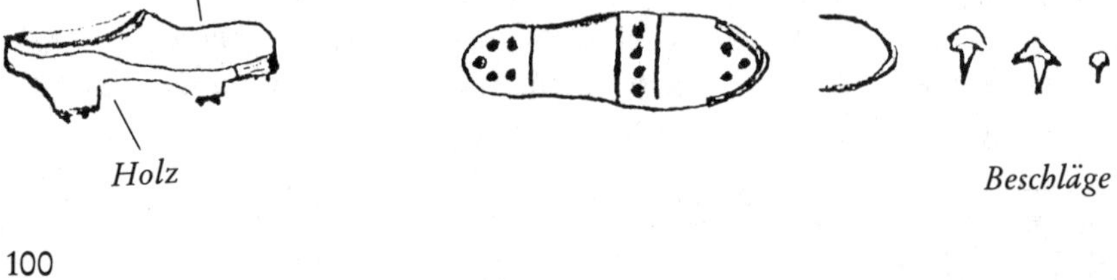

einer Ansammlung von siebzig Paaren dicht an dicht im Schulflur unsere eigenen ohne Mühe herausfanden.

Als die Fahrräder später reichlicher wurden, bildeten die verlorenen Holzschuhnägel auf der Straße geradezu ein Problem, weil sie, der Schwerkraft unterliegend, ausgerechnet alle mit der Spitze nach oben lagen und laufend für Reifenpannen sorgten.

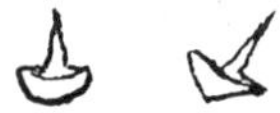

Wegen der langen Dorfstraße aus Klinkersteinen hatte Fahretoft in dieser Hinsicht einen zweifelhaften Ruf und verdarb so manchem Radfahrer die Freude an dieser neuen Art der schnellen Fortbewegung. Und an Nachschub fehlte es nicht, denn sobald einige Nägel unter den Holzschuhen fehlten, wurden sie am Abend von den ordentlichen Vätern sogleich durch neue ersetzt.

Unsere Landwirtschaft

Mein Vater war selbständiger Tischlermeister, und die Landwirtschaft betrieben wir eigentlich nur als Nebenerwerb. Unser Viehbestand umfaßte durchschnittlich drei bis vier Milchkühe, vier bis fünf Jungtiere, zwei bis drei Kälber, zwei Schweine und bis zu zehn Schafe. Dazu kamen natürlich eine entsprechende Anzahl von Hühnern und Enten und im Frühjahr etwa ein Dutzend Lämmer. Diesen Bestand hatten wir von meinem Großvater übernommen.

Die Preise für die landwirtschaftlichen Produkte lagen damals ungemein niedrig und waren zudem erheblichen Schwankungen unterworfen. Subventionen kannte man noch nicht, und so fiel mancher alte Familienhof dem Konkurs zum Opfer.

Im Winter nahm das Füttern der Tiere, das wir auf friesisch *Joo(g)en* nannten, viel Zeit in Anspruch. Die Rinder standen immer zu zweit in den Boxen angebunden, und zwischen ihnen ging man von hinten hinauf und brachte ihnen Heu und Wasser. Das Wasser entnahmen wir einer Handschwengelpumpe. Diese hatte mein Großvater Fiete Möller, wie er allgemein wegen seines ursprünglichen Berufes genannt wurde, vor der Jahrhundertwende gegen den Willen seines Schwagers und Vorbesitzers Sibbern

Boysen anlegen lassen. Wegen des Höhenunterschiedes vom Wassergraben bis zur Warft hinauf von etwa 6 m hatte der alte Sibbern gemeint: *„Dü liewst duch wäil äi, dat dat wåår 'e beerj amhuuch låpt?"* (Du glaubst doch wohl nicht, daß das Wasser den Berg hoch läuft?) Groß war sein Erstaunen, als das Wasser nun doch bergauf lief und das Eimerschleppen aus dem Graben für den gesamten Viehbestand über Jahrhunderte hin nun ein Ende fand. Da jede Milchkuh zwei bis drei Eimer morgens und abends trinkt und das Jungvieh etwas weniger, so waren es immerhin um die dreißig bis vierzig Eimer, die täglich zum Viehtränken nötig waren und mit der „Dracht" für zwei Eimer heraufgeschleppt werden mußten. Im Winter bei Dunkelheit und Eisglätte eine furchtbare Schinderei.

Dennoch blieb auch so noch genug zu tun: das Heu auf dem Hausboden „pflücken" und aufschütteln, es den Tieren über die Treppe portionsgerecht hinuntertragen, das Wasserpumpen und das Vieh mit Eimern einzeln tränken, den Mist mit der Karre nach draußen befördern und den Misthaufen – „Misspohl", fries. *Schannståål* – von Zeit zu Zeit fachgerecht aufschichten, morgens und abends melken und schließlich die Tiere gelegentlich striegeln, um sie vom alten Haarkleid und etwaigem Schmutz zu befreien.

Unsere Stalldiele war mit eigroßen Feldsteinen sorgfältig gepflastert und wurde täglich mehrmals saubergefegt. Wenn ein Rind Durchfall hatte –

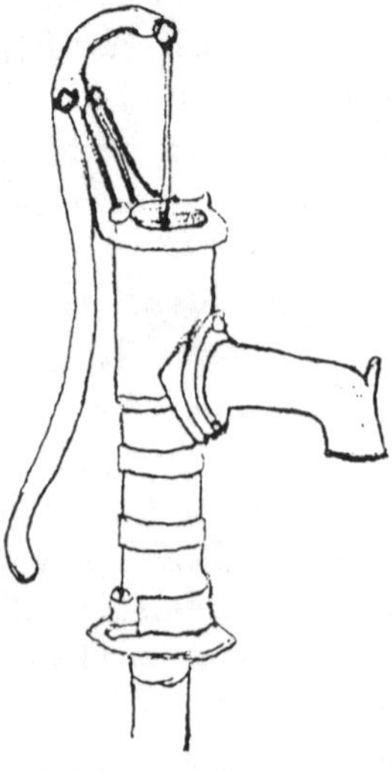

Handschwengel-Pumpe

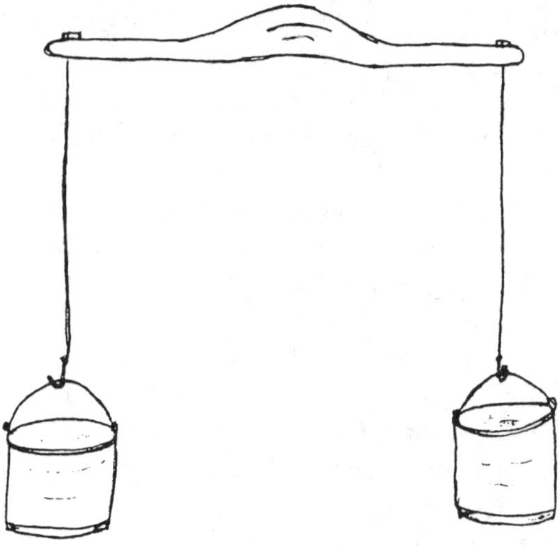

„Dracht" (Halsjoch)

„schiddel“ oder *schäll* war, wie wir auf plattdeutsch und friesisch sagten –, war die Diele häufig in Mitleidenschaft gezogen, und die Reinigung mußte öfter erfolgen, denn die Sauberkeit im Stall wies den guten Bauern aus. Zur Bekämpfung der Krankheit wurde dem Tier damals das Trinkwasser zur Hälfte entzogen, eine sehr qualvolle Kur, da gerade dieses Leiden einen höheren Wasserbedarf verursacht. Ich habe den armen Tieren oft heimlich zu trinken gebracht, und ihr Durst war unersättlich. Es war, wie wir heute wissen, eine völlig unnütze Quälerei, und ich denke noch mit Trauer an diese weitverbreitete primitive Behandlung zurück.

Die Geburt eines Kalbes war für die ganze Familie ein aufregendes Ereignis, weil sie gelegentlich mit Schwierigkeiten verbunden war, die zu Totgeburten oder gar zum Verlust des Muttertieres führten. Der einzige Tierarzt wohnte im weit entfernten Niebüll, und es hätte bei den damaligen Wegeverhältnissen viele Stunden gedauert, bis er mit seinem Pferdewagen hätte eintreffen können. Außerdem wäre die Hilfe des Tierarztes für uns auch viel zu teuer gewesen. Ich kann mich nur an einen einzigen Besuch von Tierarzt Thomsen bei uns erinnern. Unsere beste Milchkuh war in der Fenne umgefallen und konnte nicht mehr aufstehen. Der Tierarzt untersuchte sie und gab ihr eine Spritze, aber sie verendete trotzdem nach einigen Tagen.

Stand ein „Kuhkalben“ bevor, wurden umfangreiche Vorbereitungen getroffen, damit für alle Fälle vorgesorgt war. Stroh wurde bereitgelegt, ein Strick war zur Stelle, und die Nachbarn wurden benachrichtigt. Vater kontrollierte dann von Zeit zu Zeit das Tier im Stall durch Abtasten an der Schwanzwurzel und konnte so abschätzen, wie lange es noch bis zum Kalben dauern werde. Wurde das Tier dann unruhig, indem es sich abwechselnd hinlegte und aufstand, und zeigte sich die Wasserblase, war für mich die Zeit gekommen, daß ich die drei bis vier Männer aus der Nachbarschaft herbeiholen mußte, die dann auch in schwierigen Fällen mit ihren langjährigen Erfahrungen zur Hand waren.

War es zur Nachtzeit, und solche Fälle sind mir nur in der Erinnerung geblieben, klopfte ich an die mir bekannten Schlafzimmerfenster und hielt die Laterne hoch. Dann wußte der Nachbar Bescheid. Diese nächtlichen Gänge, oft bei Sturm und Regen oder gar Schnee und Eis, waren immer mit Herzklopfen verbunden, und nur die Einsicht, daß die Hilfe der Nachbarn unumgänglich war, half mir, die Angst zu überwinden. Der Weg zu Ingwer Ebens und Haye Sibbern im Bottschlotterkoog führte über einen schmalen

Klinkerstein-Fußsteig, der auf der einen Seite von einem wassergefüllten Graben und auf der anderen von tiefen, schlammigen Wagenspuren begrenzt war. Bei dem trüben Lichtschein meiner Laterne, in der nur eine Kerze brannte, war ich ständig bemüht, nicht zu dicht an den Graben zu geraten, damit der nächste Windstoß mich nicht hineinschubste. Dann wollte ich doch lieber in den Wagenspuren meine Holzschuhe überschwemmen und mir nasse Füße holen.

Hatte ich diese beiden Nachbarn geweckt und den Heimweg glücklich überwunden, stand mir auf der dunklen Dorfstraße noch eine harte Mutprobe bevor, weil ich nun noch den Schmied benachrichtigen mußte. Der Weg zu ihm ging nämlich an dem alten, baufälligen und verwinkelten Spritzenhaus vorbei, wo, wie wir Kinder alle wußten, Stine hauste. Stine war eine uralte, längst verstorbene Frau, die sich gelegentlich in finsteren Nächten um die Mitternacht zeigte. Sie umkreiste dann das Spritzenhaus und trug dabei ihren Kopf in einem Korb am Arm. So ganz genau gesehen hatte es wohl noch keiner, aber daß sie dort hauste, war uns allen bekannt. Sie hatte zwar bisher noch keinem Kind etwas zuleide getan, dennoch war Vorsicht schon angebracht. Die Erwachsenen mochten über unsere Angst lachen, und auch mein großer Bruder Fidi glaubte nicht an den Stine-Spuk. Er ging sogar einmal mit mir zu später Stunde hinter das rumpelige Haus, um mir zu beweisen, daß an dem Kindergerede nichts dran sei. Wir begegneten Stine zwar nicht, kriegten aber doch einen gewaltigen Schreck, auch mein Bruder, wie ich wohl merkte, als wir zwei Gestalten gewahrten, die sich in die dunkelste Ecke drückten. Nachher sagte er, es sei nur ein Liebespaar gewesen, das wir überrascht hätten. Das mochte stimmen, aber es war für mich kein überzeugender Beweis, daß Stine nicht doch noch irgendwo in der Nähe im Reet gehockt hatte.

So ging ich lieber so weit wie möglich auf der gegenüberliegenden Straßenseite entlang, immer den Blick auf das dunkle Haus gerichtet und jederzeit fluchtbereit. Vielleicht war ihr nächtlicher Rundgang schon beendet oder das Wetter ihr zu schlecht? Jedenfalls sah ich die Gestalt in dieser Nacht nicht, und auch danach habe ich sie nie zu Gesicht bekommen. Das alte Spritzenhaus wurde später durch ein modernes ersetzt, das keine dunklen Winkel mehr hatte. Seitdem wurde Stine nicht mehr gesehen.

Inzwischen hatten sich die Männer alle eingefunden und die Kuh begutachtet. Oft dauerte es dann noch Stunden, bis das Kalben begann. Während des Wartens saßen die Nachbarn in der Stube und bekamen einen oder auch mehrere Teepünsche. Sie rauchten alle die damals üblichen längeren oder kürzeren Pfeifen. Der Tabakskasten stand zur freien Bedienung auf dem Tisch. Sie erzählten meistens aus alten Zeiten, und ich durfte aufbleiben und zuhören, was mich in dieser Runde mit Stolz erfüllte. Zwischendurch ging Vater mit diesem oder jenem in den Stall, um nach der Kuh zu sehen. Sobald das Kälbchen die Vorderbeine zeigte, wurde eine Schlinge um die Fußgelenke gelegt, und die Männer zogen auf Anweisung eines erfahrenen Nachbarn vorsichtig am Strick, bis das Neugeborene schließlich auf das vorbereitete Strohlager rutschte. Ich atmete auf, denn so eine Geburt war doch eine ziemlich gefährliche Sache und oft mit viel Blutverlust verbunden.

Nun wurde zunächst der Schleim aus der Mundhöhle des Kalbes entfernt und das Tierchen mit Stroh abgerieben. Dann zog Vater es nach vorn zum Kopf der Mutter, die es nun abschleckte. Dabei sprach Vater beruhigend und liebevoll auf die Kuh ein und sparte nicht mit Lob. Außerdem rieb er ihr den Rücken mit Salz ein, das dem erschöpften Tier Kraft spenden sollte. Nachdem das Kalb allgemein begutachtet war, wobei ein „Kuhkalb" wegen der Nachzucht zu Milchkühen als erheblich wertvoller eingeschätzt wurde, verließen die Männer den Stall. Nun erschien Mutter zum Melken, denn das Euter füllte sich jetzt prall mit Milch. Einige Liter der überaus nahrhaften ersten Milch, die wir „Büüst", auf friesisch *Bjååst* nannten, bekam das Kälbchen in einer Schüssel gereicht. Den überschüssigen Rest verwendete Mutter gern im Haushalt für Mehlbeutel und zum Backen. Gab die Kuh mehr Büüst, als Mutter verwenden konnte, trug ich sie anderntags etwa literweise in die Nachbarschaft, wo sie ebenfalls sehr geschätzt wurde. Diese Botengänge waren für mich lohnend, da es meistens einen Kuchen oder einen Bonbon gab. Außerdem erhielten wir, wenn dort eine Kuh kalbte, gleichfalls Büüst gebracht, was für unsere große Familie immer eine willkommene zusätzliche Mahlzeit bedeutete.

Meistens verlief das Kalben ohne Komplikationen. Doch einmal erlebte ich, daß eine Kuh nach der Geburt „den Leib ausbrach", wie es bei uns hieß. Ich ging zufällig in den Stall, wo sich mir ein schrecklicher Anblick bot, so daß ich glaubte, die Kuh müsse auf der Stelle sterben. Mindestens die Hälfte der Eingeweide, so schien mir, lag in der Mistrinne – wir sagten „Grüpp", auf friesisch *Gröup* – und darüber hinaus auf der Stalldiele. Doch ein kundiger Bauer aus unserem Dorf, Johannes Ingwersen, schaffte die Rückführung der Gebärmutter unter großen Mühen und nach sorgfältigem Abwaschen mit abgekochtem Wasser. Die Gesundheit der Kuh aber war dahin, und Vater mußte sie bald an einen Schlachter verkaufen, zumal sie auch keine Kälber mehr gebären konnte. Wir waren alle recht traurig, als sie abgeholt wurde.

Unsere Schafe

Die Schafe blieben auch im Winter draußen auf den Fennen. Wenn der Schnee nicht zu hoch lag, kratzten sie mit den Vorderfüßen so lange, bis sie an das Gras herankamen. Fiel mehr Schnee, mußten wir Heu hinzufüttern und brachten auch wohl in besonders harten Zeiten etwas Korn, das sie sehr gerne mochten. Bei der Fütterung waren sie ungemein zutraulich und rannten mich, wenn ich nicht aufpaßte, beim Heubringen einfach um. Während schwerer Schneestürme legten sie sich gerne in den Windschatten am Grabenrand und ließen sich gelegentlich vom Schnee völlig eindecken. Da es dann für sie dunkel blieb, glaubten sie wohl, es sei immer noch Nacht, und ich wurde geschickt, sie mit einer langen Stange zu suchen und hochzuscheuchen, damit sie nicht verhungerten.

Die Lammzeit war für uns alle immer aufregend. Als guter Durchschnitt galten für Vater eineinhalb Lämmer je Schaf. Dabei hatte man gerne bei den älteren Tieren wegen der reichlicheren Milch zwei Lämmer und bei den Jungschafen eines. Leider ließ sich dies natürlich nicht im voraus regeln, und ein Austausch war nicht möglich, da die Mütter nur ihre eigenen Kinder saugen lassen, die sie unfehlbar am Geruch erkennen. Nur wenn Lämmer von Altschafen starben, konnte man ihnen zuweilen ein fremdes Lamm unterschieben, indem man das Fell ihres toten Kindes abzog und es einem anderen Lamm über den Rücken nähte. Der Geruch des Fells genügte dann häufig, dieses Junge als eigenes anzuerkennen. Vater und ich hatten damit gelegentlich Erfolg. Wenn nicht, zogen wir die überzähligen Lämmer mit der Flasche auf. Sie bekamen dann Kuhmilch und wurden überaus anhänglich; wenn wir nicht achtgaben, folgten sie uns bis in die Schule. Wir spielten mit ihnen wie mit Hunden. Auch unsere Küche war vor ihnen nicht sicher, und hier zeigte sich noch, daß das Urschaf aus den Bergen stammt. Der „Suger“ (Sauger), fries. *Sögger*, wie wir ihn nannten, stieg gleich auf die Stühle, dann auf den Tisch und möglichst noch höher hinauf, und das so geschickt, daß er nichts umwarf. Leider fand solch ein Tier meistens nicht in die Gemeinschaft seiner Artgenossen zurück. Es war vollkommen auf den Menschen geprägt und mußte daher verkauft werden, was dann manche Träne kostete.

Die Schafe, die zum Lammen anstanden, holten wir abends in den Schafstall und sahen nachts ab und zu hin, ob alles seinen rechten Gang nahm. Einige Tiere hatten schwere Geburten, bei anderen lagen die Lämmer nicht richtig, dann mußte ein kundiger Nachbar geholt werden.

Schwierigkeiten bereitete auch oft, den etwaigen Zeitpunkt der Geburt der einzelnen Schafe zu treffen. Zwar hatten wir dem Bock im Herbst die Brust mit roter Wasserfarbe eingefärbt und konnten somit am roten Hinterteil der Schafe den Tag der Belegung erkennen und notieren; da sie alle Namen trugen wie Tante, Graukopf, Anna oder Kahle, war das kein Problem. Dennoch wurden wir gelegentlich von zu früh geborenen Lämmern überrascht, deren Leben wegen der Nachtkälte gefährdet war.

Hatten die Lämmer ein Alter von 4–5 Wochen erreicht, erwartete meinen Vater und mich alle Jahre eine sehr unangenehme Aufgabe. Wir mußten dann nämlich den weiblichen Tieren, den „Eilämmern“, fries. *Äilöume*, den Schwanz kürzen. Diese Maßnahme ist notwendig, damit sie später als Schafe ein sauberes Hinterteil haben, was bei langen Schwänzen nicht der Fall ist und zu Krankheiten führen kann. Ohne viel Worte zu machen, bat mein Vater mich, den Schleifstein zu drehen. Dort wurde sein großes Taschenmesser ausgiebig geschärft. Anschließend holten wir die Schafe mit den Lämmern und trieben sie in den Schüttkoben neben unserem Haus. Nun begann für uns beide die unabwendbare Pflicht: Vater überprüfte noch einmal umständlich die Schärfe seines Messers, und ich ergriff das erste Eilamm. Noch heute fühle ich diese warmen Körperchen mit dem schnellen Herzpochen in meinen Armen. Nun mußte alles zügig gehen. Vater erfaßte den Schwanz, nahm mit den Augen Maß und bewies mit dem glatten Schnitt, daß sein Messer wirklich scharf war. Das Lamm, freigelassen, rannte plärrend und mit dem Stummel heftig wackelnd zu seiner Mutter und suchte am Euter Tröstung. Es blutete nur mäßig und hörte dann auch bald ganz auf. Nun war für uns beide der Bann gebrochen. Ich fand schnell und sicher die vorgesehenen Opfer heraus, Vater ergriff den Schwanz, schnitt und warf ihn hinter sich. Bald lagen dort acht bis zehn kleine wollige Endchen, während ihre früheren Besitzer sich eng an ihre Mütter schmiegten.

Wir atmeten auf, wischten uns den Schweiß von der Stirn, lächelten uns zu und ließen die Herde frei, die sogleich in die Fenne zurückflutete. Die männlichen Lämmer blieben im Besitz ihrer Schwänze, dafür erwartete sie aber nur ein kurzes Erdendasein.

In einem bekannten Sprichwort heißt es zwar: „Ein schwarzes Schaf gibt es in jeder Familie", doch wir benötigten für unsere siebenköpfige Familie zur Deckung des Bedarfs an dunkler Wolle sogar zwei Tiere solcher Färbung. Mutter und Großmutter spannen und strickten und häkelten in jeder freien Stunde das ganze Jahr hindurch. So hatte Mutter im Stricken eine Fertigkeit erlangt, daß sie bei der Unterhaltung über weite Strecken strickte, ohne auf die weiterarbeitenden Hände achten zu müssen.

In Wollsachen wie Strümpfen, Unterhosen, Pudelmützen, Schals und Pullovern waren wir Selbstversorger. Dabei empfanden wir Kinder es als selbstverständlich und urgemütlich, wenn Mutter und Großmutter strickten oder das Spinnrad schnurren ließen und dabei an der Unterhaltung, besonders am Abend, anregend teilnahmen. Vater las dann gelegentlich aus der Zeitung vor, und wir Kinder bastelten oder erfreuten uns an Gemeinschaftsspielen. An Abende mit Langeweile kann ich mich nicht erinnern.

Zur Betreuung unserer Schafe gehörte auch das alljährlich wiederkehrende Bekämpfen der Zecken, die wir „Täken", auf friesisch *Tärge* nannten. Alle Tiere waren mehr oder weniger von diesen Plagegeistern befallen, was man daran erkannte, daß die Schafe sich an Pfählen und Hecktoren scheuerten, um sich ein wenig Erleichterung zu verschaffen.

Sobald Vater dieses Verhalten beobachtete, wurde ich zu Kaufmann Ebsen auf Bottschlott geschickt, um eine Kilodose „Dr. Bargums Viehstreupulver" zu holen, das auch bei Rindern zur Bekämpfung von Ungeziefer angewandt wurde. Wir holten die Schafe in den Stall und nahmen sie uns einzeln vor. Meine Aufgabe bestand darin, die dicke Rückenwolle auseinanderzubiegen, so daß eine tiefe Rille bis zur Haut hinunter entstand, wo wir die schwarzen Zecken gleich in mehreren Exemplaren fanden. Etwa in der Größe meines Fingernagels saßen sie teils in der Wolle verhakt, teils saugten sie gerade Blut, den Kopf tief in die Haut versenkt, so daß nur das ballonartige Hinterende herausragte. Mein anfänglich zögerliches Verhalten, mit diesen häßlichen Tieren in Berührung zu kommen, überwand ich schnell, weil ich wußte, daß sie nicht auf Menschen hinüberwechseln, da ihnen, wie Vater sagte, „unser Blut nicht schmeckt".

Nachdem drei Längsrillen auf dem Rücken und einige Punkte im Hals- und Schulterbereich eingepudert waren, verteilten wir das Pulver durch ein kräftiges Verreiben, womit auch gleichzeitig die Wasserdichte der Rückenwolle wiederhergestellt wurde. Während wir die Schafe so nacheinander behandelten, kam mir der Gedanke, ein paar Zecken zum Naturkundeunterricht mitzunehmen, der am nächsten Tag bevorstand. Vater hielt nicht viel von diesem Vorhaben, machte mich aber, als ich schon vier der Tiere aus der dichten Wolle herausgelöst hatte, dennoch auf ein Riesenexemplar aufmerksam.

Meine Ausbeute legte ich zunächst in den blanken Deckel unserer Streubüchse und zu Hause in eine leere Salmiakpastillendose. Damit sich die Zekken ein bißchen heimisch fühlen sollten, gab ich ihnen etwas Wolle mit hinein. Am nächsten Morgen entdeckte ich beim Anziehen noch zwei weitere dieser wenig schönen Tiere in meinem Hemd und im Pullover.

In der Schule angekommen, stellte ich meine Dose beim Unterrichtsbeginn auf das Pult. Lehrer Hansen stutzte und fragte, was darin sei. Ich meldete mich und nannte den Inhalt. Er versuchte, die Dose vorsichtig zu öffnen, und ich sah ihm seine gemischten Gefühle deutlich an. Als der Deckel plötzlich absprang, erschrak er nicht wenig, denn ich hatte die dickste Zecke obenauf gelegt. Schnell wollte er die Dose wieder schließen, was ihm aber nicht so recht gelang. Er ging zum Schrank, entnahm ihm ein großes Buch, worin er blätterte und las. Dann wandte er sich uns wieder zu, und wir erfuhren, daß es eine ganze Reihe verschiedener Arten von Zecken gebe, die alle darauf aus seien, sich mit Blut vollzusaugen. Die mitgebrachten seien offensichtlich auf Schafe spezialisiert, aber es gebe auch kleinere, die sogar Menschen befallen und für sie nicht ungefährlich seien.

Auf die Frage, wer noch keine Zecke gesehen habe, meldeten sich erstaunlich viele Mitschüler, und ich wurde beauftragt, mit den Tierchen durch die Bankreihen zu gehen. Ich trat zum Pult und entnahm der Dose vorsichtig die Wolle, damit die sieben Zecken schön sichtbar wurden. Doch zu meiner Überraschung krabbelten nur noch sechs Stück mit langsamen Bewegungen darin herum. Ich untersuchte die Wolle, überprüfte die Pultplatte und den Fußboden der Umgebung, aber eine, und ausgerechnet die große, blieb verschwunden. Lehrer Hansen war ratlos und bezweifelte schließlich, daß es sieben gewesen waren. Ich aber blieb fest bei meiner Behauptung und suchte weiter, während Herr Hansen immer wieder an seinem Anzug herunterstrich und abwechselnd in seine Ärmel guckte.

Schließlich zog ich mit meinen sechs verbliebenen Zecken durch die Bankreihen. Fast alle Kinder ekelten sich vor ihnen und bewunderten mich, wenn ich die Dickbäuche mit dem Finger ein bißchen ordnete. Durch meine Beschäftigung mit ihnen erschienen sie mir inzwischen harmlos wie Stubenfliegen, Spinnen oder Ohrwürmer. Zu Hause endeten die Zecken im Herdfeuer, doch die siebente tauchte nicht wieder auf, was Herrn Hansen noch am nächsten Tag sichtlich beunruhigte.

Die Zeit der Heuernte

In meinen ersten Kinderjahren gab es in unserem Dorf noch keine Mähmaschinen, und alles Gras wurde mit der Hand gemäht. Im Juli gehörte das weithin klingende Schärfen der Sense zunächst in Dur, dann im vollen Wohlklang endend, zu meinem akustischen Umfeld. Das Mähen war eine schwere körperliche Arbeit, zu der auch noch Geschicklichkeit und Erfahrung gehörten. So gab es dorfberühmte Männer, die gerne angeheuert wurden, und solche, die weniger am Tag schafften und auch nicht so sorgfältig arbeiteten. Zu jedem Mäher gehörte normalerweise ein größerer Junge, der hinter ihm das abgeschnittene Gras mit einem Holzrechen so weit von der neuen Graskante hinwegwälzte, daß die Sense für den nächsten Schnitt ausreichend Platz hatte.

Ich habe viele Tage, ja Wochen „vongestrichen" – „vunsträken", fries. *foonsträrgen* –, wie wir sagten. Da die Mähzeit grundsätzlich in unsere Schulferien fiel und das „Vonstreichen" schrecklich langweilig war und dazu noch wenig einbrachte, waren wir alle nicht sehr froh, diese Arbeit neben der unsrigen auch noch für Nachbarn und Verwandte übernehmen zu müssen. Morgens um 4 Uhr wurde aufgebrochen. Der Mäher mit der Sense über der Schulter und die „Knubbe" mit Brot am Arm; ich dahinter mit dem großen Holzrechen. So erreichten wir bei Sonnenaufgang die zu mähende Fenne, meist weit vom Dorf entfernt. Solange das Gras, die Mahd, noch taunaß war, „lief" die Sense am leichtesten, weswegen die frühe Morgenstunde gern genutzt wurde. Gegen 9 Uhr gab es eine Teepause – „Schufttied", fries. *Schufttidd* – mit belegten Broten und Tee aus dem Krug. Das war schon mal eine kleine Abwechslung nach der eintönigen Arbeit. Um 12 Uhr aßen wir das Mittagsbrot, fries. *Unnerne.* Dazu suchten wir uns je nach den Wetterverhältnissen eine gute Stelle im Windschutz hinter dem Reet am Grabenrand in der damals völlig baumlosen Feldmark und bauten uns ein gemütliches Lager aus dem abgemähten Gras. Jetzt wurde eine Stunde geschlafen, währenddessen der Mäher die Sense dengelte und dabei die Pfeife rauchte. Von einer kurzen Kaffeepause unterbrochen, wurde bis zum Abend weitergemäht. Während ich nach dem Abendbrot – fries. *Nåchtert* – todmüde ins Bett sank, dengelte der Mäher noch seine Sense für den kommenden Tag. Bei Sonnenaufgang standen wir wieder in der Fenne, und der Tagesablauf war der gleiche. Gesprochen wurde nicht viel, denn die Arbeit erforderte die ganze Kraft des Mähers. Zwischendurch ging ich mal an den nächsten Graben oder legte mich einen Augenblick auf die Schwaden, aber dann hieß es auch schon wieder, das Versäumte aufzuholen.

Gelegentlich gab es aber auch aufregende Momente, wenn z.B. die Sense mal voll in ein Hummelnest fuhr – seine friesische Bezeichnung war *Bihord*, „Bienenhort“. Dann warf der Mäher die Sense von sich und rannte, mit Grasbüscheln wild um sich schlagend, davon und ich in gleicher Weise hinterher. Diese plötzliche, uns verbindende gemeinsame wilde Flucht mit dem sonst so gelassen wirkenden Erwachsenen hatte für mich etwas Urkomisches an sich. Erst nach einer gewissen Zeit, nachdem die Tiere sich beruhigt hatten, wagten wir uns wieder in die Nähe des Nestes, holten vorsichtig unser Gerät und setzten erstmal an einer anderen Stelle unsere Arbeit fort. Nur sehr selten gelang es mir, nach geraumer Zeit ein paar Honigwaben zu ergattern. Dennoch brachte so ein Zwischenfall ein bißchen Abwechselung in den eintönigen Mähtag. Der Lohn für diese Arbeit betrug pro Tag nur 1 Mark sowie die volle Beköstigung, die meistens allerdings recht reichlich und schmackhaft ausfiel.

Am liebsten ging ich mit Großvater zum Mähen, weil er immer Geschichten wußte. Weit unten im Norden des Bottschlotterkooges besaßen wir eine Fenne, die 4 Demat (= 2 ha) umfaßte und nun wieder gemäht werden sollte. Wie Großvater einmal erklärte, soll das alte friesische Landmaß „Demat“ der Fläche einer „Tages-Mahd“ entsprechen, so daß wir vier Tage da unten zu tun haben würden. Der Weg dorthin dauerte zu Fuß fast eine Stunde. Wenn wir aber den Umweg aussparten und mit dem Klootstock über die Wassergräben sprangen, also „lieköver“ gingen, dann waren wir schon in der halben Zeit am Ziel.

Sechs fremde Fennen mußten wir dabei überqueren und fünf Wassergrä-

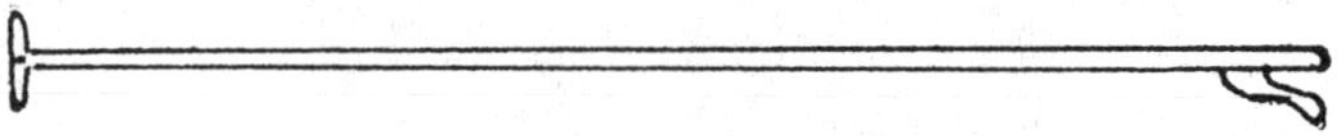

Klootstange zum Staken

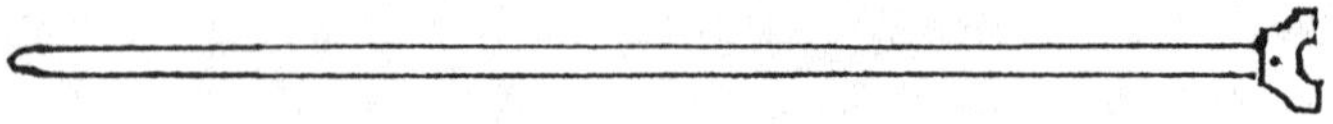

Klootstock zum Überspringen von Marschgräben

ben überspringen. Mit dem weithin sichtbaren Klootstock auf der Schulter war von alters her die Erlaubnis verbunden, die Fennen anderer Eigentümer auf dem Wege zum eigenen Land zu betreten. Großvater hielt sehr darauf, daß auch ich immer den Klootstock mitnahm, wenn ich entlaufene Schafe oder gelegentlich meine Enten im Feld suchte, da diese lange Stange mein Betreten fremder Grundstücke als eine Notwendigkeit auswies. Daß wir beim Überqueren der Fennen den Bewuchs möglichst schonten und nicht etwa mitten durch ein Kornfeld liefen, war selbstverständlich. Gleichzeitig sahen wir dabei nach dem Rechten, befreiten hier ein Schaf aus seiner tödlich wirkenden Rückenlage und halfen dort einem Jungtier aus dem Graben.

An einem herrlichen Sommermorgen aber mußten wir den Umweg einschlagen, weil wir mit unseren vielen Gerätschaften nicht die wassergefüllten Gräben zu überspringen vermochten. So zogen wir beide mit Sense und Rechen – „mit Lee un Hark", fries. *mä Lai än Riww* –, mit dem ovalen hölzernen Brotbehälter – der „Knubbe" – und dem Teekrug – der „Kruuk", fries. *Krück* – unserem Ziel entgegen. Etwa auf halbem Wege mußten wir an einer Warft mit den verfallenden Resten des ehemaligen Gutes Reeder vorbei, wo nun die betagte Gethe von der Feldaufsicht und einer kleinen Landwirtschaft lebte. Wir kannten beide Gethes etwas großzügiges Verhältnis zur Sauberkeit von gelegentlichen Bewirtungen her und waren deshalb bemüht, unbemerkt an ihrem Haus vorbeizukommen. Da es kaum vier Uhr morgens war, der Kleiweg unsere Schritte schluckte und wir jegliches Geräusch vermieden, hatten wir es fast geschafft, als der Hund plötzlich anschlug und gleich darauf Gethe in der Tür erschien. In ihrem zerdrückten Leinenhemd und mit wirren grauen Haaren glich sie einer Hexe. Sie grüßte aber freundlich herunter und bot uns an, unser Mittagsbrot bei ihr zusammen mit einer heißen Tasse Tee einzunehmen. Nach einigem Zögern nahm Großvater schließlich das gutgemeinte Angebot an und haderte im Weitergehen mit unserem Mißgeschick.

In unserer Fenne angekommen, nahmen wir sogleich die Arbeit auf. Das Gras war in diesem Jahr gut und reichlich gewachsen, die Sense lief prächtig, und so hatten wir eigentlich allen Grund, zufrieden zu sein. Doch dachten wir wohl beide an den Teebesuch bei Gethe und waren deswegen so ungewöhnlich schweigsam. Schließlich verkündete die Kirchenglocke die Mittagszeit. Großvater nahm noch einen kräftigen Schluck von unserem mitgebrachten Tee, wischte sich umständlich mit dem Handrücken über den Mund, und ich tat es ihm nach. Dann machten wir uns auf den Weg.

Vor Gethes Haus wurden wir von ihrem Hund mit lautem Gebell, aber freundlich empfangen. Wir nahmen den hinteren Eingang, der unmittelbar in die Küche führte. Gethe war nicht zu sehen. Doch eine Schar Hühner, die sich vor der offenen Küchentür aufhielt, schreckte auf und floh größtenteils in die Küche. Nun aber kam Gethe von innen her und jagte laut schimpfend mit einem Besen in der Hand so lange hinter dem Federvieh her, bis auch das letzte Huhn unter dem Küchentisch hervorkam.

Der großen Hitze wegen hatte Gethe, wie sie sagte, kein Kleid übergezogen, denn selbst im Unterrock könne man sie ja kaum ertragen. Wir stimmten ihr zu und sahen großzügig über die unzulängliche Bekleidung hinweg. Gethe räumte nun flink die gebrauchten Teller und Tassen vom Tisch, ergriff einen „Fordook“ – fries. *Däscheklütt* –, und schon war die Platte, der man deutlich ihr langes, geschundenes Dasein ansah, beinahe sauber. Hätten nur nicht die vielen ungewöhnlich dicken Fliegen es sich sogleich wieder darauf gemütlich gemacht! Dabei hingen zwei übervolle Klebefliegenfänger von der Decke herab; die meisten der armen Tiere bewegten sich noch, wie ich sehen konnte.

Auf dem Kohlenherd summte bereits der Wasserkessel, und gleich würde der Tee aufgegossen. Ich hatte, während Gethe weiterhin für Ordnung sorgte, Zeit, mir diese ungewohnte Umgebung näher anzusehen. Wie der Tisch, so stammten auch die übrigen Möbelstücke wohl noch aus Gutshauszeiten und waren entsprechend abgenutzt. Nach dem fettigen Glanz zu urteilen, hatten sie seitdem wohl nur selten ein Scheuertuch gespürt. Der Fußboden aus dunklem, glatten Zement war, wie Gethe nebenbei bemerkte, der Hitze wegen glitschig; doch glaubte ich zu erkennen, daß auch ihre Hühner hier gelegentlich zu diesem Zustand beitrugen.

Endlich stand der dampfende Teepott auf dem Tisch. Gethe holte eine Tasse – die letzte, wie ich bemerkte – aus dem Schrank und setzte sie vor Großvater hin. Es war eine große sogenannte Barttasse, mit einem breiten

Porzellanbügel eigens für Bartträger, wie Großvater einer war. Ein flüchtiger Blick Gethes auf das bereits benutzte Geschirr auf der Fensterbank, und sie ergriff eine Tasse davon; ein kurzes Herumfahren mit ihrem Daumen am oberen Rand entlang, und die Tasse landete vor mir. *„Dor hett jüst eben bloß Lude Post ut drunken"*, war ihre beruhigende Erklärung. Hilfesuchend guckte ich Großvater an. Nur gut, daß wenigstens das Brot aus der „Knubbe" von Großmutter kam und daß wir vorhin noch einen tüchtigen Schluck von ihrem Tee genommen hatten!

Unauffällig suchte ich am Tassenrand nach einer Stelle, die noch unbenutzt schien. Aber das war schwierig, und ich begann zu zweifeln, ob wirklich nur der Postbote, den ich gut kannte, daraus getrunken hatte. Wer könnten die anderen sein? Etwa Gethe oder gar ihr stoppelbärtiger, griesgrämiger Mann, dessen Mundwinkel und Kinn immer schwarz vom Kautabak, dem „Prüüntje", waren? Ich wagte nicht, diese Möglichkeiten zu Ende zu denken, und war schließlich froh, als ich die Tasse leergenippt hatte, ohne den Rand mehr als unbedingt nötig berührt zu haben. Eine zweite Tasse lehnte ich aber zu Gethes großer Verwunderung entschieden ab.

Schließlich bedankten wir uns für die „Umstände", die Gethe sich unsertwegen gemacht hatte, und strebten wieder unserer Fenne zu. Erst nach einer Weile des Schweigens meinte Großvater: *„Mien Jung, du hest mi richti leed dohn."* Er hatte also meine Not sehr wohl bemerkt; künftig würde er bestimmt Gründe finden, Gethes Teeangebote abzulehnen. Das machte mich wieder froh, und die ganze Sache erschien nun weniger schlimm, zumal man daran ja nicht sterben konnte. Großvater hielt Wort, und nie wieder sind wir bei Gethe zum Tee eingekehrt.

Das Heumachen teilte sich auf in Mähen, Umwenden („Kehren") der Heuschwaden, damit sie besser durchtrockneten, und nach einer weiteren Woche das in Diemen Setzen, das sogenannte „Schwälen", fries. *Swärlen.* Das Schwälen war die aufwendigste Arbeit und erforderte den Einsatz der ganzen Familie. Voraussetzung war allerdings die „Reife" des Heus – auf friesisch sagt man übrigens für Heu *Fooder* –, also seine vollständige Durchtrocknung.

Schien das Wetter gut zu bleiben, zogen wir mit Mittagsbrot und allen notwendigen Gerätschaften aufs Feld. Während meine Mutter und die kleineren Kinder mit den breiten Holzrechen das Nachharken übernahmen, schoben Vater und die großen Jungs die Schwaden zusammen und türmten die Diemen, auf friesisch *Ruke* genannt, auf. Den letzten Schliff brachte Vater in diese bis über 3 m hohen Heuhaufen, die so aufgeschichtet werden mußten, daß weder Regen noch Wind ihnen etwas anhaben konnten und die Heuqualität erhalten blieb. Das waren immer anstrengende, aber für uns Kinder fröhliche Stunden. Wenn ich zurückdenke, war es an diesen Tagen sonnig, das frische Heu duftete herrlich, die Arbeit machte mit den Eltern zusammen Freude, und Mutter und Vater lobten unseren Eifer mit kameradschaftlichen Scherzen.

Eine rechte Plage waren allerdings die grauen und grünen Bremsen, die wir „blinde Fliegen“ nannten, weil sie beim Zuschlagen nicht wegflogen. Die juckenden Quaddeln trugen wir noch tagelang mit uns herum. Ungemein aufregend wurde so ein Heutag, wenn ein Gewitter aufzog und wir mit aller Kraft noch den Rest bewältigen wollten. Fielen dann die ersten schweren Tropfen, krochen wir allesamt unter einen der Heudiemen, den Vater schon ein bißchen ausgehöhlt hatte, damit wir alle hineinpaßten. Ich fühle noch heute diese Geborgenheit, mit Vater, Mutter und den Geschwistern eng beieinander in der stark duftenden Höhle zu hocken, während draußen über uns Blitz und Donner tobten und ein heftiger Regen herabprasselte. Ich genoß so recht die wohlige Atmosphäre des Augenblicks. Nach einiger Zeit schliefen wir alle ein und krochen nach Abzug des Unwetters etwas steif und frierend aus unserer behaglichen Behausung. Daß das Heu die nackte Haut ziemlich unsanft kratzte, gehörte eben dazu. Da nun alles naß war, suchten wir unsere Rechen und Forken zusammen und machten uns auf den langen Heimweg. Zurückschauend waren wir alle stolz auf die stattliche Anzahl der von Vater schön und fachgerecht geformten Heudiemen, die nun möglichst bald nach Hause geholt und auf den geräumigen Heuboden gebracht werden sollten.

Zum Heueinfahren kam alle Jahre ein Bauer aus Waygaard. Mit den beiden wohlgenährten Braunen vor zwei Leiterwagen fuhren wir hinunter ins Feld, wo die Diemen in den vierzehn Tagen unserer Abwesenheit erheblich zusammengesunken waren. Die Kleiwege dorthin hatten viele tief ausgefahrene, aber sanfte Dellen, die es auf dem Rückweg mit den hochbeladenen Heuwagen geschickt zu um- oder zu durchfahren galt. In der Fenne angekommen, stand der erfahrene Bauer auf dem langsam wachsenden Fuder, während mein Vater mit einer überlangen Forke das Heu hinaufstakte. Die Höhe des Fuders wurde den Wegverhältnissen angepaßt. Nachdem ein langer, dafür hergerichteter Baumstamm – „Punterboom“, fries. *Punterne* –, in

Längsrichtung dem Heu mittels eines einfachen Flaschenzugs, „Tokeltüüg“ genannt, die nötige Festigkeit gab, konnte die Rückfahrt beginnen. Wir Kinder konnten wählen, ob wir auf dem höheren vorderen Wagen mit dem lenkenden Bauern zusammen oder auf dem hinteren, etwas niedrigeren und damit weniger schwankenden sitzen wollten. Die Fahrt dauerte fast eine Stunde und war für uns Kinder eine einzige Aufregung, da wir bei jeder größeren Schwankung glaubten, der Heuwagen würde umkippen und wir im Wassergraben neben dem Weg landen oder gar unters Fuder geraten. Wir kannten da viele grausige Geschichten von umgestürzten Heuwagen mit tödlichem Ausgang. Dennoch wollten wir auf dieses Abenteuer nicht verzichten und vertrauten auf den aus luftiger Höhe lenkenden Bauern, der anscheinend in aller Ruhe dabei noch die Pfeife rauchte. Einmal gab er allerdings am Abend zu, daß es einige brenzlige Situationen gegeben habe. Diese alljährlichen Heufahrten sind mir immer noch gegenwärtig: das behäbige Schwanken des Gefährts und das ungewöhnliche Gefühl, über den Feldern und den grasenden Rindern zu schweben. Ein Erlebnis, das Freude und Angst gleichermaßen hervorrief und das uns immer wieder anzog. Vater dagegen saß auf dem hinten unter dem Heu herausragenden Sitzbrett – „Sittelsbrett“, fries. *Sattelsbord* genannt –, um die vielen Hecktore öffnen zu können.

Zu Hause angekommen, wurden die Wagen durch die Dachluke auf den Heuboden entladen, wobei wir Kinder angehalten wurden, das Heu unter dem Reetdach – *in öun 'e Öukelne,* wie man auf friesisch sagte – gut zu verstauen, damit die gesamte Ernte dort Platz finden könne. Diese Arbeit war anstrengend, aber meistens auch vergnüglicher Art, da wir immer wieder tief im Heu versanken und uns gegenseitig herausziehen mußten.

Schweineschlachten

Im Spätherbst wurde ein Schwein geschlachtet und manchmal auch noch ein Schaf dazu. Der Schlachttag war immer sehr anstrengend und für mich bedrückend. Unser Hausschlachter, der im Sommer sein Geld als Dachdecker oder Maurer verdiente, stand schon um 6 Uhr morgens vor der Tür. Dann mußte ein riesiger Waschkessel mit kochendem Wasser bereitstehen, so daß Großmutter schon kurz nach 3 Uhr nachts zu heizen begann. Schlachttrog und eine Leiter gehörten auch dazu, wenn der Schlachter mit einer Axt und vielen scharfen Messern am Gürtel in den Stall trat und das Schwein mit einem starken Tau an einem Hinterbein auf den Hof bugsierte. Das ging nicht ohne viel Gequieke und Geschrei wie auch Schimpfen der Männer ab. War es nun an der richtigen Stelle angekommen, trat der Schlachter breitbeinig über das Tier und schlug mit aller Kraft mit dem stumpfen Ende der Axt vor die Stirn des Opfers. Die Treffsicherheit des Schlachters begründete weitgehend seinen Ruf, denn ein ungenauer Schlag hatte unvorhersehbare Folgen. Man erzählte sich im Dorf, daß schlecht getroffene Tiere unhaltbar davonrannten und nur mit Hilfe der Männer aus der Nachbarschaft mühevoll wieder eingefangen werden konnten. Ich habe solche Szenen nicht gesehen, denn spätestens beim Eintreffen des Schlachters verzog ich mich in die äußerste Ecke des Hauses, hielt mir die Ohren zu und kam erst wieder zum Vorschein, wenn Großmutter mir versicherte, daß alles vorbei sei. Das schreckliche Schreien der Tiere bei der damaligen Schlachtmethode war im Herbst allenthalben im Dorf zu hören und klingt mir noch heute in den Ohren. Außer dem Schlachter mußten immer zwei weitere Erwachsene der Tötung beiwohnen: Großvater, der die Fußleine straff hielt, und Großmutter, die mit einer großen Schüssel das Blut auffing. Dabei mußte sie durch ständiges Rühren mit den bloßen Händen ein Verklumpen des Blutes verhindern; denn nur im flüssigen Zustand war es ein wertvolles und vielseitig verwendbares Nahrungsmittel.

War das Tier getötet, wurde es im Schlachttrog mit dem kochenden Wasser überbrüht – dies nannten wir auch auf plattdeutsch mit dem friesischen Wort „schulen“ – und durch Schaben – „Schropen“, fries. *Schrååwen* – mit einer eisernen Glocke von den Borsten befreit: eine schweißtreibende Arbeit. Schließlich hing es sehr sauber kopfüber an der Leiter, die draußen an der Hauswand lehnte. Nun begann der Schlachter, mit einem langen Schnitt den Bauch hinunter die Eingeweide herauszunehmen. Johann Schlachter, der nach Großvaters Meinung gut „schlagen“ konnte und auch sonst tüchtig war, erzählte mir dann, daß wir Menschen von innen fast genauso aussähen wie dieses Schwein.

Lunge, Herz, Leber und andere Organe zeigte er mir und erklärte auch ihre Funktionen. Mit dem Fortschreiten der Schlachtung verlor ich mein anfängliches Mitleid mit dem Tier, das ich ja Monate lang mitbetreut und so manches Mal hinter dem Ohr gekrault hatte. Großvater versicherte mir auch, daß das Schwein durch das „Schlagen“ völlig betäubt werde und deshalb von dem Abstechen nichts merke. Vor Einführung des Tierschutzgesetzes sei das Schlachten ohne Betäubung vorgenommen worden und viel schlimmer gewesen. Wenn das Schwein dann erst in Stücke geschnitten, aufgeteilt in Schinken, Speckseiten und in Würsten die Küche füllte, war es für mich nur noch leckeres Fleisch, auf dessen Genuß ich mich schon freute.

Sobald das Schwein ausgenommen an der Leiter hing, kamen die Nachbarn und begutachteten die Größe des Tieres und besonders die Breite des Rückenspecks. Je dicker der Speck, desto höher das Lob. Das Lebendgewicht mußte mindestens 300 Pfund betragen, was Großvater auch möglichst beachtete. Für die nachbarlichen Beschauer gab es dann traditionsgemäß einen, oft auch mehrere Teepünsche in der Stube. Dabei kreiste der Tabakskasten, der in der einen Hälfte für die Aufnahme der Asche aus den Pfeifen eingerichtet war und in der anderen Tabak zum Nachstopfen enthielt. Den Deckel konnte man entsprechend hin- und herschieben. Wenn ich so zurückdenke, rauchten sie alle mehr oder weniger lange Pfeifen, und die Stube mit der niedrigen Decke war im Nu in blauen Rauch gehüllt. Dennoch war es immer ungemein spannend, den Gesprächen, die meistens lustiger Art waren, zuzuhören.

Großmutter fand diese sich alle Jahre wiederholenden Männergesellschaften weniger gut, besonders wenn sie mehr als zwei Teepünsche lang dauerten. Sie meinte, es seien reine Zeit- und Geldverschwendungen, was sie aber nur in der Küche zu mir sagte.

Die Marschgräben

Die Wassergräben dienten der Entwässerung der Marsch und gleichzeitig als Grenze und Einfriedung der Äcker und Wiesen, die hier Fennen genannt werden. Sie waren normalerweise bis zu 2,5 m breit und etwa 2 m tief. An dem Zustand der Gräben las man gerne die Tüchtigkeit des Bauern ab. Waren diese und das Hecktor in Ordnung, konnte man davon ausgehen, daß der ganze Betrieb gut geführt wurde. Lag die Erde aus den Gräben jahrelang als Wall um die Fenne herum, dann versumpfte sie, und es wuchsen bald nur noch Wassergras und Binsen darin. *„Dat is je de reinste Backtroch“*, sagten die Leute dann. Es gab Landarbeiter, die nur Wälle abtrugen, Grüppen durch Fennen zogen und Gräben aushoben. Und auch da gab es tüchtige, die eine gute Sohle und gerade Kanten herstellten, und weniger gute. Diese Arbeiten wurden nach laufenden Metern bezahlt und gehörten zu den schwersten körperlichen Anforderungen jener Zeit.

In den Gräben durften wir überall unsere Reusen aufstellen und fischen. Da gab es je nach Jahreszeit Hechte, Karauschen, Schleie, Weißfische und Aale, und es war allmorgendlich eine aufregende Sache, die Netze auf einen etwaigen Fang hin nachzusehen. Es lohnte sich, Reusen in gut gepflegten Gräben aufzustellen. Das Knüpfen der Netze erforderte viel Geschick, dauerte lange, und das dazu benötigte Garn war auch nicht billig. So beschränkte sich unser Bestand auf alte abgesetzte Reusen, die wir aus der Nachbarschaft geschenkt erhielten und deren Löcher wir immer wieder notdürftig reparieren mußten.

Eines Morgens, erinnere ich mich, wand sich ein prachtvoller Aal im Netz, sicher ein Leckerbissen für die ganze Familie, und ich hatte den Graben ausgewählt! Ich holte ihn mit dem nötigen Fachverstand aus der Reuse und warf ihn, da ich keinen Beutel mitgebracht hatte, weit auf die Fenne hinauf und setzte das Netz schnell wieder ins Wasser. Als ich mir den Aal holen wollte, sah ich ihn gerade in einem Mauseloch verschwinden. Ich zog am Schwanzende – umsonst –, rannte nach Hause, um einen Spaten zu holen, und grub nach. Alles vergebens, und obendrein kam ich nun auch noch zu spät in die Schule, was mir sehr peinlich war, weil ich den Grund natürlich nicht nennen konnte.

Überhaupt spielte das Wasser eine große Rolle für uns Kinder. Im Frühjahr und Herbst lockten uns die weiträumigen Überschwemmungen auf den „Pütten“, die sich am ganzen Holländerdeich entlangzogen. Sie waren um

1640 entstanden, als man dort die Erde für den Deichbau entnahm. Diese Wasserflächen eigneten sich nach unserer Meinung hervorragend zum Bootfahren. Da wir aber kein richtiges Boot hier in Fahretoft besaßen, holten wir uns heimlich den Schweinetrog, der beim Schlachten zum Abbrühen der Borsten diente und gern von unseren Nachbarn ausgeliehen wurde. Dieser Trog konnte in den frühen Kinderjahren zwei von uns tragen, später aber nur noch einen. Die größte Aufregung bereitete immer das Überqueren der tiefen Gräben, die die Pütten umgrenzten. Waren wir aber erst auf den überschwemmten Flächen, konnte ein Kippen dieses wackeligen Gefährts schlimmstenfalls nasse Hosen bringen, da das Wasser dort nur noch hüfttief stand.

Es wurde nicht nur gepaddelt, sondern auch gesegelt. Mein größerer Bruder Fidi war, wie überall, so auch im Segelbau ungemein praktisch und handfertig, wobei ihm die Werkstatt unseres Vaters natürlich gut zustatten kam. Als Mast diente ein Besenstiel, und Mutters Schürze ergab das beste Segel. Diese Wasserfahrten, die sowohl Geschick als auch eine Portion Wagemut erforderten, beschäftigten uns Tage und Wochen. Aber wir bauten auch kleine Segelschiffe, getreu den uns bekannten Halligbooten nachempfunden, und ließen sie über weite Strecken mit entsprechend eingestelltem Ruder segeln. Daß wir – Gummistiefel waren noch nicht erfunden – dabei ständig unsere Holzschuhe „überschwemmten“, war nur zu verständlich. Die Folge der so häufig nassen Füße waren Dauererkältungen, die aber damals aus vielerlei Gründen nicht nur bei uns die Regel waren.

„Ditten“-Bereitung

An der holzarmen nordfriesischen Küste, besonders auf den Halligen, kam noch vor nicht allzu langer Zeit getrockneter Kuhmist als Brennmaterial zur Verwendung.

Die Herstellung der sog. „Ditten“ oder „Didden“, auf Fahretofter und Halligfriesisch *Dääe*, erfordert eine lange Vorbereitung.[1] Schon während des Winters, wenn die Rinder im Stall stehen, sammelt Großvater den hierfür brauchbaren Mist und bringt ihn an einen besonderen Platz. Er muß „sauber“ sein, darf also kein Heu oder Stroh enthalten, da diese Beimischungen die Verarbeitung erschweren und die Güte mindern.

Kommen die ersten warmen Frühlingstage, bringen wir den vorgesehenen Kuhmist jedes Jahr auf die gleiche, etwas abschüssige Warftfläche, die günstig zur Sonne liegt. Das zunächst grob verteilte Material wird nach und nach gleichmäßiger ausgebreitet; schließlich holt Großvater die bewährten, eigens für diesen Zweck hergerichteten dänischen Holzschuhe aus der Lohdiele vom Haken. Sie bestehen im Gegensatz zu unseren heutigen ganz aus Holz, haben aber keine Spitze wie die „Holländer“ und tragen zu diesem Zweck unter der Sohle ein Brett.

Mit diesen versehen betritt Großvater den ausgebreiteten Kuhmist, legt die Hände auf den Rücken und glättet, seitwärts Fuß neben Fuß setzend, die noch weiche, rauhe Fläche. Auch ich habe mir in Vaters Werkstatt unter alte Holzschuhe Brettenden genagelt und folge ihm in gleicher Weise, die Arme nach hinten verschränkt, wofür ich seine Anerkennung finde. Diese Arbeit erfordert bei uns mehrere Tage, da sie durch die Mahlzeiten, den Mittagsschlaf und anderes immer mal unterbrochen wird.

Als ich mich erkundige, wie dünn denn die Mistschicht werden soll, zeigt Großvater mir die Länge seines Zeigefingers, worauf ich befürchte, daß er nun mit ihm die jeweilige Stärke der Masse und somit den Erfolg unserer Tretarbeit überprüfen wird. Er macht auch entsprechende Anstalten, lacht dann aber und nimmt einen Stock, in den er eine Kerbe geschnitten hat, die das gewünschte Maß anzeigt. Mit ihm mißt er hier und da, gleicht gelegent-

1 Zu vergleichen ist die eingehende Beschreibung in dem halligfries./hochdt. Aufsatz „En Neesjonge fertällt, hu de Ialinge maget wahdde“ / „Ein Junge von Langeneß erzählt, wie das Brennmaterial hergestellt wird“ von Haye Hinrichsen im Jahrbuch des Nordfriesischen Vereins für Heimatkunde und Heimatliebe 21 (1934), S. 74–79.

lich mit der Schaufel einige Stellen aus, und langsam bringen wir die ganze Fläche auf die richtige Stärke. Früher hat Großvater auch mit dem „Dittenplatter“, einer Holzplatte am Stiel, den Kuhmist eingeebnet. Das geht zwar schneller, ist ihm aber in seinem jetzigen Alter viel zu anstrengend.

Je nach den Witterungsverhältnissen dauert die Trocknung eine Woche und mehr, bevor wir mit dem nächsten Arbeitsgang, dem Ausstechen, beginnen können. Dann ziehen wir eine Leine, und Großvater sticht mit einem besonders scharfen Spaten quadratische Stücke in der Größe von ungefähr zwei nebeneinanderliegenden Männerhänden aus. Die ausgestochenen Quadrate werden hochgehoben und sogleich umgewendet, wodurch die Unterseite, die bisher auf der Grasnarbe lag, zum besseren Durchtrocknen nach oben kommt. Dabei tragen wir wieder unsere Holzschuhe mit den Brettern darunter, um die Oberfläche nicht zu beschädigen.

Wieder vergeht einige Zeit, während der wir beide hin und wieder den Fortgang der Trocknung kontrollieren. Dann kommt der Tag, an dem wir die Ditten in Reihen aufstellen. Das ist für alte Leute eine schwere Arbeit, weil man sie in gebückter Haltung ausführen muß. Mir macht das Bücken natürlich nichts aus, und so bin ich hierbei eine wirkliche Hilfe. Jeder nimmt sich zwei Streifen vor und setzt die bisher liegenden Platten hochkant voreinander in die Mitte der freiwerdenden Fläche, so daß lange Reihen entstehen.

Die endgültige Trocknung kann so aber noch nicht erreicht werden. Deshalb erfolgt nach einer gewissen Zeit das „Opsetten“ der Ditten. Einige Nachbarn setzen sie an Zäunen und Hauswänden auf, wenn es die Verhältnisse erlauben. Wir aber bauen kleine runde Pyramiden, „Stuken“, fries. *Stücke* genannt. Dazu formen wir mit den nunmehr schon festen Fladen einen Ring von etwa zwei Fuß Durchmesser und legen darauf, jeweils ein wenig nach innen verzogen, die nächsten Lagen. Schließlich enden die Ringe nach sechs bis acht Schichten in einer hüfthohen Spitze. Damit die auf der Erde liegenden Ringe ebenfalls schön trocken werden, setzt Großvater diese kleinen „Hupen“ nach einiger Zeit nochmals in größere Haufen um, indem er immer zwei der kleinen zu einem größeren vereinigt. Dabei kann ich nicht mehr für mich alleine arbeiten, weil diese Gebilde meine Größe überragen und mit viel Sorgfalt gebaut werden müssen, damit sie etwaigen Stürmen standhalten. Die Durchlüftung hat nunmehr ihre bestmögliche Form erreicht, und wir warten jetzt die „Reife“ unserer Ditten ab.

Schließlich tragen Großvater und ich die nach Wochen steinhart gewordеnen Ditten in die Lohdiele und stapeln sie in einer Ecke auf, wo Großmutter sie von der Küche aus leicht erreichen kann. *„So, mien Jung, nu is uns de warme Stuv un uck en hitte Supp för de komende Winter säker"*, meint Großvater, als wir den letzten vollen Weidenkorb hineintragen. Auch Großmutter ist zufrieden, denn sie schätzt die Ditten zum Heizen des Beilegerofens und zum Essenkochen auf dem alten offenen Herd sehr und hält sie für ebensogut wie Torf, der hier aber wegen des langen Anfahrtsweges verhältnismäßig teuer ist.

Meine Eltern besitzen in ihrem Haus schon den modernen Sparherd, der für Ditten ungeeignet ist, aber die Küche schön wärmt. Für diesen Herd sammeln wir Kinder im Sommer auf dem Vorland „Schulen", den hartgetrockneten Schafmist, der nach Mutters Meinung noch mehr Heizkraft besitzt. Diese Schulen werden immer mit einer Schaufel in den Herd geschüttet. Als weiteren Brennstoff holen mein Bruder und ich Strandholz vom Außendeich, besonders dann, wenn Stürme toben. Es brennt sehr gut, zerstört aber auf die Dauer mit seinem Salzgehalt den eisernen Herd.

Zum Halten der Glut benutzen wir „Preßkohlen" (Briketts), aber nur ganz sparsam. Großmutter füllt die Glut in den „Kieker" und wärmt sich so während der meisten Zeit des Jahres ihre immer kalten Füße. Dazu ordnet sie ihre knöchellangen Röcke um das praktische Gerät herum und genießt sichtlich die aufsteigende Wärme, die ihre steifen Glieder auftaut, wie sie sagt. Großvater und mir genügt die Wärme, die der mit Ditten beheizte Beilegerofen ausstrahlt. Allerdings bekommt Großvater jeden Abend einen großen Hausmannspunsch, der je zur Hälfte aus Tee und Branntwein sowie einigen Stücken Zucker besteht und auch eine gewisse Heizwirkung haben soll. Alle drei aber tragen wir dicke Strümpfe aus selbstgesponnener schwarzer Schafwolle, die sicherlich auch zum Warmhalten in kalten Winterzeiten beitragen.

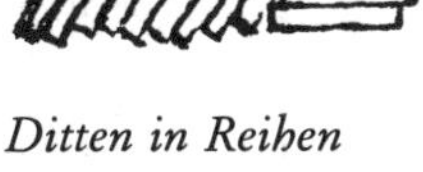

Ditten in Reihen

Ditten in „Stuken"

„Wer schnell ißt, arbeitet auch schnell."

Schnelles Essen galt in meiner Jugend allgemein als ein Zeichen dafür, daß diese Person auch schnell arbeitet und fleißig ist. In der Schule lasen wir in unserem Lesebuch von einem erfahrenen Kapitän, der die Bewerber für die Einstellung als Schiffsjunge zum Essen einlud und denjenigen auswählte, der als erster seinen Teller geleert hatte.

In der Tischlerei Johannsen in Bredstedt, wo mein Bruder Fidi sein Handwerk erlernte, galt diese Einstellung für seine ganze Lehrzeit, wenn auch mit einem anderen Hintergedanken. Zu jeder Mahlzeit wurde gewissermaßen ein Wettessen ausgetragen. Legte der Meister kurz nach Beginn des Essens sein Besteck geräuschvoll auf seinen leeren Teller, hatten die Gesellen und die Lehrlinge umgehend zu folgen, und er achtete sehr darauf, wer der letzte war. Blieb einer mehrfach in Verzug, hatte er mit Sonderbeschäftigungen zu rechnen.

Die Angewohnheit, schnell zu essen, hing meinem Bruder noch bis ins hohe Alter an und wurde im Kreis unserer Familie immer mal wieder verständnisvoll bespöttelt.

Übrigens ertappten die jungen Leute den Meister mehrfach, wie er nach der überstürzten Beendigung der gemeinschaftlichen Tischzeit seine Sättigung in aller Ruhe alleine fortsetzte. Der Grund, die Essenszeit auf ein Minimum zu beschränken, lag offensichtlich in diesem Fall in der Absicht des Meisters, an Verpflegung für die Mitarbeiter zu sparen. Obgleich mein Bruder im Schnellessen nach einiger Zeit eine hohe Fertigkeit erreichte, so hatte er nach eigenem Bekunden doch fortwährend Hunger, den er dann am Wochenende zu Hause zu stillen suchte, womit er Mutters Möglichkeiten stets auf eine harte Probe stellte.

Die schöne Grünkohlsuppe

Der Winter ging zu Ende und unser Schinkenvorrat leider auch. Doch der Knochen würde noch für eine ansehnliche Mahlzeit reichen, und Mutter fragte uns, ob wir eine Erbsen- oder Grünkohlsuppe wünschten. Alle stimmten für die Kohlsuppe. Aus der Schule kommend, roch ich schon auf dem Flur das leckere Essen, das zudem, wie man neuerdings hörte, wegen der grünen Farbe auch noch sehr gesund sein sollte.

Bald hatten wir uns alle am Tisch versammelt: Vater an der Schmalseite, ich mit meinen beiden jüngeren Geschwistern Erich und Mariechen auf der Bank unter dem Fenster, mein Bruder Fidi an der anderen Schmalseite und meine ältere Schwester Erna mit meiner Mutter an der Langseite zur offenen Küche hin. Mutter füllte nun unsere Teller aus dem großen Kochtopf, der auf dem Herd stand, in der gleichen Reihenfolge. Vor jedem dampfte bald die dicke, dunkelgrüne Suppe, und mitten auf dem Tisch lag der Schinkenknochen, mehrfach durchtrennt, damit auch das Knochenmark als besonderer Leckerbissen zur Wirkung kam. Ich nahm schon mal vom Tellerrand vorsichtig ein paar Löffel voll der würzigen Speise, obgleich wir eigentlich immer gemeinsam mit dem Essen begannen. Nun füllte Mutter auch ihren Teller, und gleich würde es herrlich schmecken.

Da erklang vom Herd her ein unterdrückter Aufschrei und darauf ein leises Würgen. Wir befürchteten das Schlimmste. Dann – wir trauten unseren Augen nicht – schüttete Mutter ihren vollen Teller in den Abfalleimer für die Haustiere, der immer bereitstand. Sie kam zum Tisch, ergriff Vaters sowie meinen Teller und fragte streng: „*Wer hett dor al vun äten?*“ Ich meldete mich zaghaft. „*Miteens utspütten!*“ befahl sie. „*Ick kann ni, dat is al all unnen.*“ Alle starrten mich an. War Gift in der Suppe? Als alle Teller geleert waren, ließ Mutter sich schwer auf ihren Stuhl fallen und stützte den Kopf in ihre Hände. Wir warteten gespannt auf die Erklärung ihres seltsamen Verhaltens. Doch schon sprang sie wieder auf und rannte in Richtung unseres Mitbewohners, der als Junggeselle sein Mittagessen bei uns erhielt. Wir waren stumm vor Ratlosigkeit. Aber bald erschien sie wieder mit einem Tablett, auf dem das Eßgeschirr offensichtlich noch unberührt war. Auch der Inhalt der Terrine verschwand im Abfalleimer. Dann aber kam es heraus: Mutter hatte aus dem Kochtopf eine Maus geschöpft, eine richtige Maus mit einem langen Schwanz!

Ungläubiges Verstummen in unserer Runde. Wie war so etwas nur möglich? Ekel machte sich bei meinen Geschwistern breit. Doch ich war froh, daß es nichts Schlimmeres war. Bloß so eine kleine Maus, und dann diese Aufregung? Davon kann man doch nicht sterben! Allmählich löste sich auch die Spannung bei meinen Tischgenossen, und schließlich fragte man mich, wie denn so eine Mausesuppe schmeckte. Diese Fragerei fand ich nun nicht sehr nett, und sie hielt über eine ganze Zeit an. Aber die Suppe hat mir nicht geschadet, wie sollte sie auch? Anderswo auf der Welt aß man rohe Maden und vieles andere, wie Lehrer Hansen erzählt hatte.

Wie die Maus jedoch in unsere Grünkohlsuppe gelangt ist, wurde nie geklärt, obwohl wir uns alle ernste Gedanken darüber machten. Auch Vater fand keine Lösung des Rätsels. Für Mutter dagegen stand der Ausfall der guten Mahlzeit im Vordergrund, die sicher an zwei Tagen für die ganze Familie gereicht hätte. Womit sollte sie diesen Verlust nur ausgleichen? Die schöne Grünkohlsuppe!

Winters Marionettentheater

Einmal im Jahr, und zwar zu Ostern, kam Karl Winters Puppentheater zu uns ins Dorf, und fast alle Kinder nahmen an diesem Ereignis teil, obwohl selbst das geringe Eintrittsgeld für viele Eltern bestimmt nicht leicht aufzubringen war. Schon die Ankunft der Familie Winter in einem von Ponys gezogenen buntbemalten Wohnwagen war aufregend, weswegen wir schon eine Stunde vor Beginn der Vorstellung vor der Gastwirtschaft warteten. Dann das Entladen des angehängten Gerätewagens, die schweren Kisten, worin die Puppen sein mußten; alles hatte einen geheimnisumwitterten Glanz für uns.

Die Puppen waren etwa 1 m groß und mit viel Liebe wunderhübsch gestaltet und bekleidet. Wir waren immer wieder von der Natürlichkeit ihrer Bewegungen und von ihrer vornehmen Sprache hingerissen, und immer wieder schwankten wir zwischen Traum und Wirklichkeit, ob die Puppen nicht doch – wenigstens ein bißchen – lebendig seien.

Je älter ich wurde, desto größer mein Wunsch, einmal hinter die Kulissen gucken zu dürfen. Aber die Künstlerfamilie gab sich keine Blöße. Weder ich noch andere Kinder sind jemals in die Nähe der Puppen gelangt, und so blieb das Geheimnis ungelüftet. Das Repertoire war vielseitig und bewegte sich zwischen den bekannten Märchen bis zum Urfaust mit Blitz und Donner. Die Blitze und der Donner spielten auch in unseren Aufführungen eine große Rolle und waren so „echt“, daß sie mich jedesmal tief erschrecken ließen.

Während dieser Vorstellungen vergaß ich Zeit und Raum und mußte, als ich älter wurde, aufpassen, daß ich meine Tränen vor den Umsitzenden verbarg. Mein Ruf war in dieser Beziehung sowieso schon etwas angekratzt, da man mich in der Schule, als der Lehrer uns die Nibelungensage vorlas, bei Siegfrieds Tod mit Tränen in den Augen ertappte und laut in die Klasse rief: „Max weint!“ Der Lehrer nahm mich zwar in Schutz, doch ein gewisser Makel war seitdem geblieben, den es unbedingt auszumerzen und nicht noch zu vertiefen galt.

Leider mußte die Familie Winter aus Klintum bei Leck diese sicherlich hoch einzuschätzende Volkskunst nach dem 2. Weltkrieg aufgeben, da das Kino ihr den Rang ablief. Ich bin aber froh, daß auch noch meine Kinder einige dieser ungewöhnlich eindrucksvollen Aufführungen erleben durften und sich noch gerne daran erinnern. Inzwischen haben die Marionetten im Puppenmuseum Fey in Lübeck eine würdige Heimstätte gefunden.

Ein gründlich verdorbener Geburtstag

Der Hauptlehrer betrieb früher zur Aufbesserung seines geringen Gehalts etwas Landwirtschaft. Aus diesem Grunde war der Schulhausboden während des Winters mit Heu angefüllt. Vom frischen Heu fielen in der ersten Zeit durch die Ritzen in der Decke winzig kleine, kaum sichtbare Tierchen in unser Klassenzimmer, die wir „Heumieten“ nannten. Sie landeten natürlich auch auf unserer Schreibtischplatte während des Unterrichts, und wir machten uns dann das Vergnügen, schnell mit etwas Spucke auf dem Finger einen Kreis um das Tierchen zu ziehen. Interessiert beobachteten wir nun, wie es immer an dem Ring entlanglief und nicht entkommen konnte. Landete ein neues Tierchen in der Nähe, mußte man einen trockenen Eingang wischen und es in den Ring hineinlenken. Anschließend wurde der „Graben“ wieder geschlossen. Auf diese Weise konnte man etliche Tierchen im Laufe der Unterrichtsstunde einfangen und Vergleiche anstellen, wie groß die „Beute“ zum Beispiel in der letzten Religionsstunde gewesen war.

Einmal wunderte sich Lehrer Pauls über den Wasserring auf meiner Tischplatte und ermahnte mich. Ich wischte den Kreis schnell weg. Er sah und ahnte natürlich nichts von meinem schon ansehnlichen Tierbestand, und ich habe das Geheimnis um dieses interessante Spiel auch nicht verraten. Daß diese flinken Tierchen uns auch ins Haar, in den Nacken und aufs Brot fielen, darauf sind wir nie gekommen.

Eine Begegnung mit Tieren während der Unterrichtsstunden, wenn auch in ganz anderer Art, hatte ich an meinem 11. Geburtstag, der mir auch nur deshalb in Erinnerung geblieben ist. Kindergeburtstage fanden in unserer Familie in den 20er Jahren der wirtschaftlichen Krisen keine große Beachtung. Wir waren fünf Kinder, und Mutter hatte außer dem umfangreichen Haushalt damals auch noch unsere Gastwirtschaft auf der Kirchwarft zu betreuen. Ebenso war die kleine Landwirtschaft mit zwei Milchkühen, einigen Jungtieren und etlichen Schafen mehr oder weniger ihrer Aufsicht unterstellt und auf ihre Mithilfe angewiesen, wenn wir auch alle unserem Alter entsprechend eingesetzt wurden. Vater half ebenfalls nach Kräften, doch arbeitete er überwiegend in seiner Tischlerei. So war es eigentlich fast verwunderlich, daß unsere Geburtstage überhaupt wahrgenommen wurden und nicht in dem täglichen Trubel untergingen.

Am Morgen war ein ausführliches Beglückwünschen üblich: seitens der Eltern mit einem herzhaften Drücken verbunden, während die Geschwister sich mehr auf ein verlegenes Gratulieren mit einem flüchtigen Händedruck beschränkten. Am Frühstückstisch gab es dann wohl für das Geburtstagskind ein Stück Brot mit Kunsthonig zusätzlich, und zum Mittagessen fielen das zugeteilte Fleisch und der Nachtisch mit dem ausdrücklichen Hinweis auf seinen Festtag ein wenig reichlicher aus. Im übrigen war kaum mit einem Geschenk zu rechnen, es sei denn, es gab ein nützliches Kleidungsstück, welches sowieso längst dringend benötigt wurde. Aber das war die Ausnahme. Wir erwarteten übrigens auch gar keine Geschenke, die gab es ja zu Weihnachten. Und an Kleidung fehlte es mir meines Wissens nie, hatte ich doch zwei ältere Geschwister, deren rasches Wachsen mich überreichlich mit allem Notwendigen versorgte.

So ging ich denn an diesem meinem 11. Geburtstag wie immer wohlgemut zur Schule, und es wäre ein ganz normaler Schultag geworden, wenn wir 1925 nicht ein ungewöhnlich reiches Mäusejahr – genauer gesagt, Feldmäusejahr – gehabt hätten. Diese für die Bauern unangenehme, für unsere Störche im Dorf aber willkommene Erscheinung wurde mir erst wieder bewußt, als ich bei Bauer Ingwersen vorbeikam, der gerade ein Fuder Gerste – fries. *en Lees Bär* – entlud. Wie ich so auf seine Arbeit gucke, sehe ich doch tatsächlich, daß beim Hinüberreichen der „Hocken" (Garben) – fries. *Hooke* – vom Wagen zur Bodenluke eine Maus herunterfällt und sich unten auf der Erde zu verstecken sucht. Ich warf meine Schultasche zur Seite und kroch unter den Bauernwagen, um sie zu ergreifen. Währenddessen fiel noch eine herunter, und ich konnte sie beide fangen, zumal ich aus mancherlei Erfahrungen wußte, daß Feldmäuse „gutmütig“ sind und kaum mal beißen. Die eine steckte ich in die Brusttasche meiner Joppe, die einen Knopfverschluß hatte, und die andere trug ich in der Hand zur nahen Schule. Unter meinen Schulkameraden erregten meine Mitbringsel großes Aufsehen, und schon waren einige unterwegs, um gleichfalls ein paar der possierlichen Tiere einzufangen. In kurzer Zeit hatten wir insgesamt fünf Stück. Aber nun: „Wohin damit?“, denn gleich würde der Unterricht beginnen.

Irgend jemand kam auf die Idee, die auch mir gut gefiel, die Mäuse im Klassenraum zu verteilen. Ich ging zum Lehrerpult, hob die Klappe und ließ eine in den Kasten gleiten, wo sie auch gleich unter den Utensilien verschwand. Die zweite entließ ich in den Klassenschrank, wo sie sich bestimmt wohlfühlen würde. Da die Zeit drängte, steckten meine Mitschüler ihre in den riesigen gußeisernen Kopenhagener Ofen, der um diese Jahreszeit mit Butterbrotpapier vollgestopft war. Und schon nahte Lehrer Hansen.

Wir sangen wie an jedem Morgen, und der Religionsunterricht begann. Mir kamen ernste Zweifel, ob ich recht getan hatte, eins der Tierchen ins Pultfach zu stecken, das der Lehrer sicherlich bald zur Entnahme irgendeines Gegenstandes öffnen würde. Das behandelte Thema dieses Morgens ist mir verständlicherweise entfallen, aber zum Glück bestand kein Anlaß, etwa Kreide oder ein Lineal aus dem Pult zu holen. Ich nahm mir vor, die Maus doch lieber in der ersten Pause wieder zu entfernen, und erwartete sehnsüchtig das Ende der Stunde. Doch dann geschah es unversehens: Lehrer Hansen hob den Deckel, und flugs entsprang dem Behältnis eine Maus, rannte auf dem Halbrund des Pultes entlang, fiel an dessen Ende hinunter und verschwand unter den Bänken. Während die Mädchen auf die Sitze flüchteten, rutschten wir Jungs hilfsbereit auf den Fußboden hinunter, um das Tier einzufangen. Da die Feldmäuse nicht annähernd so flink sind wie ihre Vettern in den Häusern, war diese Aktion bald erfolgreich. Lehrer Hansen hatte sich offensichtlich schnell gefaßt. Er ließ sich die Maus zeigen und erkannte natürlich als Naturkundelehrer sogleich an der Farbe und am Stummelschwanz, daß es sich um eine Feldmaus handelte, die hier völlig fremd am Platze war. Die Maus wurde in den Garten gebracht, und es begann nun ein strenges Verhör, wer ihm das Tier ins Pultfach gesetzt habe. Es herrschte ängstliche Stille. Ich hatte das Gefühl, daß er häufig über die sechzig Schüler hinweg in meine Richtung blickte, der ich zu den größten zählte und ganz „oben“ saß. Noch einmal stellte er fest, daß es sich eindeutig um eine Feldmaus handele, die nie und nimmer freiwillig ein Haus betreten hätte und schon gar nicht in sein Pultfach kriechen würde. „Also, wer hat sie da hineingetan?“

Er ließ uns Zeit, die mir wie eine Ewigkeit vorkam. Doch dann meldete sich ein Mädchen, das nur vorübergehend bei uns die Schule besuchte und mit ihrem Hochdeutsch und ihrer Kleidung schon immer nicht zu uns paßte. „Die Maus hat Max dort hineingesetzt, und noch eine hat er im Schrank versteckt.“ Das war ein Schlag! „Diese blöde Pute!“ durchfuhr es mich. Das hätte ich mir eigentlich denken können, daß die nicht dichthalten würde.

Schließlich kam auch noch heraus, daß drei weitere im Ofen steckten. Die im Schrank konnte ich schnell ergreifen und in die Freiheit setzen, doch die drei Tiere im Ofen mußten wir vier Missetäter in der großen Pause mühselig suchen, indem wir das Brotpapier von Monaten vorsichtig herausklaubten und uns dabei ganz schön mit Ruß beschmierten. Da es in der Schule keine Waschmöglichkeiten gab, waren wir nun auch äußerlich in unserer Schuld gezeichnet. Während des Ausräumens kroch mir auch noch eine Maus im Ärmel hoch, die ich nur mit Hilfe meiner Schulkameraden wieder loswurde. Lehrer Hansen, der die Aufsicht führte, schien das alles nicht zu rühren. Endlich hatten wir auch das letzte Tier befreit.

Doch damit war die Sache noch lange nicht abgetan. Nun wurde ausgerechnet ich hinüber in die Klasse der Großen zu Lehrer Nissen geschickt, um seinen Rohrstock auszuleihen. Ich vergesse nie, wie ich während des Unterrichts in diese mir fremde Klasse trat und 140 Augen auf mich gerichtet fühlte. Lehrer Nissen, mit dem meine Eltern nachbarliche Beziehungen pflegten und dem ich beim Orgelspiel häufig die Bälge füllte, erkundigte sich teilnehmend nach dem Grund der „Leihgabe“ und konnte anscheinend ein freundliches Schmunzeln nicht verbergen. Doch das half mir leider überhaupt nicht und war sogar peinlich.

Um es kurz zu machen: Wir vier Beteiligten ertrugen die zwei Schläge, einen für den Unsinn und den anderen für die Tierquälerei, mit Würde. Wer wollte sich auch schon vor den anwesenden Mädchen eine Blöße geben?! Ich nahm mir aber fest vor, es dieser alten Zicke gelegentlich heimzuzahlen. So eine Gemeinheit, und das auch noch an meinem Geburtstag!

Strandgang bei Sturmflut

Sturmfluten waren für uns Jungs immer sehr aufregend. Mein Bruder Fidi und ich gingen auch bei Nachtstürmen an den Außendeich, um allerlei Strandgut, insbesondere Holz, zu bergen. Da Vater Tischler war, lag uns vor allem an Brettern und Planken, die gelegentlich auch in größerer Zahl antrieben. Wir hörten dann später, daß ein Schiff im Sturm die Deckslast hatte kappen müssen, die uns nun zugute kam. Die Nachtstürme hatten den Vorteil, daß nur wenige Strandgänger unterwegs und die Aussicht auf lohnende Funde um so größer waren. Die Flut trieb das Wasser bis an den Deich, und das Rauschen der hohen Wellen hatte in der Dunkelheit etwas Unheimliches. Wir waren froh, wenn der Mond wenigstens ab und zu hervorkam, damit wir unsere Beute richtig einschätzen und nach weiteren Stücken Ausschau halten konnten. Meistens gingen wir nach verschiedenen Seiten, um einen möglichst großen Strandabschnitt abzusuchen, und bei guten Funden, die wir nicht alleine bewältigen konnten, gaben wir uns mit der Taschenlampe verabredete Lichtzeichen. Die Taschenlampe vermittelte mir überdies auf den Alleingängen eine gewisse Sicherheit, konnte ich doch notfalls meinen großen Bruder schnell herbeiblinken.

Nur selten tauchte am langen Strand eine Gestalt aus der Dunkelheit auf, doch wurde kein Gruß oder Wort gewechselt, um unerkannt zu bleiben. Dieser Wunsch bestand auf beiden Seiten. Ein ungeschriebenes Gesetz besagte, daß demjenigen das Strandgut gehörte, der es zuerst entdeckte, sei es im Spülsaum oder sei es bereits draußen in den Wellen. Wir schleppten dann die Pfähle, Balken und was wir sonst noch ergattern konnten und für mitnehmenswert hielten, über den Deich und verbargen unsere Beute binnendeichs an den Grabenrändern im Reet. Eigentlich war das Einsammeln von Strandgut mit offenkundigem Verkehrswert verboten und mußte dem Strandvogt zur Versteigerung gemeldet werden. Da unser Onkel Lude auf Jannenswarft dieses Amt innehatte, mußten wir besonders darauf bedacht sein, nicht erwischt zu werden, schon um ihm Peinlichkeiten zu ersparen.

War die Flutzeit vorüber und das Wasser sackte, begann für uns der schwierige Abtransport der Ausbeute. Die Wege zum und vom Strand waren unbefestigt und vom Herbst bis zum Frühsommer naß und schwer passierbar. Im Winter gar, wenn die meisten Sturmfluten wüteten, waren die Wege geradezu bodenlos und zum Teil überschwemmt. Die größeren Stükke, die wir nicht tragen konnten, flößten wir deshalb in den übervollen Gräben nach Hause. Eine mühsame und zeitraubende Arbeit. Das Wasser in unseren Holzschuhen und die nasse Bekleidung vom Schleppen der schweren Hölzer störten uns kaum. Dabei mußte der Transport wertvoller Bohlen, die unter das Strandgutgesetz fielen, in der Dunkelheit unter Umgehung von Häusern und etwaigen Zeugen geschehen. Mein großer Bruder war hierin ungemein geschickt und erfindungsreich. Trafen wir wirklich mal einen Menschen zur späten Stunde, mühten wir uns um harmlose Fundstükke, während die wertvollen längst an der Grabenkante im Reet versteckt lagen. Gelegentlich benötigten wir für den Transport mehrere Abendtouren, und in einem Fall kam Vater sogar mit, um einen riesigen Balken heimzuholen.

Wir waren immer sehr stolz auf unseren Erfolg und wurden von Mutter hoch gelobt, während es Vater eher ängstigte, daß es zu einer Anzeige kommen könnte. Im Laufe der Jahre haben wir viele lange Bretter und Bohlen, deren Kaufpreis damals für Vater unerschwinglich war, sowie manches Stück Kantholz vom Außendeich nach Hause gebracht, was alles in unserer Werkstatt beste Verwendung fand.

Die kleine blaue Flamme

Meine Großmutter in Fahretoft, eine durchaus christlich eingestellte Frau, hat mich noch vor Menschen mit angeborenen körperlichen Schäden unter dem Hinweis gewarnt, daß der liebe Gott sicherlich nicht ohne Grund diese Personen gezeichnet habe. Für sie galten schon Menschen mit roten Haaren als jähzornig, und vor Buckligen, derer es damals nicht wenige gab, sollte man sich ganz besonders in acht nehmen; sie seien im allgemeinen hinterhältig und zum Teil mit übermenschlichen Kräften wie auch dem „bösen Blick" ausgestattet.

In diesem Zusammenhang fällt mir ein, daß ich einmal für meine Mutter eiligst unseren buckligen Nachbarn holen mußte, als sie sich den Fuß verbrannt hatte. Beim Speckbraten überhitzte sie die Pfanne so sehr, daß die Küche sich mit Rauch füllte. Schnell stellte sie die heiße Pfanne auf den Steinfußboden zum Abkühlen, stieg auf einen Stuhl, um das Oberlicht zu öffnen, und trat rückwärts barfüßig in das brodelnde Fett. Ich sehe noch, wie sie aufschreiend den verbrannten Fuß gegen alle Regeln der damaligen

Auffassung in einen Scheuereimer mit Wasser steckte, während ich schnellstens Peter Jacob Schmitt herüberholte. Er kam sofort, nahm den Fuß in beide Hände und strich immer wieder über die Wunde, unverständliche Worte murmelnd. Nach kurzer Zeit verschwanden die Schmerzen, wie Mutter später häufig erzählte, und der Fuß heilte über alle Maßen schnell. Wir waren alle von diesem Heilerfolg, der an ein Wunder grenzte, tief beeindruckt, und unsere Achtung vor dem kleinen Mann wuchs erheblich. Dieser Nachbar stand auch in dem Ruf, kranke Tiere durch Handauflegen heilen zu können, wenn er nur wollte. Doch kann ich diese Fähigkeit nicht bestätigen, weil ich dergleichen nicht miterlebt oder davon im Familienkreis gehört habe.

Meine Großmutter hatte gelegentlich Erscheinungen und sah Dinge, die uns anderen verborgen blieben, war „översichti" (übersichtig), wie wir es nannten. Sie selbst empfand diese besondere Gabe als eine auferlegte Last und sprach nicht gern davon. So bemerkte sie mehrfach vor ihrem Stubenfenster ein zartes blaues Licht zu nächtlicher Stunde, das immer den gleichen Weg zum Graben nahm, wo sich das Pumpenloch befand. Über Jahre hin warnte sie uns Kinder und unsere Eltern vor einer Gefahr, die mit dem tiefen Wasserloch in Zusammenhang stehen müsse. Dort werde bestimmt noch etwas Schlimmes geschehen. Wir haben diese Warnung alle sehr ernst genommen.

Als nach vielen Jahren 1934 ihr altes Haus abbrannte, verunglückte dort vor dem Fenster der junge Feuerwehrmann Lorenz Magnussen. Der herabstürzende Schornstein zerschlug ihm das Rückgrat, und man bettete ihn unten am Wasserloch, wo er starb. Großmutter lebte zu der Zeit längst nicht mehr, aber wir mußten sogleich an das blasse blaue Licht denken, das sie da unten am Graben gesehen hatte.

Gewitter

In all meinen Kinderjahren gehörten Gewitter zu den aufregendsten Erlebnissen. Als ich 1922–26 bei meinen Großeltern im reetgedeckten Bauernhaus wohnte, wurden von ihnen vor einem Gewitter immer bestimmte Vorkehrungen getroffen. An heiß-schwülen Tagen hieß es schon Stunden vorher: „*Hüüt warrn wi wull en Unwedder kriegen. Wann hemm wi Vullwoter?*" (Für Hochwasser sagten wir „Vollwasser".) Es bestand allgemein die

Ansicht, daß das Gewitter bei auflaufender Flut hochziehe, aber erst bei ablaufendem Wasser die Küstenlinie überschreite und uns erreiche. Entsprechend wurden die nötigen Arbeiten eingeteilt, damit man rechtzeitig vor dem Wettereinbruch zu Hause war.

Die Reetdachhäuser, und die gab es damals in Fahretoft weitaus am häufigsten, waren natürlich besonders gefährdet. Man sagte, der Blitz laufe auf dem First entlang und zünde das Haus gleichzeitig an mehreren Stellen an, so daß kaum jemals ein getroffenes Gebäude dieser Art gerettet werden konnte. Ich erinnere mich, daß wir nach schweren Gewittern vor unsere Stalltür traten und nach Osten und Norden mehrere Brände in den benachbarten Dörfern und Kögen zählten. Mir war natürlich bekannt, daß der Blitz gern die höchsten Punkte in der Landschaft sucht, und das waren bei uns in der Marsch allgemein die Häuser, besonders die auf den Warften gelegenen. Diese Tatsache bedrückte mich unausgesprochen, wußte ich doch, daß das Haus meiner Großeltern an sich schon ein ungewöhnlich hohes Dach besaß und dazu auch noch auf der höchsten Warft des Dorfes lag.

Die Gewitter in meiner Kinderzeit zogen entweder über Tudenswarft im Südosten oder über Lüttjenswarft im Südwesten auf. Diejenigen, die von Tudenswarft hochkamen, waren gewöhnlich die schwereren. Wenn der Himmel schon ganz dunkel war und das erste Grollen hörbar wurde, ging ich mit Großvater ums Haus. Er sah dann nach dem Rechten, wie Großmutter sagte, stellte dieses und jenes weg und brachte Gerätschaften in den Stall, die nicht naß werden sollten. Dabei sah er immer wieder ins Wetter und meinte dann wohl: *„Dittmol ward et wull mehr Ockholm dropen“*, was mich etwas aufatmen ließ. Andererseits war ich auch ein bißchen enttäuscht, wenn das Gewitter an uns vorbeizog oder ganz ausblieb. Diese Zwiespältigkeit der Gefühle zwischen Angst und ehrfürchtiger Bewunderung beherrschte mich über viele Jahre.

Brach das Wetter dann los, saßen Großmutter, Großvater und ich in der Stube zusammen. Es wurde kaum gesprochen. Auf dem Tisch stand Großmutters kleiner, uralter Koffer mit den wenigen Wertsachen: ihr Schmuck, bestehend aus einigen ererbten Broschen und Ringen, etwas Bargeld, das Sparbuch und die Versicherungsscheine für das Haus. Alle Wohnungs- und Außentüren waren entriegelt, damit bei einem etwaigen Blitzeinschlag der Weg nach draußen offen war. Traf das Gewitter zu einer Zeit ein, da wir sonst eine Mahlzeit einnahmen, so blieb alles unangerührt. Ein alter Spruch besagte nämlich: *„Bi Gewidder lot dat Fräten!“*, und danach richteten wir uns.

Die erste, trockene Phase des Unwetters galt nach Großvaters Ansicht als die gefährlichste. Wenn erst der Regen herunterprasselte und es wieder etwas heller wurde, sagte er: *„So, nu hemm wi dat Schlimmste hatt"*, und die aufgestaute Spannung löste sich.

Allgemein hieß es bei uns, Blitze, die man sieht, treffen nicht das eigene Haus. Vielleicht sollte es auch nur eine Beruhigung für uns Kinder sein.

Kam das Gewitter während der Nacht, standen die Großeltern beizeiten auf und zogen sich bessere Kleidungsstücke an, damit sie im Notfall wenigstens diese retteten. Mich weckten sie zuletzt, und ich mußte mein Sonntagszeug anziehen. Diese Nachtgewitter waren für mich voller Schrecken, weil die trübe Beleuchtung der Petroleumlampe die Blitze in voller Grelle erscheinen ließ. Der krachende Donner und die sorgenvollen Gesichter der beiden Alten in ihrer ungewohnten Kleidung machte alles etwas gespenstisch. Der kleine Koffer lag wieder auf dem Tisch, und die Luken zum Alkoven, Großmutters Schlafstatt, standen weit offen, um gegebenenfalls das wertvolle Bettzeug als erstes zu ergreifen. Auch die Kleiderbügel im Schrank waren so gerichtet, daß sie alle mit einem Griff nach außen abgehoben werden konnten.

Einmal wurde nachts das Feuerhorn geblasen. Das klang so schaurig, daß ich bei Großvater auf den Schoß kletterte, was sonst nie geschah. Ich stellte mir vor, wie der Mann dort draußen trotz des starken Regens und der Blitze mit den harten Donnerschlägen die Dorfstraße entlangrannte und immer wieder das Horn blies, um alle Männer zwischen 18 und 50 Jahren zu Hilfe zu rufen. Auch mein Vater, der mit meiner Mutter und meinen weiteren vier Geschwistern auf der Gabrielswarft wohnte, mußte nun als Feuerwehrmann zur Brandstätte eilen und die Familie allein lassen. Mutter hatte nun sicher in dem großen reetgedeckten Haus mit den Kindern große Angst, zumal das Gewitter in unverminderter Stärke anhielt.

Großvater erklärte mir, daß die Feuerhörner gleichmäßig im Dorf verteilt seien und dieser Feuerwehrmann seine vorgeschriebene Strecke bis zum nächsten Hornbesitzer blasend abzulaufen habe. Dort habe er so lange zu tuten, bis der sich gleichfalls auf den Weg mache, um auf seiner Strecke die Männer zusammenzublasen. In kurzer Zeit blies es nun rundherum, und Großvater, der wegen seines Alters nicht mehr der Feuerwehr angehörte, versuchte von unserer Stalltür im Osten aus, den Brandort auszumachen.

Dann holte er mich und zeigte nach Waygaard hinüber, wo anscheinend der ganze Himmel in Flammen stand.

Nebenan holten Feuerwehrmänner in aller Eile die Handspritze, die auf einen Wagen montiert war, aus dem Spritzenhaus heraus und rannten zu Fuß damit los, weil noch kein Pferdegespann zur Stelle war. Kurze Zeit später hörten wir dann einen Pferdewagen vorüberrasseln, und Großvater meinte, nun würden die Pferde die Spritze schnell an die Brandstelle bringen, und das Löschen werde beginnen.

Wie ich von den häufigen Übungen der Feuerwehr, die uns Kinder immer wieder anlockten, wußte, wurden die Wasserschläuche in großer Eile ausgelegt. Jeder Mann hatte bestimmte Aufgaben auszuführen, und alle rannten hierhin und dorthin. Rief dann der Hauptmann: „Wasser marsch!", begannen vier Männer die beiden langen Hebelarme an der Spritze im schnellen Takt auf und nieder zu bewegen, und wir konnten sehen, wie das Wasser in dem langen Schlauch seinen Weg suchte, schließlich den Mann am „Mundstück" erreichte und nun in einem riesigen Bogen in die Luft spritzte. Der Druck war so stark, daß der Mann nur mit Mühe dem Strahl die gewünschte Richtung geben konnte und seine Uniform in kurzer Zeit durchnäßt war.

Aber auch das Pumpen am Spritzenwagen mußte sehr anstrengend sein, denn die Männer schwitzten und wurden laufend von neuen abgelöst, ohne daß der Wasserstrahl dabei abbrach. In ihren blauen Uniformröcken mit einem breiten roten Gürtel um den Leib, an dem allerhand Werkzeug baumelte, und vor allem mit der Pickelhaube mit Kinnriemen auf dem Kopf sahen selbst die nächsten Nachbarn, ja, sogar Vater fremd und unnahbar aus.

In dieser Weise, nun jedoch bei Nacht und Gewitter, bei Regen und Hagel, würden die Feuerwehrmänner dort beim Brand im Osten ihren Dienst tun. Als die Blitze sich allmählich weiter entfernten und der Donner nur noch von Maasbüll her grollte, suchten wir unsere Betten wieder auf. Am nächsten Tag hörten wir, daß der Blitz ein Bauernhaus getroffen habe, das total abbrannte. Die Bewohner, die im Schlaf überrascht wurden, konnten sich nur in ihrem Nachtzeug retten. Einige Schweine und Kälber sowie alle Hühner waren mitverbrannt, während die Rinder sich zum Glück draußen auf den Fennen befanden. Die Feuerwehr hatte vom brennenden Haus mit Stall nichts retten können, aber doch die reetgedeckten Nachbarhäuser gegen ein Übergreifen der Flammen geschützt, wobei ihnen der starke Regen geholfen hatte. Großmutter meinte dazu, wie richtig es doch sei, besonders auch nachts auf alles vorbereitet zu sein, damit wenigstens die notwendigste Kleidung und das Bettzeug gerettet würden.

Während die Gewitter im Sommer sich lange vorher ankündigten, kamen sie im Herbst meistens überraschend. Dann zogen nämlich schwere Schauer von See her übers Land, und nicht selten entluden sich daraus einige gefährliche Blitzschläge. Da die Wolken in dieser Jahreszeit sehr tief hängen, wie Großvater sagte, erreicht jeder Blitz den Erdboden. Deshalb waren diese Herbstgewitter besonders gefürchtet, und manches Haus und viele Rinder fielen ihnen in unserer näheren Umgebung zum Opfer. Da diese Schauergewitter so unberechenbar waren, legten wir uns an solchen Abenden nur halbentkleidet aufs Bett, und Großmutter mit dem leichtesten Schlaf weckte Großvater und mich, wenn wieder ein schwerer Schauer sich näherte. Das waren immer anstrengende Nächte, aber an dem Licht in den anderen Häusern rundherum konnten wir erkennen, daß man auch dort diese Blitzschläge ernst nahm.

Am nächsten Morgen in der Schule wurden die Gewitterschäden unter uns Jungs immer ausführlich besprochen. Ich hatte von meinem großen Bruder schon etwas von der Schallgeschwindigkeit gelernt und konnte nun durch Zählen der Sekunden zwischen Blitz und Donner die Entfernung des Einschlags errechnen, wovon ich ausgiebig Gebrauch machte. Über die Entstehung von Blitz und Donner gingen die Meinungen unter uns Kindern weit auseinander. Während einige meinten, daß sich Schwefel in den Wolken befände, der sich zu Blitzen entzünde, erklärte mir Großvater auf Befragen, daß die schweren Gewitterwolken durch den mächtigen Sturm am Himmel gegeneinaner gestoßen würden, was zu riesigen Funken führe und nicht ohne furchtbares Krachen abginge. Das war für mich einleuchtend, und auch meine Freunde fanden das sehr verständlich. Als ich es später bei Lehrer Hansen in der Naturlehre anders hörte und somit besser wußte, habe ich Großvater nichts davon gesagt. Der Unterschied zu seiner Erklärung war ja auch gar nicht so groß.

Einmal war ich bei meiner Tante im Gotteskoog zu Besuch, als ein schweres Gewitter losbrach. Sie lebte mit ihren beiden Kindern alleine in einem einsamen, halbverfallenen Reetdachhaus. Bei Beginn des Gewitters setzte sie sich in der Wohnstube in die Ofenecke, umfaßte uns drei Kinder und betete ununterbrochen laut um göttlichen Schutz. Noch nie war mir so unheimlich zumute wie dort, zumal bei uns die Ofenecke am Schornstein für die unsicherste Stelle im ganzen Haus gehalten wurde. Ich war glücklich, als ich wieder in meine vertraute Umgebung zurückdurfte.

In meiner Kinderzeit wurde auch viel von Kugelblitzen erzählt, die bei schweren Gewittern plötzlich auftauchten und lautlos durch das Zimmer schwebten oder eine ganze Weile regungslos in einer Ecke standen, um dann ebenso unversehens wieder zu verschwinden. Sofern die Anwesenden sich in solchen Fällen völlig still verhielten und auch kein Luftzug die glühende Kugel erreiche, könne eine Brandkatastrophe verhindert werden. Andernfalls, so hieß es, würde die Kugel zerspringen und urplötzlich das Haus in Flammen aufgehen.

Auch gab es gelegentlich „kalte Blitzschläge“, die ein Haus trafen, aber nicht zündeten. Einen solchen Schlag erlebte unser Nachbar Haye Petersen, der diesen Fall meinem Vater erzählte und ihm den Weg des Blitzes an den Balken der Scheune zeigen konnte. Im gleichen Gewitter wurden kaum fünfzig Meter von unserem Haus entfernt drei junge Rinder erschlagen. Sie hatten ganz dicht zusammengestanden und boten nun einen traurigen Anblick für mich, da ich dort täglich am Graben spielte und sie alle drei gut kannte.

Schlimm war es, wenn ein Haus zufällig über einer unterirdischen Wasserader gebaut war. Diese Wasseradern, so wurde erzählt, zögen die Blitze an, und das Haus war somit besonders gefährdet. Wer aber wußte schon, ob nicht gerade das seinige auf solch einer Ader stand. So blieb das Gewitter unter uns Kindern ein unerschöpfliches Thema voll unheimlicher erlebter und mehr noch überlieferter Geschehnisse. Dazu gehörten auch die Windhosen – wir nannten sie „Wotertappen“, Wasserzapfen, auf friesisch *Wåårtååpe* –, die sich meistens nach Gewittern aus den schwarzen Wolkenbänken herabschlängelten. Diese Windhosen zogen nicht nur Wasser in die Höhe, wovon es bei uns in der Marsch in den vielen Gräben übergenug gab, sondern auch Heu, wie ich es einmal mit meinem Großvater zusammen sah: Eine Windhose – eigentlich waren es drei nebeneinander, von denen die größte und dickste wie ein riesiger Elefantenrüssel die Erde erreichte – wanderte durch den Bottschlotterkoog. Wir konnten ihren Weg an aufwirbelndem Staub und abgerissenen Pflanzenteilen genau verfolgen und fürchteten schon, sie könnte Ebe Ingwersens Haus treffen, aber sie zog nördlich vorbei. Schließlich überquerte die Windhose eine Fenne, in der viele Heudiemen standen, und schon wirbelte einer dieser großen Diemen in die Höhe. Wir sahen das

Heu höher und höher steigen und wie einen riesenhaften Strick in der Luft stehen, der sich nur langsam auflöste und unseren Blicken schließlich entschwand. Von dem betroffenen Bauern hörten wir später, daß das Heu so weit verstreut wurde, daß es nicht mehr geborgen werden konnte.

Aber wir wußten auch von schlimmeren Folgen einer Windhose, die ein Kind in einen Baum gehoben hatte, und von einer anderen, die die Großmutter meines Freundes als junges Mädchen am Außendeich erfaßte. Zum Glück konnte sie sich an einem Gatter festklammern, so daß nur die Beine nach oben gezogen wurden und sie nach einer Weile im Kopfstand unbeschadet wieder auf dem Boden landete und nicht fortgewirbelt wurde. Natürlich machten wir uns ernsthafte Gedanken, wie wir uns in solchen Situationen zu verhalten hätten.

Ein Botengang nach Jannenswarft

Unsere alte Tante Lene, von uns Kindern mehr gefürchtet als geliebt, war gestorben. In der weitverzweigten Familie hatte sie überall mitzureden gehabt und für Ordnung gesorgt, wie sie einmal schmunzelnd meinte. Da es nach Jannenswarft, wo Tante Tine und Onkel Lude wohnten, keine telefonische Verbindung gab, bekam ich den Auftrag, die traurige Nachricht zu überbringen.

Der Herbst hatte früh eingesetzt, seit Wochen regnete und stürmte es. Die Pütten entlang der Dorfstraße sowie alle Gräben waren bereits übervoll, und immer noch zogen schwere Schauer mit Hagel und Gewittern übers Land. Ich hatte ein wenig Angst, den weiten Weg über die Fennen und Gräben bei diesem Wetter anzutreten, aber mir blieb keine Wahl. So zog ich meinen alten Mantel an, den ich von meiner größeren Schwester geerbt hatte, der zwar warm hielt, aber immer nach der verkehrten Seite hin zugeknüpft werden mußte, nahm meinen Pikstock und machte mich in meinen Holzschuhen auf die unfreiwillige Wanderung.

Jannenswarft war für Fußgänger nur über den „Schoolstieg“, einen Steig in der Breite von nur anderthalb Klinkersteinen, zu erreichen. Während der Weg nach Rickertswarft in südliche Richtung, den ich des öfteren zum Außendeich hin benutzte und wo unser alter Lehrer Petersen wohnte, gleiche Verhältnisse aufwies, aber nur sechs Grabenstege zählte, lag die Jannenswarft mindestens doppelt so weit entfernt nach Westen und hatte zehn Stege, die wir allgemein als „Bretter“ – „Bräder“, fries. *Borde* – bezeichneten.

Der erste Wassergraben nahe dem Kirchhof wurde von zwei nebeneinanderliegenden starken Bohlen überbrückt und hatte an jeder Seite ein Geländer, so daß die Benutzung völlig gefahrlos war. Hier merkte man auch noch nichts von dem heftigen Wind. Das nächste „Brett“ war etwas höher gelegen, hatte zwar nur ein Geländer und eine recht schmale Bohle, aber für Kenner barg es keine Gefahr. Ich verhielt sogar einen Augenblick auf seiner Mitte und genoß die Sicherheit über dem tiefen Wasser unter mir mit den flinken Wellen und überlegte, ob mein selbstgefertigtes Segelschiff diesem „Seegang“ wohl gewachsen wäre.

Nun hatte ich den langen grünen Ewersweg vor mir, auf dessen linker Seite nahe dem Graben der „Klinkerstieg“ entlangführte. Ich ging aber lieber auf der Mitte des Weges. So brauchte ich keine Angst zu haben, daß unterschiedlich heftige Windstöße mich in den Graben schubsten.

Während dieser breite Weg nun nach rechts weiterführte, mußte ich mich links halten, um über den nächsten Graben zu gelangen. Auch dieses „Brett“ hatte eine feste Bohle als Grundlage und ein stabiles Geländer. Die zahlreichen Stege der Schulwege wurden alle Jahre nach Bedarf von den Handwerkern des Dorfes im Auftrag der Gemeinde ausgebessert oder erneuert. Auch mein Vater hatte als Tischler gelegentlich mit solchen Arbeiten zu tun. Der Klinkerstieg mußte ebenfalls immer wieder streckenweise neu verlegt werden. Diese Arbeiten wurden jedoch von „Fachleuten“ ausgeführt, die darin Erfahrung hatten.

Jetzt ging es am Grabenrand einer Fenne entlang, in der trotz der kalten Herbstwitterung noch Milchkühe weideten. Unser Vieh dagegen war schon seit über einer Woche „aufgestallt“, wie es bei uns hieß. Die alte Schimmelkuh brüllte so anhaltend und durchdringend vor dem Hecktor, daß Vater Mitleid bekam und alle Tiere hereinholte. Die „tüchtigen“ Bauern ließen das Vieh möglichst lange draußen auf den Weiden, um Heu und Arbeit zu sparen. Aber Vater meinte, daß die Tiere in den langen, kalten Nächten frieren müßten, was nicht zu verantworten sei. Mutter und wir Großen freuten uns, konnten wir das Melken nun doch im warmen Stall vornehmen, wenn auch das tägliche Füttern wiederum viel Zeit kostete.

Nach dem Überqueren des nächsten Stegs in der Höhe des kleinen Bauernhauses „Sträk“, wo der Klinkerstieg für die Bewohner der Lüttjenswarft nach links zum Außendeich hin abzweigt, kam ich in eine Fenne, in der junge Rinder grasten. Ich sah aber sofort, daß keine Bullen dazwischen waren und somit keine Gefahr von ihnen ausging. Im übrigen hatte ich ja auch meinen Pikstock dabei. Mein Weg führte nun quer über Fennen ohne den bisher gewohnten Klinkerstieg, und ich mußte darauf achten, beim Überspringen der wassergefüllten Grüppen nicht meine Holzschuhe „überzuschwemmen" und mir nasse Füße zu holen.

Die nächste Grabenüberquerung machte einige Schwierigkeiten, weil der Handlauf umgebrochen war und nur für einen Teil der Strecke auf der Bohle mir einen Halt bot. Obwohl der Wind immer heftiger wehte, gelangte ich heil ans andere Ufer.

Nun waren nur noch drei Stege zu bewältigen. Ich kam Jannenswarft sichtlich näher. Doch ein neuer Schauer zog wie eine schwarze Wand auf, so daß ich mich beeilen mußte, wenn ich Tante Tines Haus noch trocken erreichen wollte. Die vor mir liegende Fenne überquerte ich deswegen im Laufen. Von weitem sah ich schon, daß der nächste Graben ungewöhnlich breit war. Aber wo befand sich der Steg? Kein Geländer und keine Bohle zeigten die Stelle des Übergangs an. Endlich begriff ich, daß das Brett handbreittief überflutet wurde und das Geländer zerstört und wohl weggetrieben war. Ich blickte mich nach einer anderen Möglichkeit um, meinen Weg fortzusetzen, oder ob vielleicht gar ein Weggenosse in Sicht wäre. Umsonst. Nur das zahlreiche Jungvieh dieser Fenne versammelte sich um mich herum, als hätte es lange keinen Menschen mehr gesehen.

Ich stand ziemlich hilflos da und überlegte, ob ich bis Sträk zurücklaufen sollte, um dann von Lüttjenswarft her Jannenswarft zu erreichen. Doch würde dieser Umweg etwa eine Stunde Zeit kosten und mich ganz sicher dem Schauer ausliefern. Unheimlich schnell wuchs er über dem Außendeich von See her herauf, und das erste drohende Donnergrollen verlangte eine sofortige Entscheidung. Also, was tun? Auf alle Fälle würden beim Betreten der Bohle meine Holzschuhe voll Wasser laufen. Und würde ich nicht bei dem bögigen Wind das Gleichgewicht verlieren und ins Wasser stürzen? Zudem erschwerten die kleinen, aber heftigen Wellen die Sicht auf meinen unsicheren Unterwasserpfad und ließen gar Schwindelgefühle aufkommen. Das schlimmste aber war, daß ich erst wenige Züge schwimmen konnte, die sicher nicht ausreichen würden, das andere Ufer zu erreichen, sollte es zu einem Sturz kommen.

Also mußte eine Stütze heran, an der ich mich festhalten konnte. Mein Pikstock war leider viel zu kurz. Ich forschte in alle Richtungen, ob vielleicht

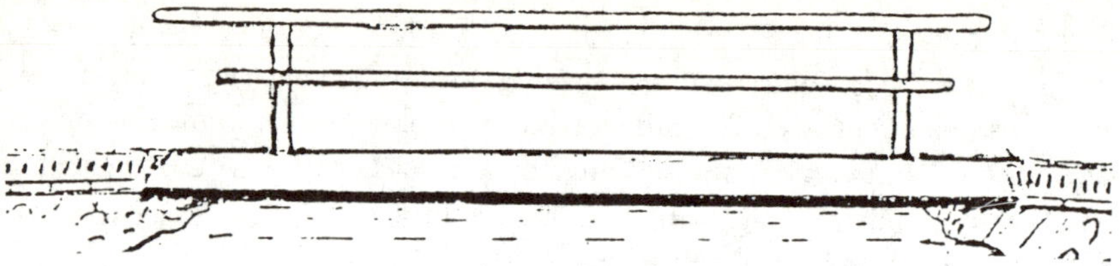

Neuer Steg („Brett") über Wassergraben – links und rechts Klinkerstieg

ein Hecktor eine lose Latte bot. Nichts. Doch dort, rund fünfzig Schritt entfernt, lag etwas an der Grabenkante! Vielleicht das abgetriebene Geländer? Die Tiere gaben mir in ihrer gutmütigen Art den Weg frei, und ich fand genau die Stange, die ich brauchte. Es hing zwar noch ein Holzklotz daran, aber der störte weiter nicht.

Nun galt es, die Holzschuhe und Strümpfe auszuziehen. Die Hosen reichten nur zu den Knien hinunter, um so länger waren die von Mutter gestrickten Strümpfe, die an Gummibändern mit Knopflöchern am Leibchen befestigt waren. Alles dauerte so unnötig lange. Doch dann stand ich barfuß an der sumpfigen Grabenkante, und die Kälte biß in die Füße. Die Strümpfe stopfte ich schnell in die Holzschuhe, und diese wiederum klemmte ich vor der Brust unter den Mantel, damit ich beide Hände freibekam. Ich tauchte die lange, schwere Geländerstange mit dem einen Ende etwa in der Mitte des Grabens bis auf den Grund und konnte mich somit an dem herausragenden Teil während des Hinübergehens abstützen. Langsam, mit den bloßen Füßen den Verlauf der Bohle abtastend, bewegte ich mich nun, möglichst wenig nach unten sehend, über den tiefen Wasserlauf. Auf halbem Wege erfolgte ein schon heftiger Donnerschlag, aber ich ließ mich nicht in meiner Vorsicht beirren. Die Füße verloren im eiskalten Wasser allmählich das Tastgefühl, aber es war nur noch eine kurze Strecke zu überwinden. Ein letzter großer Schritt, und ich hatte wieder festen Boden unter den Füßen. Ein weiteres Grollen ließ keine langen Gedanken an die eben überstandene Gefahr zu. Ich rannte, um keine wertvolle Zeit zu verlieren, mit den bloßen Füßen zum nächsten Steg, der, wie ich wußte, den breiten Sielzug in besonders wuchtiger Ausführung überbrückte. Ob der wenigstens begehbar geblieben war? Die Angst, hier könnte meine Mission noch kurz vor dem Ziel scheitern, kroch in mir hoch. Meine Füße wurden vom Rennen wieder warm, und mit der Wärme kehrte das Gefühl zurück. Das Geländer, das konnte ich schon erkennen, war jedenfalls noch vorhanden. Zur Not würde ich mich daran hinüberhangeln können. Nein, die Brücke war vollkommen erhalten. Auch Onkel Ludes grünes kleines Boot lag dort wie immer vertäut, wenn auch heute halb voll Wasser.

So froh mich diese Feststellungen machten, so sehr beunruhigte mich die zunehmende Dunkelheit des aufziehenden Wetters, das nun genau über mir angelangt war. Und schon stand die Welt in Flammen, und ein ohrenbetäubender, klirrender Schlag ließ mich taumeln und den Pikstock verlieren. Ohne mich umzusehen, rannte ich zum nahen letzten Steg, der unmittelbar auf die Jannenswarft hinaufführte. Erst vor der Haustür von Tante Tine merkte ich, daß ein schwerer Hagelschauer herniederprasselte und das Land im Nu weiß überzog. Die Tür war wie immer unverschlossen, und gleich stand ich in der Küche. Tante Tine kam von der Kellerkammer herab, von wo sie mich am Fenster hatte vorbeistürmen sehen. Ich machte wohl einen ziemlich kläglichen Eindruck auf sie, denn sie drückte mich an sich, was bei uns sonst nicht üblich war. Sie zog mir meinen nassen Mantel ab, führte mich in die warme Kammer hinauf, wo sie mein Gesicht und meine nackten Beine abtrocknete. Dann bekam ich eine heiße Tasse Tee mit braunem Kandiszucker dazu.

Nun erst wollte sie wissen, wieso ich von Osten her auf die Warft komme, wo doch seit fast einer Woche mehrere Stege zerstört oder gar völlig verschwunden seien. Es müsse im Dorf doch bekannt sein, daß man seitdem nur noch über Lüttjenswarft ihr Zuhause erreichen könne. Und warum ich bei dem Wetter ohne Mütze liefe. Erst jetzt merkte ich, daß ich meine Pudelmütze verloren hatte. Ob sie vielleicht beim Pikstock liegt, den ich nachher noch holen muß?

Als Onkel Kicke vom Stall hereinkam, wunderte er sich nicht wenig über meinen Besuch. Er schimpfte über den frühen Herbsteinbruch und meinte: *„Ier köum eefter en Harwsttunnerwäder åltens e Froost ädereefter. Oors dilling wiit huum dat je äi mörr. Dat wårt nü je alles oors, uck dat Wäder.“* (Früher kam nach einem Herbstgewitter immer der Frost hinterher. Aber heute weiß man das ja nicht mehr. Es wird jetzt ja alles anders, auch das Wetter.) Tante Tine stärkte mich nicht nur mit Tee, sondern auch mit Brot und leckerem Schafskäse. Schon bald hatte ich wieder Mut, den Rückweg anzutreten, aber dieses Mal würde ich den trockenen Weg über Lüttjenswarft nehmen. Nachdem ich schließlich den traurigen Anlaß meines Besuchs erklärt hatte, machte ich mich auf den langen, aber gefahrlosen Heimweg. Ich holte meinen Pikstock und fand dort auch meine Pudelmütze. Jetzt schien sogar die

Sonne, wenn auch noch immer dicke Schauer am Horizont entlangzogen. Am nächsten Tag erzählte man im Dorf, daß bei Jannenswarft drei wertvolle Rinder vom Blitz erschlagen wurden. Hoffentlich waren die Getroffenen nicht gerade aus der Schar, die an meiner schwierigen Überquerung des Grabens als stumme Zuschauer teilgenommen hatte!

Schlittschuhlaufen

Im Winter schnallten wir uns die Schlittschuhe schon in der Küche an, denn die Eisflächen begannen gleich vor der Tür. Die neumodischen, die mit Klemmbacken am Absatz angeschraubt und vorn mit einem Riemen befestigt wurden, waren zwar praktisch, aber schneller und vor allem vom Ton her voller, dunkler, einfach großartiger fanden wir die alten hölzernen Schlittschuhe. Wir nannten sie „Schurren“, ein nur in Nordfriesland vorkommendes Wort. Mein Großvater hatte noch solch ein Paar. Zwar war das Holz wurmstichig, aber das ließ sich erneuern. Diese Schurren trugen nicht wenig dazu bei, mein Ansehen nicht nur bei den Jungs zu heben. Sie waren zwar noch ein wenig groß, aber das waren meine Schnürstiefel auch. Meine Mutter hatte sie mir zugesprochen, weil sie nach ihrer Ansicht meinem drei Jahre älteren Bruder Fidi zu klein geworden waren. Er hatte sie zwei Jahre getragen und behauptete fest, er könne noch gut darin laufen; aber nachdem Mutter auf die Zehen gedrückt hatte, nützte ihm keine Widerrede und kein Maulen. Ernas alte Stiefel, einstmals von Großvater in Tondern für sie gekauft, gehörten von nun an mir. Die noch vorhandene Übergröße wirkte sich sogar günstig aus, weil auch die Schlittschuhe reichlich bemessen waren. Zwei Paar der dicksten Wollstrümpfe, deren Sohlen im Laufe der Jahre bunt, aber warm und raumfüllend verstopft waren, darüber ein Paar weiße Socken, und schon paßten die Stiefel wunderbar.

Eigentlich gab es in unserer Familie keine weißen Strümpfe, weil sie in den Holzschuhen zu schnell schmutzig wurden, also unpraktisch waren. Aber im letzten Jahr war eines unserer beiden schwarzen Schafe, die die Wolle für die vierzehn Beine im Haus zu liefern hatten, ertrunken. Drei Lämmer hatte es im Bauch, wie uns der Nachbar erzählte, als er uns in dorfüblicher Weise das Fell brachte und sich für die unerwartete Aufbesserung seines Wintervorrats bedankte. Obwohl das Fleisch eines ertrunkenen Schafes als wohlschmeckend und gesundheitlich unbedenklich galt, aßen wir es nicht. Mutter stammte von einem größeren Bauernhof und hielt es wohl für unter ihrer Würde, ungeschlachtete Tiere zu essen. Vater war sowieso sehr wählerisch und aß nur hausgemachte Wurstsorten und lehnte gar Preßkopf (Sülze) ab. Nur Schwarzsauer, obgleich es unter Beimengung von Blut gekocht wurde und wegen der Schwärze so allerhand nicht ohne weiteres Erkennbares enthielt, verzehrte er zu Mutters heimlichem Vergnügen mit großem Appetit.

Zur Ausrüstung eines richtigen Schlittschuhläufers gehörte damals auch der Pikstock, der unten eine eiserne Spitze trug. Er war rot, grün oder blau gestrichen, und wenn er besonders hübsch war, stand auch noch der Name des Besitzers in verschlungenen Buchstaben darauf. Mein Vater als Tischler – nur im Nebenberuf war er Landwirt – machte zu Weihnachten gleich zehn oder mehr solcher Stöcke, große und kleine. Der Schmied brannte unten einen breiten konischen Ring darum und schlug dann die selbstgeschmiedete Spitze hinein. So hielt Vater immer einen gewissen Vorrat, der aber in strengen Wintern meistens nicht ausreichte, weil hier damals niemand ohne Pikstock auskommen konnte. Auch ich hatte zu Weihnachten einen besonders schönen bekommen. So ausgerüstet, auf den dunkeltönenden Holzschlittschuhen lange Striche ziehend, den Pikstock zur Beschleunigung immer weit nach vorn schwingend, erweckte das Eislaufen in mir die herrlichsten Gefühle. Wer dachte da noch an die zu großen Stiefel und Schlittschuhe?

Besonders die sogenannten Pütten an der Hauptstraße entlang, wo man einstmals beim Deichbau die benötigte Erde entnommen hatte, bildeten kilometerlange breite Eisflächen. Hier traf sich die Dorfjugend und trieb allerhand lustige Spiele. Leider mußten wir viermal in der Woche auch des

Holzschlittschuh, „Schurr“

Neuartiger Schlittschuh

Pikstock

Nachmittags von 1 bis 4 Uhr in die Schule und die Mädchen gar auch noch am Mittwoch zum Handarbeitsunterricht. Einige Male schrieben wir an die Wandtafel: „Lieber Lehrer, gib uns frei, bald geht uns das Eis entzwei!“ Aber nur einmal gelang es uns, unseren Lehrer zu erweichen, der dann mit uns auf die Pütten ging, und wir hatten viel Spaß. Plagte uns Durst, pickten wir ein Loch ins Eis, legten uns auf den Bauch und tranken nach Herzenslust, währenddessen man einen tiefen Blick in die Unterwasserwelt tun konnte. Lehrer Petersen hatte nichts dagegen, auf diese Art den Durst zu löschen. Es war ganz normal.

Im Eis eingebrochen

Es fehlten uns Laubsägeblätter, und Weihnachten stand vor der Tür. Was lag näher, als daß mein Bruder Fidi sich auf den Weg machte, um bei Kaufmann Ebsen auf Bottschlott einige zu holen und für Mutter gleich etwas einzukaufen. Da das Eis im allgemeinen schon trug und sich nur noch an einigen Sielen sogenannte Zuglöcher befanden, die wir natürlich alle genau kannten, nahm er selbstverständlich den Weg auf den Gräben entlang.

Er hatte eine besondere Art der Fortbewegung auf dem Schlitten entwikkelt und wurde der Schnelligkeit wegen von uns allen bewundert. Auf dem hinteren Teil des Schlittens breitbeinig stehend und sich mit einem langen Pikstock zwischen den Beinen abstoßend, sauste er davon. Es war inzwischen dunkel geworden, als er den Laden verließ und den Rückweg antrat. Der Wind hatte zwar zugenommen, aber er wehte aus Nordost und würde die Fahrt nach Hause noch beschleunigen. Nur die Dunkelheit machte ihn etwas nachdenklich, doch kannte er den Weg ja genau, und vor allem, er hatte die Laubsägeblätter bekommen. Damit wollten wir aus den hier und dort gesammelten Zigarrenkisten hübsche Schlüsselbretter mit verschlungenem Rankenwerk und viele andere schöne und nützliche Dinge zu Weihnachten sägen und basteln.

Schon stand Fidi wieder auf dem Schlitten, die Waren vor sich, und der Sturm schob herrlich von hinten nach, so daß er eigentlich nur noch mit dem Pikstock zu steuern brauchte. Aber es war dunkler, als er gedacht hatte. Ob er doch lieber den Umweg über die Straße nehmen sollte? Doch der günstige Rückenwind vertrieb diesen Gedanken schnell. Aber vorsichtig würde er schon sein müssen, denn es gab mehr Löcher, als er erwartet hatte: ein langes am Reetstück vor der Maienswarft und zwei hintereinander bei Drees Dekkers Haus. Der Schlitten, von Vater gefertigt, lief wunderbar. Und dann die zehn Sägen verschiedener Stärke, ein Glücksfall, denn es waren die letzten gewesen, und Niebüll ist weit. Doch, was war das?! Der Schlitten lief ja aus dem Ruder! Und schon wußte er's: das Reetloch! Nur nicht unter die Eisdecke geraten, dann gibt's keine Rettung, war sein erster Gedanke. Ein fürchterliches Splittern und Poltern folgte. Aber nun konnte er wieder Luft holen, Gott sei Dank. Doch wo fand er einen Halt? An der linken Fußspitze ein kleiner Widerstand, eine Reetwurzel? Jetzt um Hilfe rufen? Nichts, kein Licht, kein Laut, nur der heftige Wind im schütteren Reet rundherum. Nein, Rufen hat keinen Sinn, also, wo ist die nächste feste Eiskante? Dort muß sie sein, nicht weit! Doch hier den festen Stand aufgeben, ohne schwimmen zu können? Aber hatte Küster Nissen in der Naturlehrestunde nicht gesagt, daß der Mensch mit luftgefüllter Lunge schwimmt? Also tief einatmen und los! Vielleicht sind da noch mehr Reetwurzeln?! Das eisige Wasser dringt in Augen und Nase und gurgelt unheimlich vor den Ohren. Weiter, immer die dünne Eisschicht zerschlagend, bald muß das feste Eis kommen! Weiter, die Luft wird knapp! Doch endlich, da ist die Kante!! Festhalten, nur nicht mit den Armen abrutschen, tief Luft holen! Ja, der feste Eisrand ist erreicht! Die Füße finden zwar keinen Halt, aber die Arme liegen auf festem, dickem, rubbeligem Eis, ja, es ist sogar eine kleine Verdickung zum Festhalten vorhanden. Also ausruhen!

Die Kälte des Wassers tut jetzt unangenehm weh. Dort steht der Schlitten, noch vom dünnen Eis gehalten. Aber die eingekauften Waren, die Sägen? Ach was, nur raus! Aufstemmen, langsam, immer ein Stückchen weiter rutschen! Und endlich liegt der Bauch auf festem Eis! Im Nu hat der Wind die Kleidung steifgefroren. Jetzt der Schlitten, der muß mit! Bei diesem günstigen Wind und dann zu Fuß gehen?! Da schwimmt auch der Pikstock ganz nahe am Eisrand. Vorsichtig die Schlittenleine mit dem Stock heranholen, und nun steht auch der Schlitten auf sicherem Grund! Seltsam klirrt die Kleidung bei jeder Bewegung. Wo nur sind die Sägeblätter? Sie waren in weißes Papier gewickelt und müßten doch zu sehen sein. Da liegt die Margarine und ein Stück weiter tatsächlich noch die große Tüte mit Zucker, halbnaß, aber Mutter wird sich freuen. Nicht mehr lange suchen! Da die Streichhölzer, und das muß der Reis sein, und nun aber los! Der Wind ist wirklich toll. Das bringt Fahrt! Noch eine leichte Kurve, und schon leuchtet das Licht aus unserer Küche auf die Eisfläche vor dem Fenster. Jetzt absteigen! Aber das geht nicht. Noch einmal – nein, nicht möglich! Schön das Licht in der Küche ... und Mutter ist auch da ... und diese wohlige Wärme ... und wie herrlich die neuen Sägeblätter schneiden ...

Mein Bruder war tatsächlich am Schlitten festgefroren und schlief, als wir ihn im Lichtkreis vor dem Küchenfenster entdeckten. Hände und Gesicht blutverschmiert und die eingekauften Waren ebenso. Vorsichtig lösten wir ihn vom Schlitten, trugen ihn ins Haus und zogen ihm die steifnassen Kleider vom Körper. In Wolldecken gewickelt, legten wir ihn ins Bett, ohne daß er erwachte.

Die Sägeblätter fanden wir in seiner nassen Hosentasche. Sie waren mit weißem Papier umwickelt.

Der vergessene Tannenbaum

Etwa zwei Wochen vor dem Weihnachtsfest lagen plötzlich vor den Läden unserer beiden Kaufleute Ebsen und Petersen viele Tannenbäume. Zwar brachte uns der Weihnachtsmann den Baum, dennoch guckte ich schon mal im Garten umher, ob dort einer angekommen sei, und lag Mutter in den Ohren, wenn er zu lange ausblieb. In einem Jahr waren die Tannen bereits alle bei den Kaufleuten verschwunden, ohne daß ich bei uns einen im Garten entdeckt hatte. Mutter schien bei dieser Nachricht ein schlechtes Gewissen zu haben, denn am nächsten Tag war bereits das große Fest. Der Winter zog in diesem Jahr besonders früh ein, und riesige Eisflächen dehnten sich von Fahretoft bis nach Maasbüll und über Ockholm bis nach Langenhorn aus. Der Vormittag des 24. Dezember war angebrochen, und auch in dieser letzten Nacht wurde kein Baum in unserem Garten abgestellt. Ob der Weihnachtsmann uns vergessen hatte? Mutter und Vater waren offensichtlich ratlos.

Da erbot sich mein großer Bruder Fidi, der damals etwa 13 Jahre alt war, eine Tanne zu beschaffen, und zwar wollte er auf Schlittschuhen nach Langenhorn laufen. Er meinte, den Hinweg in gut zwei Stunden bewältigen zu können, und der Rückweg würde schneller gehen. Mit warmer Jacke, mit Schal, Pudelmütze, Fausthandschuhen und seinem Pikstock ausgerüstet, ein starkes Tau um den Bauch gebunden, zog er mit allen guten Wünschen von uns begleitet los. Es war schon Nachmittag geworden, und der steife Wind blies aus Ost. Zunächst führte ihn sein Weg in Richtung Munksbrück, weil der Kanal noch nicht zugefroren war. Dann empfingen ihn weite, überschwemmte Landflächen, die zu Eis erstarrt waren. Nun hieß es, zügig voranzukommen und dem Ostwind möglichst wenig Angriffsfläche zu bieten. Die Schlittschuhe waren gerade in der Schmiede geschärft, spurten also bestens, und der Pikstock leistete gute Dienste.

Die Pudelmütze tief in die Augen gezogen und weit nach vorne gebeugt, kam er gut voran. Dennoch spürte er schon die Nähe des Abends, und Schnee lag in der Luft. Kein Baum, kein Strauch boten Schutz oder wenigstens einen Anhaltspunkt für die Richtung. Aber schließlich brauchte er nur genau gegen den Wind zu laufen, um Langenhorn zu erreichen. Ab und zu richtete er sich ein wenig auf, um zu prüfen, ob in der Ferne schon erste Häuser in Sicht kamen. Aber das war wohl noch zu früh. Also lief er weiter, links – rechts, Strich für Strich. Seine Zähigkeit im allgemeinen und beim Schlittschuhlaufen im besonderen hatte er schon oft erprobt. Es wurde schon dämmerig, die Schneeluft machte sich bemerkbar. Vor Einbruch der Dunkelheit mußte er den Baum irgendwie erstehen, doch hatte er noch selbst keine rechte Vorstellung, wie er es anstellen wollte. Vielleicht bei einem Kaufmann oder beim Förster? Von Mutter hatte er ja zwei Mark mitbekommen. Oder sollte er in einem Waldstück am Stollberg einfach eine Tanne abbrechen? Doch dazu fehlten ihm die rechten Ortskenntnisse. Nur einmal war er mit Nachbar Anton dort zum Sandholen gewesen. So hieß es zunächst, Langenhorn erreichen. Ein zufälliger Blick nach vorn überraschte ihn: Das Dorf lag in unmittelbarer Nähe vor ihm, und der Windschatten erleichterte allmählich das Laufen.

Nun kam die schwierigste Aufgabe: Wie an eine Tanne kommen? Er schätzte die Häuser ab. In einigen brannte schon Licht. Dort war ein Bauernhof, und ein Mann lehnte über der Stalltür. Ihn würde er fragen. Doch der Bauer sprach ihn schon von weitem an: *„Jung, wo kummst du denn her? Du siehst je ut as en Schneemann.“* Erst jetzt sah Fidi, daß er völlig weiß bereift war und Eiszapfen an seinem Schal hingen. *„Ick kumm ut Fahrtoft un wull mol sehn, ob ick hier wull noch en Dannenboom kriegen kunn.“* – *„Watt, du kummst gans ut Fahrtoft, un dat op Schlittschoh bi dissen stiewen Wind?!“* – *„Jo, wi hemm noch keen Boom, un ohn . . .“* – *„Recht hest du, ohn Dannenboom is dat keen Wiehnachen. Un dormit du ni länger söken bruukst, schaßt du de Dann vun mi ut de Goorn hemm! Ick hol en Biel . . .“*

Das war ja ein unerhörter Glücksfall! Ein schöner Baum war schnell gefunden und abgehauen. Fidi löste seinen Strick vom Bauch und ließ sich von dem Bauern die Tanne auf den Rücken binden. Als Fidi in seine Tasche griff, meinte der Bauer: „*Nee, de schall nix kosten, de kriggst du vun mi to Wiehnachen. Un nu kumm man gut to Huus!*"

Nach einem herzlichen Dankeschön machte Fidi sich auf den Rückweg. Es wurde auch schon dunkel, und mindestens anderthalb Stunden würde es dauern, bis er zu Hause sein konnte. Allerdings – und das tröstete ihn – hatte er den Wind jetzt im Rücken. Der Baum war nicht schwer und vermehrte die Schubkraft des Windes.

Kaum hatte er ein Stück des Weges zurückgelegt, da fing es an zu schneien. Das war nun ganz dumm, weil der Schnee ihm die Sicht nahm und die eintönige weiße Fläche es ihm noch schwerer machte, die Richtung nach Fahretoft einzuhalten. Sollte er sich wie auf dem Hinweg wieder auf den Wind verlassen, nur jetzt eben in umgekehrter Weise? Doch vorhin war es noch hell gewesen. Und wenn der Wind sich nun langsam auf Südost drehte, wie häufig beim Wetterwechsel, dann würde er, ohne es zu merken, nach Norden abtreiben und womöglich auf den Bottschlottersee geraten, der sicher noch nicht überall tragfähiges Eis hatte. Oder er landete in der Nähe von Efkebüll an dem offenen Kanal und wüßte nicht, ob er links oder rechts nach der Brücke suchen sollte.

An sich kam er ja mit dem Rückenwind gut voran, aber es gab hier weit und breit kein Haus, wo er nach dem rechten Weg hätte fragen können. So lief er auf gut Glück weiter, immer nach einem Licht Ausschau haltend. Müßte nicht Norddeich allmählich in Sicht kommen? Doch von Sicht war bei diesem dichten Schneetreiben nicht zu reden.

Also weiter! Irgendwo zwischen Ockholm und Efkebüll müßte er ja auf ein Haus mit Licht und Menschen treffen. Doch wenn er nun an den wenigen Gehöften vorbeilaufen würde, ohne sie zu bemerken? Oh, was war das?! Er liegt auf der Seite und rutscht auf dem glatten Eis entlang. Wo ist der Pikstock abgeblieben? Offenbar war er über ein Reetbüschel gestolpert und hingeschlagen. Tut etwas weh? Nein, keine Schmerzen. Das fehlte noch, ein Beinbruch oder auch nur eine Verstauchung hier in der Einöde! Kein Mensch würde ihn finden, und das am Weihnachtsabend! Also besser aufpassen und lieber etwas langsamer fahren! Dort liegt der unentbehrliche Pikstock, und weiter geht's. Nur keine Angst aufkommen lassen! Jeden Augenblick kann ja ein Haus auftauchen, und alles weitere ergibt sich von selbst. Wenn nur die Sicht etwas besser wäre, doch die Flocken werden immer dichter und größer. Typisch für einen Wetterumschwung. Hier auf der glatten Eisfläche kann der Schnee sich nicht halten, stiebt mit Windeseile voraus, füllt die Gräben der Marsch und türmt sich irgendwo zu Wällen auf.

Doch halt, ein Licht voraus! Also dorthin und nach dem weiteren Weg fragen. Doch leider steht er vor dem unüberwindlichen Kanal, und das Licht kommt von der anderen Seite herüber. Wohin nun wenden, links oder rechts? Nichts scheint ihm hier bekannt. Er überlegt, prüft die Windrichtung und entscheidet sich für rechts. Das so verlockende Licht verliert sich schnell im dichten Schneetreiben. Wieder ist er mit sich alleine, aber der Baum auf seinem Rücken gibt ihm Mut. Was werden die Eltern und Geschwister sagen, wenn er damit zur Tür hereinkommt?!

War er nun nach der falschen Seite gelaufen, sollte er umkehren? Er bleibt stehen und horcht. Nichts, aber auch gar nichts ist zu hören und zu sehen. Nur das Heulen des zunehmenden Windes und das Gestöber der Schneeflocken. Doch hatte da nicht eben eine Kuh gebrüllt?! Er fährt herum. Noch einmal dieser wohlbekannte, heimatliche Laut, wenn auch kaum vernehmbar. Zögernd nimmt er seinen Weg in die Richtung, und schon bald steht er vor einer geöffneten Stalltür, durch die ein schwacher Lichtstrahl nach außen dringt. Und augenblicklich erkennt er das Haus: Es ist Munksbrück. Natürlich, hier führt die Brücke über den Kanal! Da braucht er gar nicht erst zu fragen, denn von hier aus kennt er alle Gräben im Blomenkoog und kann in zwanzig Minuten zu Hause sein. Was kann ihm jetzt noch passieren? Ein Glückgefühl durchfährt ihn.

Wir daheim sahen mit großen Sorgen den einsetzenden Schneefall. Vater und Mutter machten sich Vorwürfe, daß sie Fidis Vorhaben nicht verhindert hatten. Statt eines Tannenbaums hätte man auch einen schönen Zweig aus dem Garten mit Kerzen schmücken können. Was war nur zu unternehmen, um diese unerträgliche Wartezeit zu nutzen? Ich ging immer wieder aufs Eis hinaus und rief laut seinen Namen gegen den Wind, obwohl mir die Unsinnigkeit dieses Tuns bewußt war.

Doch dann stand er plötzlich in der Tür. Ein wahrer Schneemann! Mensch und Baum waren eins. Vorsichtig schüttelten wir im Stall den Schnee hinunter, lösten den Baum von seinem Rücken, zogen ihm die Pudelmütze vom Kopf, die steifgefrorene Jacke von den Schultern und die Schlittschuhe von den Füßen. Anschließend packte Mutter Fidi mit vielen Lobreden, aber auch mit Warnungen vor künftigen Unternehmungen ähnlicher Art ins Bett. Vater und ich setzten den hübschen Baum auf den Fuß, und das Schmücken besorgten Vater und der Weihnachtsmann. Als zu später Stunde alles fertig war, weckten wir Fidi, und es wurde noch ein sehr schönes Weihnachtsfest.

Die Weihnachtszeit

Weihnachten war immer von Geheimnissen umwittert. Da Petroleum Geld kostete, wurde das Anzünden der Lampe so lange wie möglich hinausgezögert. Für uns Kinder brachte die Dämmerstunde Zeit, um draußen zu spielen, wenn es das Wetter zuließ, oder wir saßen mit Mutter und manchmal gar mit beiden Eltern in der warmen Stube zusammen, wo dann erzählt wurde. Hier hörten wir auch manches aus ihrer Kinderzeit, was häufig traurig klang, weil es mit viel Arbeit und Entbehrungen verbunden gewesen war. Mutter hatte es als Enkelin bei ihrem wohlhabenden Großvater auf der Jannenswarft, wo er einen Bauernhof besaß, verhältnismäßig gut und brauchte nur ihrem Alter entsprechend im Haushalt mitzuhelfen. Vater dagegen mußte, wie es damals für Jungen üblich war, ab 12 Jahren jeden Sommer bei verschiedenen Bauern in der weiteren Umgebung für die Kost und für wenige Taler Lohn in der Landwirtschaft mitarbeiten. Für diese Monate wurden die Kinder damals vom Schulunterricht „dispensiert“, wie es hieß, was die meisten freute, meinen Vater aber betrübte, weil er gerne zur Schule ging.

Die ihm aufgetragenen Arbeiten auf dem Bauernhof überforderten oft seine jungen Kräfte, und er hat, wie er uns erzählte, häufig im geheimen geweint. Auch litt er schlimm unter Heimweh, weil er nur alle zwei Wochen für ein paar Stunden nach Hause durfte. Dann rannte er barfuß die 4 bis 5 km, um die Zeit zu Hause ein wenig zu verlängern. Doch der Abschied fiel ihm jedesmal wieder schwer.

Zu seinen Pflichten gehörte auch das Melken der Kühe. Morgens um 5 Uhr und abends molk er mit den Mägden zusammen, aber mittags mußte er die „neugekalbten“ Kühe alleine melken. Eines Tages, so fuhr er in seiner Erzählung fort, stieß eine Kuh ihm den halbgefüllten Eimer um, und die Milch rann zum größten Teil ins Gras. Da die Bauersfrau sehr streng war, wagte er nicht, mit der verringerten Menge nach Hause zu kommen. In seiner Angst füllte er die fehlende Milch mit Wasser aus dem Graben auf, obgleich er wußte, daß dieses Tun „Milchpanschen" hieß und gesetzlich streng verboten war. Die Furcht, daß seine Tat von den Bauersleuten oder gar am nächsten Morgen in der Meierei entdeckt werden könnte, verfolgte ihn bis in die Träume, und er konnte kaum etwas essen. Zum Glück blieb es aber unbemerkt, und er konnte wieder aufatmen.

In einer anderen Dämmerstunde erzählte Mutter, daß sie als Kind, wie auch wir, den Wald nur aus den Märchenbüchern kannte. Mit ihrem Großvater fuhr sie einmal in dem „Federwagen", einer von Pferden gezogenen offenen Kutsche, statt wie üblich auf dem Moordeich entlang, über Blocksberg nach Niebüll. Am Bahrenhof kamen sie durch die heute noch vorhandene kurze Allee, die sie mit den alten Hofbäumen zusammen für einen Wald hielt und entsprechend bestaunte. Und immer, wenn sie später nach Niebüll fuhren, fragte sie ihren Großvater: *„Åtte, wann kere we iesen widder dör dat Hoolting?"* (Großvater, wann fahren wir mal wieder durch den Wald?)

Auch für uns Kinder verband sich mit dem Wald immer eine märchenhafte Vorstellung, und wir konnten nicht genug über ihn hören.

Die Schummerabende in der warmen Stube waren sehr gemütlich und verkürzten uns die lange Vorweihnachtszeit. Mit dem Geburtstag meines Bruders Erich am 30. November kam stets der Weihnachtsmann, den wir „Kinken" nannten, zum erstenmal zu uns. Zuweilen hörten wir nur sein Klingeln, das uns vor Schreck und Freude fast erstarren ließ, doch manchmal kam er auch höchstpersönlich. Wir sangen dann Weihnachtslieder und sagten auch schon mal ein Gedicht auf, was allerdings in der Aufregung meistens Mutters Nachhilfe bedurfte. Angst hatten wir eigentlich nicht, denn einen Stock oder eine Rute, wie es ja auf hochdeutsch heißt, hatte er bei uns nie dabei. Er fragte, ob wir Kinder artig seien, und Mutter bestätigte das fast immer ohne Einschränkungen. Erst wenn er gegangen war, meinte sie zuweilen: „Eigentlich hätte ich ihm ja sagen sollen, daß ihr die gute Pudelmütze verloren habt und auch gegen mein Verbot aufs Eis gegangen seid. Aber das nächste Mal, wenn so etwas wieder vorkommt, werde ich dem Weihnachtsmann alles erzählen." Aus seinem großen Sack kramte er einige Kekse und ein paar bunte Einklebebilder, „Oblaten" genannt, hervor, die wir selber abholen mußten. Was er sonst noch alles drin hatte, blieb ein Geheimnis.

Von nun an bis zum Fest war Kinken allgegenwärtig. Wir hörten abends das Klingeln seiner Glocke bei uns oder bei den Nachbarskindern, und gelegentlich guckte er auch wieder zu uns herein. Er war bei Vater in der Werkstatt und bestellte Wiegen und Pikstöcke, wie wir von Vater erfuhren, und Mutter traf ihn ab und zu und besprach mit ihm unsere Geschenkwünsche, die ihm leider häufig zu kostspielig erschienen. Großvater erzählte mir gar von einer Begegnung mit ihm auf dem Heuboden beim Futterholen: *„Ick denk, watt liggt denn dor? Un as ick so richti henkiek, is dat doch tatsächli de Kinken, de dor schlöppt un sick mit Heu todeckt hett. Ick bin denn gans liesen wechgohn, denn he mutt je uck mol sien Ruh hemm.“*

Übrigens trug der Weihnachtsmann bei uns keinen roten Mantel mit Pelzbesatz wie auf den Bildern in den Märchenbüchern. Bei uns hatte er meistens einen langen, dunklen Mantel an und eine dicke Pudelmütze auf dem Kopf. Einmal trug er allerdings einen schweren Schafpelzmantel, der genauso aussah wie der von Nachbar Hannes. Mutter meinte, vielleicht hätte er ihn dort ausgeliehen, weil sein eigener vom Schnee durchnäßt sei. Er mußte sich wohl öfter etwas leihen, denn ein andermal hatte er Vaters Zimmermannsschuhe an.

Als ich einmal einen goldenen Ring an der Hand des Weihnachtsmannes zu sehen glaubte, löste diese Beobachtung ein langes Rätseln unter uns Kindern aus. Wir überlegten, ob er denn wohl verheiratet sei und vielleicht Kinder habe, die dann, wenn sie groß seien, auch Weihnachtsmänner würden. Aber weder Vater noch Mutter hatten je von einer Frau des Weihnachtsmannes gehört und bezweifelten im übrigen, was ich da gesehen haben wollte. Und wenn schon, dann sei es sicherlich ein Siegelring und kein Trauring gewesen. Das wußte ich nun auch nicht so ganz genau. Jedenfalls sah ich nie wieder einen Ring am Finger des Weihnachtsmannes, obwohl ich nun immer mal darauf achtete.

Für uns Kinder war es eine freudig-aufregende Zeit, in der ich Kinkens immerwährende Nähe in der Dunkelheit und auf einsamen Wegen als sehr beruhigend empfand. Manchmal überlegten wir Kinder, wie alt er wohl sein könnte, da er ja schon zu unseren Eltern gekommen sei. Aber darauf wußte nicht einmal Großvater eine Antwort, und wir drängten ihn, den Weihnachtsmann danach zu fragen. Eines Abends bot sich die Gelegenheit, und wir lauschten mit roten Backen: *„Segg mol, Kinken, du bist nu Obend för Obend unnerwegens, un ick wunner mi, dat du dat noch schaffst. Wi oold bist du denn al?“ – „Jo, dat ward mi mitunner uck wat schwor, all de Kinner to bedenken. Aber mien Öller wißt du weten? Fiede, ick tell al lang nich mehr!“* Wir staunten.

In diesen Wochen vor Weihnachten durften wir nun „Teller aufstellen“. In den Geschichten, die wir lasen, stellten die Kinder einen Schuh ins Fenster, aber Mutter waren unsere Holzschuhe zu groß und zu schmutzig, und die Teller konnten wir auch gleich bis zum Fest stehen lassen. Jeden Morgen guckten wir nach, ob etwas drauf sei, wenngleich wir wußten, daß das die Ausnahme blieb.

Das Geheimnis, wie der Weihnachtsmann bei verriegelten Fenstern Gaben in den Teller legen konnte, hat meinen Bruder und mich lange beschäftigt. Mutter wußte das Rätsel auch nicht zu erklären, und Vater wollte erst gar nicht darüber reden. Es sei schon zu seiner Kinderzeit so gewesen. Vielleicht hatte der Weihnachtsmann so etwas wie einen Fensterschlüssel? Wir haben alle Möglichkeiten ernsthaft überlegt und ausprobiert, ohne auf eine Lösung zu kommen. Heimlich hob ich schon mal abends die Fensterhaken ab, aber es hatte keinen Einfluß darauf, ob die Teller gefüllt wurden oder nicht. So ließ ich es und dachte auch nicht mehr darüber nach.

Schließlich kam der langersehnte Weihnachtsabend heran. Mein großer Bruder und ich begannen an diesem Abend eine halbe Stunde früher mit dem Abfüttern des Viehs. Alle Tiere bekamen zum Fest eine Zugabe an Heu, und die ewig durstigen Kälber durften sich satt trinken, während sie sonst die Milch zugeteilt bekamen. Auch Vater hielt es so, wie ich wohl gemerkt hatte.

Kamen wir dann vom Füttern zurück, war es schon ganz dunkel, und wir mußten uns schnell waschen und umziehen. Wir drei großen Kinder gingen jetzt zu unseren Großeltern zum Essen. Schon der kurze Weg dorthin war voller Erwartung, und der Blick in die Fenster der Nachbarhäuser, wo bereits die Lichter des Tannenbaums schimmerten, steigerte die allgemeine Feierlichkeit dieses Abends. Großmutter erwartete uns mit leckerem Langkohl auf geräuchertem Schinken gekocht, wovon wir so viel essen durften, wie wir mochten. Hinterher gab es süßen Reispudding.

Während wir halfen, den Tisch abzuräumen, verschwand Großvater in den Pesel. Nach geraumer Zeit läutete es zart, und wir durften eintreten. Ein Tannenbaum stand in der Mitte des stattlichen Raumes, und der Schein der Kerzen umgab die beiden uralten Truhen, die hohe Standuhr und den Gabentisch an der kunstvoll getäfelten Wand mit goldenem Glanz. Am Baum hingen selbstgebastelte Sterne und kleine Körbchen aus buntem Papier sowie viele rotbäckige Äpfel. Nur zaghaft begaben wir uns zu unseren Geschenken, während der feine weiße Sand leise unter unseren Sohlen knirschte. Hier lagen für uns Pudelmützen, Fausthandschuhe, Strümpfe und Schals, genau das, was wir verschlissen hatten oder dem wir entwachsen waren und das wir also dringend benötigten, um warm und gesund durch den Winter zu kommen.

Die Wolle für die Geschenke hatte Großmutter in dem langen Arbeitsgang wie eh und je selbst aufbereitet: mitgeholfen, die Schafe zu waschen und zu scheren, dann die Wolle gekämmt, gesponnen und die Fäden zu Garn gezwirnt, gewaschen und schließlich in vielen Stunden gestrickt und gehäkelt. Zu unserer Freude fanden wir auch noch für jeden eine Apfelsine und einen Teller mit selbstgebackenen braunen Pfefferkuchen, die wir „Päpernöten“ (Pfeffernüsse), auf friesisch *Knackene* nannten. Nachdem wir die neuen Sachen anprobiert und uns bei Großmutter herzlich bedankt hatten, gingen wir mit unseren Geschenken zu unseren Eltern nach Hause. Hier wurden wir von unseren kleinen Geschwistern Erich und Mariechen bereits ungeduldig erwartet.

Alleingelassen in der warmen Wohnstube, vertrieben wir fünf uns die Zeit mit dem Singen aller bekannten Weihnachtslieder. Zwischendurch horchten wir auf das erlösende Klingelzeichen. Dann sangen wir zum zweiten- und drittenmal die gleichen Lieder. Endlich ein Klingeln, und Vater und Mutter verabschiedeten sich umständlich von einem Gast mit einer sehr tiefen Stimme, dem Weihnachtsmann, der sich leider schon verspätet hatte und uns somit nicht die Geschenke selbst übergeben konnte. Die Eltern dankten ihm für alles, und die Tür wurde geräuschvoll geschlossen.

Eigentlich waren wir nicht gar so traurig, daß der Weihnachtsmann heute keine Zeit für uns hatte, denn seine persönlichen Besuche waren doch immer ziemlich anstrengend. Um so mehr freuten wir uns, als wir endlich in die gute Stube durften, wo der Tannenbaum strahlte und durftete. Er war hier viel bunter als bei den Großeltern. In ihm hingen buntschillernde Kugeln, wattierte Weihnachtsmänner, glitzernde Sterne, Vögel mit richtigen Schwänzen und viele Süßigkeiten. Besonders auffallend und von uns geliebt war das von Bäcker Volquardsen alljährlich hergestellte „Kinkentüüg" (Kinkenzeug): Engel, Hampelmänner und Bauersleute beiderlei Geschlechts darstellend, die mit uralten Formen aus dem plattgerollten Teig gestochen wurden. Über allem aber breitete sich von der funkelnden Spitze bis hinunter zum Fuß der Tanne ein unwirklicher, seidener Glanz aus „Engelshaar“, wie Vater sagte. Man durfte es nicht anfassen, höchstens streicheln, sonst zerbrach es. Wir waren von allem wie verzaubert.

Nachdem wir das Tannenbaumlied gesungen hatten, suchten wir unsere Geschenke heraus. Hier waren es nicht nur sogenannte praktische Sachen, die unter dem Baum lagen, sondern auch ein Motorboot aus Blech zum Aufdrehen, das am nächsten Morgen im Graben große Bogen fuhr, oder eine Mandoline, eine Geige oder gar eine Okarina, ein fremdartiges Blasinstrument, das ich mir sehnlichst gewünscht hatte und das mich wegen seiner Mißtöne dann maßlos enttäuschte. Dabei hatten meine Eltern sich schwer getan, meinen ausgefallenen, teuren Wunsch zu erfüllen. Aber das war später. Heute bekam ich „Plastilina", eine Knetmasse in mehreren Farben, mit der die ganze Familie sich schließlich im Gestalten versuchte. Es entstanden Gedecke mit vollständigen Bestecken, mit Kuchen und bunten Torten, Haustiere aller Art, wie Hunde, Katzen, Hühner und Enten. Vater formte sogar Menschenköpfe, die er auf Streichhölzer spießte. Er gab ihnen lustige Namen, doch wir glaubten darin Nachbarn, Onkel und Tanten zu erkennen. Den ganzen Winter beschäftigten wir uns mit dieser Knetmasse, auch noch, als man kaum noch die ursprünglichen Farben erkennen konnte, weil sie sich im Laufe der Zeit immer mehr vermischten.

In verschiedenen Jahren fanden wir unter dem Tannenbaum auch Pikstöcke, Schlittschuhe, Wiegen, voll eingerichtete Puppenstuben und schließlich ein riesiges Schaukelpferd, auf dem wir Kinder alle gerne ritten. Das allermeiste war in der Werkstatt meines Vaters entstanden und hatte dadurch eine lange Lebensdauer. So konnte es geschehen, daß einige Sachen nach Jahren in neuem Glanz für die jüngeren Geschwister wieder unter dem Tannenbaum auftauchten. Doch tat das der allgemeinen Freude keinen Abbruch.

Der geschmückte Baum blieb bis zum 5. Januar, dem Geburtstag meiner Schwester Erna, stehen. Dann „plünderten" wir ihn und teilten die verbliebenen Süßigkeiten unter uns auf. Sie halfen ein wenig, uns über die Trauer um das Ende der schönen Weihnachtszeit hinwegzutrösten.

Dorfrundgang mit „Hedewäken"

Die Fastenzeit war angebrochen, und mit ihr wurden von unserem Nachbarn Jens Bäcker „Heißewecken" angeboten. Da der Sohn Peter mit Grippe im Bett lag, fragte mich Tante Agnes, ob ich wohl Lust hätte, im Dorf, wie alle Jahre üblich, dieses Gebäck von Haus zu Haus anzubieten. Der Stückpreis betrage wie immer 10 Pf, und mein Lohn werde 10% sein.

Ich überlegte schnell: also 1 Pfennig pro Stück, somit bei 100 verkauften Wecken 1 Mark Verdienst. Nicht schlecht! Auch meine Orts- und Personenkenntnisse würden mir zustatten kommen, kannte ich doch durch die Botengänge für meinen Vater und besonders auch aus den vielen Gesprächen während der langen „Schummerabende" bei meinen Großeltern alle Familien unseres Dorfes. In dieser gemütlichen Ruhepause zwischen Hell und Dunkel wußten die Großeltern immer neue Geschichten zu erzählen, die sich im Laufe ihres langen Lebens im Ort zugetragen hatten. Dabei wurden fast nur die überkommenen „Beinamen" der Familien genannt, so daß ich in den wenigsten Fällen den richtigen Namen kannte.

Aber ich müsse, um möglichst viele Häuser aufsuchen zu können, schon am Sonnabend früh mit meiner Tätigkeit beginnen. Das war nun wieder nicht so schön. Da würde ich Lehrer Nissen um Befreiung vom Unterricht bitten müssen, und ich wußte, daß er nur ungern freigab. Doch half ich ihm ja auch gelegentlich, wenn er z.B. für den Ostergottesdienst auf der Orgel übte und ich ihm die Bälge trat. So konnte ich diesen Bittgang wagen, und er erfüllte mir den Wunsch, ohne viel zu fragen.

Während nun meine Schulkameraden zum Unterricht in die Schule eilten, zählte die Bäckersfrau mir 120 Wecken in einen riesigen, festen Korb mit Deckel. Außerdem bekam ich einen kleinen Korb, mit dem ich in die Häuser gehen sollte. Meine erste Strecke führte auf dem Holländerdeich entlang nach Westen. Da etwas Schnee lag, nahm ich unseren Schlitten als Gefährt, auf dem der große Korb gut Platz fand. Ich hatte gehofft, daß ich nach dem Hineinzählen einen Wecken zum Kosten bekommen würde. Aber auch von den etwas mißglückten und daher aussortierten Stücken erhielt ich keines angeboten.

Doch die Sonne scheint, die Rechnerei ist einfach, also los! Mit etwas Herzklopfen steuere ich das erste Haus an, wobei mir mein Hund Treu wie in allen schwierigen Lagen zur Seite steht. Er wird meine wertvolle Schlittenladung bewachen, während ich in den Häusern bin.

Die erste Kundin ist unsere Nachbarin Tante Esther. Wir Kinder nehmen ihr umständliches Gerede im allgemeinen nicht ganz ernst, und so ist sie zum „Einarbeiten" gerade die Richtige. Die Haustür ist unverschlossen, wie normalerweise überall in unserem Dorf. Da ich mich hier auskenne, gehe ich mit meinem kleinen Korb gleich durch zur Küche. Tante Esther wundert sich nicht wenig, daß ich heute Wecken anzubieten habe. Sie guckt sich die leckeren Kuchen ausgiebig an, aber als sie sie befühlen will, ziehe ich den Korb ein wenig zurück, denn hinsichtlich ihrer Sauberkeit hat sie bei uns nicht den besten Ruf. Nach langen Überlegungen kommt sie schließlich mit sich überein, einen Wecken zu kaufen. Ich lege ihn auf den Küchentisch, und sie zählt mir 10 Pfennige in die Hand, wovon einer nun schon mal mir gehören wird. Aber das ist mir klar, wenn ich für jeden verkauften Wecken so viel Zeit aufwenden muß, wird der Korb draußen auf dem Schlitten heute nicht leer. So verabschiede ich mich eilig. Treu guckt mir erwartungsvoll entgegen, aber ich kann ihm wirklich kein ermunterndes Ergebnis überbringen.

Nebenan im gleichen Haus wohnen Tante „Schmitt" und Onkel Peter. Tante Schmitt ist klein und kränklich. Sie kommt oft zu uns herüber und wärmt ihre alten, steifen Glieder in unserer immer mollig warmen Küche. Dabei klagt sie über Gott und die Welt und hat auch wohl dazu einigen Grund, wie ich Mutters gelegentlichen Äußerungen entnehme. Ihr Mann war seit Jahrzehnten der Grob- und Hufschmied unseres Dorfes und ist heute noch ehrenamtlich bestallter Gendarm, der notfalls für Ordnung zu sorgen hat. Zu seinen besonderen Pflichten gehört, die Einhaltung der „Polizeistunde" in den fünf Gastwirtschaften des Amtes Fahretoft zu überwachen, die gewöhnlich abends um 11 Uhr, in Ausnahmefällen bei Feuerwehr- und Wohltätigkeitsfesten um 3 Uhr nachts eintritt. Er erscheint dann pünktlich in seiner sehr stramm sitzenden blauen Uniform mit Koppel und Pickelhaube, verschafft sich energisch Gehör und ruft mit markiger Stimme: *„Fierobend!"* Die nächsten Stunden verlaufen dann fast immer nach dem gleichen Schema, wie meine Eltern gelegentlich mit Schmunzeln erzählen. Man lädt ihn stürmisch zu einem Teepunsch ein, junge Frauen umringen ihn und betteln um eine kurze Verlängerung des Tanzvergnügens, und schließlich gibt er dem Drängen nach: *„Aber bloß för en halve Stunn!"* Nach Ablauf dieser Zeit sitzt Peter längst ohne Koppel und Pickelhaube, den engen Uniformrock geöffnet, in froher Runde. Alle Amtspflichten sind vergessen, und er gehört nicht selten zu den letzten Gästen, die die Gastwirtschaft schwankend verlassen.

„Och nee, och nee", jammert Tante Schmitt, *„nu kummst du mit Hedewäken?! Is Peter denn krank?"* Nach genauer Besichtigung meines Angebots kauft sie zwei und bezahlt mit Fünfpfennigstücken. Ich danke und ziehe ab. Drei Pfennige habe ich jetzt verdient.

Gegenüber in dem neuen Haus wohnen die Familien der jetzigen Schmiede Lorenz und Peter Jacobsen. Sie finden mein neues Amt großartig und kaufen mir gleich zwanzig Stück ab. Ich zähle sie in zwei Schüsseln. Na, das läuft schon mal besser. Treu sieht mir mein Glück wohl an und strebt zum nächsten Haus, dessen Bewohner Tante Guste und Onkel Matthies sind. Sie verwalten die Poststelle und verfügen damit über eines der ganz wenigen Telefone in Fahretoft. Hier werde ich ohne Umschweife weitere fünf Stück los.

Im folgenden Haus schräg gegenüber wohnen „Fremde". Wir nennen sie „Schmerberg", aber das ist bestimmt ein nicht gern gehörter Beiname. Wer möchte schon „Schmierberg" genannt werden? Man muß dann sehr aufpassen, daß man den ihnen angehängten Namen nicht in ihrer Gegenwart nennt.

Vater sagt, ohne diese meistens harmlosen Beinamen könnte man die vielen Petersen, Hansen und Christiansen gar nicht auseinanderhalten. So gebe es hier fünf Martin Petersen, die im Dorf aber ihre unverwechselbare Unterscheidung finden als Martin Lenens (die Mutter hieß Lene), Martin Paul Witt (der Großvater fuhr einstmals mit zwei weißen Pferden), Martin Koopmann (er war Kaufmann), Martin Juler (sein Vater ist „Juler", friesisch für Rademacher), Martin Prinz (sein Vater hat sich vor Jahrzehnten mal zu vorgerückter Stunde als Prinz des elterlichen Hofes bezeichnet).

Schmerbergs besitzen Katzen, die einen angeborenen Stummelschwanz haben. Trotzdem können sie durchaus, wie ich mehrfach beobachtete, auf schmalen Zäunen entlanglaufen, während Lehrer Hansen sagt, die Katzen benötigen den Schwanz zum Balancieren. Die fremde Frau sieht ziemlich grämlich aus und will keine meiner schönen Wecken. Übrigens erfahre ich später, daß sie tatsächlich Schmerberg heißen, die Armen!

Treu hat inzwischen herausgefunden, daß es sich auf dem großen Korb gut und vor allem wärmer als im Schnee sitzen läßt. Ich lobe ihn seiner Klugheit wegen. Er hat ja ganz saubere Pfoten.

Nun ziehen wir mit dem Schlitten zu Onkel Jacob Post und Tante Marie, die wie immer hinter dem Fenster am Nähen ist und uns schon ankommen sieht. Seit Jahren leidet sie an Rheuma und kann, obwohl sie noch ziemlich jung ist, nicht mehr gehen. Sie hat fünf Kinder in unserem Alter. Vor einigen Jahren kam es bei ihnen in der Küche, als die Eltern nicht zu Hause waren, beim Nachfüllen der Petroleumlampe zu einer schrecklichen Explosion. Dabei erlitt die Tochter Andrea furchtbare Verbrennungen im Gesicht und sieht nun ganz fremd aus. Sie trägt schwer an dieser Entstellung, aber beim

Spielen tun wir immer so, als ob wir das schlimme Gesicht gar nicht bemerken. Andrea ist eines der drei Kinder unseres Dorfes, das die Wilhelmschule in Deezbüll besucht hat. Nach dem Abschluß bewarb sie sich um eine Ausbildung als Krankenschwester. Zur großen Empörung auch meiner Eltern wurde sie nicht angenommen, weil den Kranken der Anblick des entstellten Gesichts nicht zuzumuten sei. Bald darauf starb sie überraschend, ohne daß wir Kinder die Ursache erfuhren. Diese Explosion aber wird in unserer Familie immer wieder erwähnt, damit wir das Nachfüllen der Lampen unter keinen Umständen in der Nähe einer offenen Flamme vornehmen.

Gegenüber, etwas abseits und tiefer gelegen, lebt die alte Mole Backhuus. Das winzige Haus gehört der Gemeinde und ist ursprünglich für einen Backofen zur öffentlichen Benutzung gebaut worden. Mole lebt von der Wohlfahrt. Ich besuche sie gelegentlich und bekomme dann immer ein großes Stück Kandiszucker von der echten Sorte mit dem Bindfaden darin. Sie erzählte mir einmal, daß sie in ihrem ganzen Leben nicht über Fahretoft und Ockholm hinausgekommen sei, und Verwandte habe sie schon lange nicht mehr. Doch sei sie deswegen nicht traurig. Heute meint sie, die fetten Wekken nicht mehr vertragen zu können. Ich denke aber, sie hat wohl kein Geld dafür, und ihr einen zu schenken, wage ich nicht.

Tine Fritzen ist nicht so alt und wohnt in dem Ostende des Arbeitshauses, das gleichfalls der Gemeinde gehört. Sie half bei uns im Haushalt, als mein Bruder Erich 1919 geboren wurde. Damals backte sie „Knäppkuchen“ für uns, und ich saß am Tisch und guckte zu. Als die Kuchen braun und duftend aus dem Backofen kamen, wollte ich zur Verwunderung der ganzen Familie keine davon essen. Den Grund habe ich nie verraten. Ich hatte nämlich gesehen, daß Tine den Teig mit den Händen durchknetete, und das war für mich unappetitlich. Mutter machte das zwar auch, aber das ist ganz etwas anderes. Über sechs Jahre liegt das nun schon zurück, und Tine hat das längst vergessen. Sie kauft mir zwei Wecken ab.

Nun gehe ich auf die Westseite des langen Hauses, wo der „Oekonom“ Lude Carl Guldens mit seiner zahlreichen Familie lebt. Er führt die Aufsicht im Haus und über den öffentlichen Schlafraum für Obdachlose, „Herberge“ genannt. Sie enthält zwei Lagerstätten mit Strohsäcken und je einer Wolldekke und wird häufig von Bettlern zum Übernachten aufgesucht. Mit einem der Söhne durfte ich einmal den kahlen Raum betreten, aber nichts berühren, weil sich dort Läuse befinden könnten.

Fast täglich zogen mehrere Landstreicher in dieser schlimmen Nachkriegszeit durch unser Dorf. Wir nannten sie Bettler oder auch „Monarchen“. Die meisten waren dem Alkohol verfallen und tranken den Branntwein einfach so aus der Flasche. Da das Betteln verboten war, gingen sie von Haus zu Haus und fragten zum Schein um Arbeit nach. Fast überall bekamen sie ein paar Pfennige oder Brotschnitten. Mutter lud sie gelegentlich, wenn sie noch einigermaßen gepflegt aussahen und die Mittagszeit anstand, zum Essen ein. Anschließend wurden der Platz und das Geschirr einer besonderen Reinigung unterzogen. Einmal strich sie zwei Schnitten Brot und belegte sie mit unserer selbstgemachten Wurst. Ich brachte sie dem Bettler an die Tür, und er murmelte etwas, was wohl der Dank sein sollte. Zufällig guckte ich hinterher und sah, daß er das Brot aus dem Papier nahm, es besah und dann in den Chausseegraben warf. Ich rannte hin und holte es zurück. Mutter war wütend, und Treu freute sich.

Zwei der damaligen Landstreicher sind mir in deutlicher Erinnerung geblieben: Hein Sickert und Mole Butendiek. Hein Sickert machte seine regelmäßigen Rundtouren bis nach Flensburg hin, und wenn wir uns wieder begegneten, begrüßte er mich kameradschaftlich. Vater erzählte, daß er vor dem großen Krieg 1914–18 ein tüchtiger Maurer und im Krieg Unteroffizier gewesen war. Infolge der großen Arbeitslosigkeit sei er wohl zum Landstreicher hinabgesunken. Gelegentlich durfte er bei uns auf dem Heuboden schlafen, doch mußte er Vater hoch und heilig versprechen, dort oben nicht zu rauchen. Langsam aber verfiel er dem Alkohol mehr und mehr, und schließlich blieb er aus.

Mole Butendiek, für mich eine riesenhafte, knochige Frau, traf ich häufiger. Sie trug ihre ganze „Wanderausrüstung“ immer um ihren Leib am Gürtel hängend – Teekessel, Kochtopf, Pfanne und sonstige Gerätschaften – sowie Wolldecken und andere Utensilien in einem Sack auf dem Rücken. Sicherlich hatte sie, nach ihrem Körperumfang zu urteilen, mehrere Kleider und Röcke übereinander angezogen, wahrscheinlich gerade so, wie sie sie geschenkt bekam. Sie reichten alle bis zum Boden und schleiften zum Teil hinter ihr her. Mole war für mich eine geradezu geheimnisumwitterte, ehrfurchtgebietende Gestalt aus der Märchenwelt. Gelegentlich sprach sie mich freundlich auf friesisch an, und ich begleitete sie ein Stück des Weges.

Mole Butendiek war keine Bettlerin im üblichen Sinne, denn sie hatte ihre festen Anlaufstellen, wo man mit ihrem regelmäßigen Kommen rechnete. So trocknete unsere Nachbarin, Tante Duije, für sie den bereits einmal aufgebrühten Tee und sammelte ihn in einer Tüte. Mole kochte ihn dann am Außendeich, wo es jederzeit genügend Brennmaterial gab, in ihrem Teekessel neu auf. Der Deich bildete ihren Wanderweg, und dorthin zog sie sich nach ihren Besuchen in den nahen Küstenorten immer wieder zurück. Deswegen hatte man ihr auch den Beinamen „Butendiek“, Außendeich, gegeben. Es war ein unvergeßlicher Anblick, als ich sie einmal auf dem hohen Deich gegen den Abendhimmel bedächtig entlangziehen sah. Ein anderes Mal fand ich sie auf dem Vorland, als sie inmitten ihrer zum Trocknen ausgebreiteten „Wäsche“ schlief. Man erzählte, sie sei eine Bauerntochter aus der Gegend von Horsbüll, wo sie auf dem väterlichen, von ihrem Bruder geführten Hof an sich Wohnrecht habe. Doch nach den ersten warmen Tagen im Frühling erfasse sie der Wandertrieb.

Meine nächsten Wecken werde ich in einem Bauernhaus etwas abseits der Straße bei Grote Broder und Tante Rieke los. Der Bauer wird nicht nur so genannt, sondern er ist auch ungewöhnlich groß. Tante Rieke stammt aus „Schnotebüll“ (Schnatebüll) und erzählt gern von ihrem Heimatort. Wir Kinder lachen heimlich bei diesem Ortsnamen, denn „Schnott“, fries. *Snoot* heißt bei uns der dickflüssige Nasenschleim, den es dort wohl besonders reichlich gibt. Erkältungen aber waren bei uns Kindern auch hier in Fahretoft nahezu das ganze Jahr hindurch üblich. Ich erinnere mich, daß unser Lehrer, durch das ewige Husten während des Unterrichts entnervt, Hustenpausen für alle zweiundsiebzig Kinder einlegte, damit hinterher für eine kurze Zeit Ruhe einkehrte. Auch sah er darauf, daß wir alle Taschentücher mitbrachten, und ließ sie sich häufig morgens vorzeigen. Das von uns Jungs gerne geübte Naseabwischen am Ärmel wurde streng gerügt und konnte nur noch außerhalb der Schule stattfinden.

Beim nächsten Haus endete unsere Nachbarschaft nach Westen hin. Die Bewohner hießen nun nicht mehr Onkel und Tante, und Geburten und Sterbefälle aus unserem Bereich wurden dort nicht angesagt. Die Erwachsenen redeten wir in der dritten Person mit ihrem Vornamen an, wie es allgemein üblich war. In dieses Haus fuhr kürzlich der Blitz, und nur einigen beherzten Männern aus der Nachbarschaft, die eiligst eine Eimerkette vom Graben her bildeten, war es zu verdanken, daß das Reetdachhaus nicht abbrannte.

Die Tochter der Nachbarin hat lange braune Zöpfe, ebenso braune Augen und immer rote Backen. Sie geht in meine Klasse und ist im geheimen meine Braut. Leider habe ich noch kein Wort mit ihr gesprochen, weil ich einfach nicht weiß, was man in einem solchen Fall sagen muß. Hoffentlich ist sie jetzt nicht zu Hause ... Die Tür ist verschlossen.

Nun muß ich zum größten Bauern des Dorfes. Etwas zaghaft drücke ich die schwere Tür auf und stehe in einer riesigen Vordiele mit einer alten Truhe und blaurot gestrichenen Türen. Da sich nichts regt, huste ich ein paarmal kräftig. Niemand kommt. In solchen Fällen, hat Mutter uns gelehrt, sollen wir an der nächsten Tür anklopfen, und das dreimal mit steigender Lautstärke. Erst dann die Tür vorsichtig öffnen. – Auch die Küche ist leer. Jetzt zur nächsten Tür. Beim dritten Klopfen ein schläfriges „Herein!", ich öffne und finde die junge Bäuerin auf dem Sofa liegen. Nein, Heißewecken brauche sie nicht.

Wir ziehen zum nächsten Haus. Die Besitzerin läßt sich, wie ich weiß, von ihren Knechten und Dienstmädchen mit „Madam" anreden, was hier im Dorf häufig Gesprächsstoff bietet. Ich überlege, wie ich sie notfalls ansprechen kann, und drücke auf die Klinke – verschlossen. So ein Glück!

Vor kurzem wurde hier ein großer, moderner Stall angebaut. Die Ziegelsteine sowie sämtliches Baumaterial mußten von der Bahnstation Maasbüll mit Fuhrwerken herbeigeschafft werden. Auch der junge Karsten Sörensen beteiligte sich an diesen Transporten. Da er keinen Alkohol trank und nicht rauchte, war er gelegentlich Hänseleien ausgesetzt. Eines Tages ließ er sich in der Gastwirtschaft Maasbüll doch zum Trinken einiger Tassen Teepunsch überreden, setzte sich auf seinen mit Steinen hochbeladenen Wagen und fuhr über den Moordeich in Richtung Fahretoft. Dort aber wartete man vergebens auf seine Ankunft. Da es dunkel wurde, machten sich einige Männer mit Laternen auf den Weg, um ihn zu suchen. Erst im Morgengrauen entdeckte man den Wagen kopfüber unten am Deich im Graben, doch von Karsten keine Spur. Nur die beiden Pferde liefen mit zerrissenem Geschirr auf einem Feldweg im Kleiseerkoog. Offensichtlich war Karsten infolge des ungewohnten Alkoholgenusses auf seinem Wagen eingeschlafen und hatte nicht bemerkt, daß die Pferde vom Deich hinab in den Graben steuerten. Hier fand man ihn später tief unter den Steinen im Wasser liegen.

Das ganze Dorf nahm an diesem tragischen Unfall lebhaften Anteil und verurteilte die Verführer, zumal Karsten den Ruf eines ungewöhnlich fleißigen jungen Mannes hatte. Mein langjähriger Freund, der Kirchendiener Onkel Siegfried, hat den Verlust seines einzigen Sohnes nie verwunden und starb bald darauf. Immer, wenn ich an diesem Neubau vorbeikomme, muß ich an Karsten und sein schlimmes Schicksal denken. Später wurde im Dorf erzählt, daß dieses Unglück sich schon lange vorher angekündigt habe. Von mehreren Bewohnern sei ein nächtlicher Lichtschein in der Schule bemerkt worden, wo Karsten später aufgebahrt wurde. Obwohl wir zu der Zeit ganz in der Nähe der Schule wohnten, hat keiner von unserer Familie etwas von diesem geheimnisvollen Licht gesehen.

Nebenan wohnt in einem kleinen Haus das alte Ehepaar Carl Gulden, eigentlich Christiansen, bei dem ich wieder einige Wecken absetze. Der Mann war der erste Straßenwärter auf dem Moordeich, als dieser Mitte der zwanziger Jahre eine Kiesdecke erhielt. Für die Fahretofter brachte dieser Wegeausbau eine erhebliche Verkürzung der Verbindung nach Niebüll, weil der Moordeich bis dahin in den Wintermonaten unpassierbar gewesen war. Es wird erzählt, daß Carl sich eines Tages fragte, warum die Vorübergehenden ihn nicht mehr grüßten. Am Abend mußte er dann seine plötzlich eingetretene Taubheit feststellen.

Bei Wilhelm Ebsen, einem kleinen Bauern an der Abzweigung zum Moordeich, werde ich schon mit meinen Wecken erwartet. Täglich fährt er die Milch aus der Westhälfte des Dorfes nach der Meierei Blocksberg. Immer, wenn „Wille" zu meinem Vater in die Werkstatt kommt, schimpft er lautstark auf die Behörden und besonders auf das Finanzamt in Leck: *„Disse Banditen dorboven!"*

Hans Carl „Sneitjer", ebenfalls ein Bauer, zu dem ich jetzt komme, heißt eigentlich Hans Petersen. Seinen Vater, der auf der Voltswarft wohnt, nennen wir Carl Sneitjer, was auf friesisch Carl Tischler heißt. Aber nicht er, sondern sein Vater hat diesen Beruf ausgeübt. Von ihm ist der Name auf die Enkel und Urenkel gekommen. Obwohl dieser Beiname also durchaus ehrbaren Ursprungs ist, faßt der jetzige Träger wie auch seine zahlreichen Kinder ihn als Schimpfnamen auf. Und wer auf dem Schulhof „Sneitjer, Sneitjer" ruft, muß wissen, daß er den Zorn aller schulbesuchenden Geschwister dieser Familie auf sich zieht. Ich rede die Hausfrau aber nur mit Marie an und mache ein gutes Geschäft.

Als nächstes suche ich eine Frau auf, deren Mann wir heimlich „Kicke-Ling" nennen, weil er als Kirchendiener die Glocke läutet und sonntags während des Gottesdienstes den Klingelbeutel herumreicht.

Weiter ziehe ich mit meinem Korb zur alten Hanne „Neihdeern", die alleine in ihrem kleinen Haus lebt. Sie ist, wie der Beiname sagt, Näherin und geht überwiegend in die Häuser zum Arbeiten. Als junges Mädchen soll sie auf dem Eis so unglücklich gestürzt sein, daß ein Bein amputiert werden mußte. Ich sehe sie häufig mit den langen Krücken und Riesenschritten durchs Dorf gehen und staune jedesmal über ihre Geschicklichkeit.

Im nächsten Haus wohnt Treus Mutter, ein bissiges Vieh, das immer kläffend am Zaun entlangrennt. Nur gut, daß Treu nichts von ihrem Wesen geerbt hat. Doch im Aussehen sind sie sich sehr ähnlich. Ich wage nicht, auf die Warft zu gehen, und mein Freund guckt mich fragend an und hat offensichtlich auch keine Lust, sich mit seiner rasenden Mutter anzulegen. Als wir schon vorbeigehen wollen, zeigt sich einer der Gebrüder, der „Kloke August“, und pfeift die Wütende zurück. Wie sein Dorfname andeutet, weiß er alles besser, doch kauft er mir ein paar Wecken ab. Sein Bruder, „Kicke Schnieder" (Christian „Schneider“), hat von Geburt an einen schweren Beinschaden, von einigen „Froschschenkel“ genannt. Durch das Mitdrehen seines ganzen Körpers entwickelt der kleine Mann aber eine überraschende Gehgeschwindigkeit. Kürzlich überholte er Fidi und mich auf dem Moordeich, obgleich wir barfuß gingen, und meinte im Vorbeigehen: *„Ick loop för jem wull to gau?!“*, plattdeutsch für: „Ich lauf für euch wohl zu schnell?!“ Er hatte recht.

Johann Gulwer, der einen der wenigen Birnbäume im Ort sein eigen nennt und während der Reifezeit die Ernte gegen alle Beutezüge der größeren Jungs bis in die Nacht unerbittlich verteidigt, ist auch außerhalb der Birnenzeit grob und unberechenbar. Ich ziehe deswegen mit meinem Schlitten an seinem Haus vorbei.

Netter sind da schon die beiden Brüder Kicke Boy Sütters und Boy Skrieler. Die bejahrten Männer haben natürlich auch richtige Namen, die ich aber nie gehört habe. Die beiden bewirtschaften eine kleine Landstelle und bessern ihre schmale Lebensgrundlage als Aufsichtsleute über Land und Vieh auswärtiger Besitzer auf. „Sütter“ ist friesisch und bedeutet Schuhmacher. Diesen Beruf hatte ihr Großvater ausgeübt. Der Beiname „Skrieler“ soll wohl auf die hohe Stimmlage von Boy hindeuten. Beide sind meinem Angebot sehr wohlgesonnen.

Der Gastwirt von Nyhörn, Carl Hansen, rechnet sich zur besseren Gesellschaft, wie ich von zu Hause weiß. Deshalb gehen die Dorfleute auch nur selten in seinen „Krog“. Er ist der erste, der mich fragt, wessen Junge ich bin. Dabei sind wir eigentlich verwandt. Mutter und er stammen beide von der Jannenswarft und haben denselben Urgroßvater, nämlich Sönke Hansen. Er läßt mich stehen und ruft seine Frau. Die spricht gar hochdeutsch mit mir, obgleich sie nur „aus kleinen Verhältnissen“ kommt, wie Mutter sagt. Nun, ich zähle ihr die gewünschten zehn Wecken auf hochdeutsch hin und sage dann nicht „Adies“ sondern „Auf Wiedersehn“.

Mein Bestand schmilzt erfreulicherweise allmählich dahin, und ich überlege, ob ich überhaupt zur Broderswarft gehen soll. Der Fußweg ist für meinen Schlitten zu schmal, und der danebenliegende Kleiweg weist so tiefe Fahrspuren auf, daß er für mich unpassierbar ist. So entschließe ich mich, die restlichen Wecken in meinen kleinen Korb zu packen und den Schlitten zurückzulassen. Treu sieht mich fragend an, ob er Korb und Schlitten bewachen oder mit mir gehen soll. Er darf mitkommen.

Das Bauernhaus Althörn auf der halben Strecke, wo der Feldweg nach Westjacobs- und Jannenswarft abzweigt, ist verschlossen, und ich gehe zu Miee Seister, die mit ihrem Bruder zusammen einen Haushalt führt. Miee ist Schneiderin, daher der friesische Name „Seister", und so klein und schmal wie sie ist auch ihr Haus. Aus der Milch ihrer einzigen Kuh macht Miee grüne, tassengroße Bitterkäse nach einem uralten Rezept. Von Zeit zu Zeit verkauft sie diese im Dorf, und auch Mutter nimmt ihr immer einige ab. In unserer Familie finden diese Käse wenig Zuspruch, und Vater wie auch ich essen schon gar nicht davon. Man sieht nämlich noch deutlich, wie Miee diese ungewöhnlich kleinen Dinger mit den Händen geformt hat. Und wer weiß, unter welchen Verhältnissen sie in diesen beengten Räumen, wo man aus der Küche unmittelbar in den Kuhstall tritt, entstanden sind. Wohl Mutter zuliebe kauft Miee mir zwei Wecken ab.

In einem der letzten Häuser auf Broderswarft wohnt „Gusche" (August) Plöhn. Tante Tine von Jannenswarft erzählte mir im vorigen Jahr, als ich dort beim Heumachen half und Gusche in der Nachbarfenne gleichfalls mit der Familie am „Schwälen" war, daß er leberkrank sei und jeden Tag ein Pfund feingehackter, roher Leber essen müsse. Für mich eine furchtbare Vorstellung! Daran muß ich denken, während seine Frau Hulda mir die vier letzten Wecken abnimmt.

Beim Verlassen des Hauses höre ich deutlich, wie die Kirchenglocke die Mittagszeit läutet. Die klare Winterluft trägt den Schall heute weit herum. Da ich beim Bäcker zum Essen geladen bin, beeilen Treu und ich uns, heimzukommen. Wie immer erhalte ich dort ein gutes und reichliches Essen, doch mein Freund muß leider vor der Haustür warten, was mich ein bißchen traurig macht.

Am Nachmittag geht es nun mit der gleichen Ausstattung auf dem Holländerdeich entlang in Richtung Osten. Nebenan, der Gastwirt August Jacob Schmitt, der schlicht August Petersen heißt, nimmt mir gleich zwanzig Wekken ab. Der Wirt und sein Bruder Peter sind die einzigen Überlebenden von fünf Geschwistern. Die drei anderen hat nacheinander im Alter zwischen 18 und 20 Jahren die „Blühende Schwindsucht“ hinweggerafft, wie ich von zu Hause weiß. Bis zuletzt sollen sie rote Backen gehabt haben. Viele junge Menschen sind damals an dieser Krankheit gestorben.

Der Nachbar „Drees Decker“, auf friesisch „Dräis Teker“, heißt eigentlich Andreas Petersen. Im Sommer deckt er Häuser mit Reet, und im Winter schlachtet er Schweine. Er leidet seit Jahren an schlimmen Kopfschmerzen und ist daher wohl immer so mürrisch, weshalb wir Kinder ihm möglichst aus dem Wege gehen. Seine Frau Lucie nennen wir „die lebende Dorfzeitung“. Täglich geht sie reihum in die Nachbarschaft, bringt und sammelt Ortsneuigkeiten.

Momme Simons schräg gegenüber fischt auf dem Watt mit Reusen Schollen und im Bottschlottersee alle dort lebenden Fischarten, die er hier und in den umliegenden Dörfern von Haus zu Haus verkauft. Mein Bruder und ich beneiden ihn um seinen großen, starken Hund, der seine Fischkarre alleine ziehen kann. Wir sind aber auch mit Treu glücklich, der nun zum Reetdachhaus gegenüber strebt. Dort leben Anne Fiekens und ihr Bruder Siegfried Kataster. In diesem Haus sollen vor Jahren drei Kinder aus einer Familie in der gleichen Nacht an Diphtherie gestorben sein. Damals starben wohl viele Kinder, aber auch jetzt leben manche Säuglinge nur kurze Zeit. Sind sie getauft, werden sie richtig mit Pastor und Glockengeläut beerdigt. Andernfalls tragen die Nächsten sie still auf den Kirchhof. Einmal sah ich zufällig in der Abenddämmerung eine solche Beerdigung. Der Vater trug den winzigen Sarg auf den Händen zum Friedhof hinauf, und ihm folgten nur drei schwarzgekleidete Angehörige. Das fand ich sehr traurig.

Auf der Bahnenswarft kaufen fast alle Bewohner ein paar Wecken. Dort wohnt auch der fleißige Landarbeiter Nicloi I, der eigentlich Nicolai Petersen heißt. Er wird wütend, wenn einem das „I“ herausrutscht, wie es alle in seiner Abwesenheit sagen. Dabei ist, wie Großvater mir erklärte, der Beiname ganz harmlos entstanden. Weil Nicloi aus Angeln zu uns kam, sagte er „i“, zu deutsch „ihr“, wo wir das Wort „jem“, das aus dem Friesischen stammt, gebrauchen. Auch seine Kinder und Enkelkinder sind sofort beleidigt, wenn sie das „I“ hören.

Unten an der Ostseite der Warft komme ich zu Anne Franzen, die eigentlich wohl Anna Christiansen heißt. Ihr Mann Franz Simons ist kürzlich im Alter von 42 Jahren verstorben. Das war sehr traurig. Er hatte, wie ich zu Hause hörte, seit langem an schlimmen Kopfschmerzen gelitten. Vor einiger Zeit habe ich ihn noch in der hergerichteten Durchfahrt der Gastwirtschaft Nyhörn auf der Bühne gesehen, wo er in dem Theaterstück „Tausend Taler Courant" den geizigen Bauern spielte. Da haben wir alle sehr gelacht. Am Nachmittag vor dem Feuerwehr- und Wohltätigkeitsfest dürfen wir Kinder nämlich immer für ein Eintrittsgeld von 20 Pf die Generalprobe sehen. Meine Eltern, die das Fest am Abend besuchten, erzählten am anderen Tag, daß Franz Simons die Vorstellung nur noch mit äußerster Anstrengung zu Ende gebracht habe. Seit vielen Jahren leitete er die kleine Theatergruppe und war immer der beste „Schauspieler". Nach seinem Tod muß Anne Franzen nun sehr sparsam leben, da sie mit ihren drei schulpflichtigen Kindern nur 27 M Rente im Monat bekommt. Doch verdient sie sich etwas Geld mit dem Waschen und Bügeln von Oberhemden und weißen Kragen hinzu, so daß ich bei meinen gelegentlichen Besuchen ihrer gleichaltrigen Kinder keinen Eindruck von Armut empfinde. Auch heute nimmt sie mir für jeden einen Wekken ab.

Wieder oben an der Dorfstraße angelangt, gehe ich zu Hanne Ewalds, die, wie ich weiß, Johanna Friedrichsen heißt. Das winzige Haus liegt auf der Spitze einer ebenso kleinen, aber hohen Warft, wo die Sturmflutwellen es in alter Zeit bestimmt nicht erreichen konnten. Ihr Mann Ewald war 1914 das erste Opfer des Krieges in unserem Dorf. Der Sohn, mein zeitweiliger Spielgefährte, ist kurz nach dem Tod seines Vaters geboren und heißt deshalb auch Ewald, wie er mir stolz erzählte. Wenn ich ihn besuche, führt er mich immer zuerst zu seiner alten Tante Sille Geith.

Sie liegt seit vielen Jahren im Lukenbett der kleinen Wohnstube und kann so von dort aus am Familienleben teilnehmen. Sille leidet an einer schweren Gicht und kann nicht einmal das leichte Gewicht der Bettdecke ertragen, weswegen ein Bügel angefertigt wurde, der ihr diese Last abnimmt.

Da ich hier bekannt bin, trete ich nach einem kurzen Anklopfen mit meinem kleinen Korb am Arm in die Stube und treffe Tante Sille alleine an. Sie freut sich über meinen Besuch und kauft mir drei meiner Kuchen ab. Mit ihren gichtgekrümmten Fingern holt sie das Geld aus einem Täschchen, das sie mühsam von einem Bord ihres Alkovens genommen hat. Sie stellt ein paar freundliche Fragen, und ich eile zu Treu zurück, der wie immer am Schlitten auf mich wartet.

Das nächste lange Bauernhaus liegt dicht an der Straße und hat an der ganzen Front entlang eine sehr schön gepflegte, mit kleinen runden Feldsteinen ausgelegte „Steinbrücke" – „Steenbrüch", fries. *Stienbröuk* –, wie wir sagten. Auch um unser Haus herum führen lange Steinbrücken, deren Sauberhaltung durch häufiges Jäten mit alten Messern uns Kindern wenig Spaß macht. Wie Großmutter erklärt, sind die kleinen Feldsteine einstmals unter großen Mühen von der Geest her mit Schiffen und später nach der Eindeichung mit Pferdefuhrwerken herangeschafft worden. Sie boten seinerzeit die einzige dauerhafte Möglichkeit, trockenen Fußes ums Haus gehen zu können. Fast alle Häuser haben Steinbrücken, und es ist üblich, sie besonders zu den Fest- und Feiertagen vom Bewuchs zu befreien. Gelegentlich sieht man allerorten alt und jung bei dieser Arbeit auf der Erde hocken.

In dem wohl kleinsten Haus unseres Dorfes wohnt Heie mit Frau und Kindern. Obgleich es so winzig ist, bietet es auch noch Platz für eine Kuh und zwei Schweine. Heie ist der neue Straßenwärter für den Moordeich, der vor kurzem zu einem „Grandweg" ausgebaut wurde. So füllt er dort täglich mit Schubkarre und Schaufel die immer wieder entstehenden Schlaglöcher mit Kies aus, damit sich keine größeren Wasserpfützen bilden, die, wie er mir mal erklärte, den Straßenbelag in kurzer Zeit auswaschen und damit zerstören würden. Wird die ganze Straße, wie gerade jetzt, neu mit Kies beschichtet, kommt eine schwere Arbeit zusätzlich auf ihn zu, weil er dann über Monate hinweg den Verkehr so lenken muß, daß der Belag gleichmäßig festgefahren wird. Dazu werden „Chausseeböcke" benutzt, die er morgens

auslegen und abends wieder wegräumen muß, damit in der Dunkelheit keine Unfälle passieren. Diese Chausseeböcke sind grobbehauene junge Baumstämme, dick wie ein Ofenrohr, mit einer Länge von über einem Meter. Am Kopfende sind zwei längere Holzpflöcke über Kreuz hindurchgetrieben, wodurch sie etwas angehoben werden und als Hindernis besser auffallen. Etwa alle 30 m liegen sie mit dem abgesenkten Ende fast bis zur Straßenmitte, so daß man sie in Schlangenlinie umfahren muß. Hierdurch kann Heie den Verkehr allgemein und besonders den der schweren, eisenberingten Bauernwagen so lenken, daß keine tiefen Spurrillen entstehen. Doch das täglich zweimalige Bewegen der klobigen „Böcke" auf der rund fünf Kilometer langen Strecke macht ihm in seinem schon vorgeschrittenen Alter schwer zu schaffen, wie er Vater gegenüber einmal klagte. Dennoch, setzte er hinzu, müsse er ja froh sein, diese feste Anstellung erhalten zu haben, auch wenn sie nur mäßig bezahlt werde.

Einige Häuser weiter wohnt die stattlich-runde Marie „Hebamm", die sowohl meine Mutter als auch mich und meine Geschwister „geholt" hat. Mutter erzählt, daß sie jedesmal während der Zeit der Niederkunft anhaltend und laut um göttlichen Beistand gebetet habe. Sie selbst brachte siebzehn Kinder zur Welt, feierte noch mit ihrem Mann die Diamantene Hochzeit und starb hochbetagt. Ihr Mann wurde 93 Jahre alt und erhängte sich im Bett.

Bei den Nachbarn Mole und Gusche Discher, die eigentlich Amalie und August Hansen heißen, ist immer viel Betrieb. Wir Kinder, Nachbarn und Kunden gehen dort ungezwungen ein und aus. Mole kauft mir gleich ein Dutzend Heißewecken ab, will aber erstmal anschreiben lassen. Ich bin ratlos. Dann aber gibt sie mir die 1,20 M mit einer lustigen Bemerkung doch auf die Hand. Die weiteren Familien der Maienswarft nehmen mir auch fast alle einige Wecken ab. Bei August Martensen gehe ich aber lieber vorbei, denn der hat eine sehr bissige Hündin, die sogar Treu angreifen würde. Dafür halte ich um so lieber bei unserem guten alten Straßenwärter Johann-Ede, Johann Eduard Christiansen, der bereits während des Krieges 1914–18 eine mit der Hand zu bedienende Haarschneidemaschine besaß. Auf Bitten meiner Mutter schnitt er meinem Bruder und mir, solange Vater im Krieg war, gelegentlich die Haare. Er begann an der Stirn und landete im Nacken. Das ging schneller und ziepte auch viel weniger, als wenn Mutter es mühsam mit der Haushaltsschere tat. Das Schneiden geschah auf einem Melkschemel im Stall, und als Umhang lieh uns seine Frau ihre Schürze, von der immer der gleiche gemütliche Geruch von Küche und Stall ausging.

Unten neben der Straße wohnt Kakke Urben, der Bauer und Viehhändler Karsten Urban Hansen. Ich treffe ihn häufig und helfe ihm gelegentlich beim Viehtreiben, weil er älter ist und auch schlecht sehen kann. Man kennt ihn nur mit der halblangen Pfeife, die beim Gehen und Radfahren hin- und herschlenkert und die er auch beim Sprechen nicht aus dem Mund nimmt. Wohl wegen einiger Zahnlücken hat er zum besseren Festhalten zwei Gummidichtungen von Bierflaschen über das Mundstück der Pfeife geschoben, die beim Reden immer rot hervorleuchten. Bei dieser Rauchgewohnheit läßt sich ein überschüssiger Speichelfluß anscheinend nicht ganz vermeiden, denn das bei Männern übliche schwarzseidene „Vorblatt" auf der Brust ist bei ihm vom

Kinn her immer ein wenig naß und glänzend. Kakke Urban handelt mit Rindern, Schafen und Pferden und genießt wegen seiner ehrlichen Art bei den Bauern der Umgegend wie auch auf den Halligen einen guten Ruf. Er ist auch heute unterwegs, doch seine Frau läßt sich einige Wecken geben.

Beim Kaufmann I.H. Ebsens Söhne, Inh. Ernst Ebsen, wie groß an der weißen Mauer zu lesen ist, herrscht reges Leben. Das große, hohe Haus soll früher der Herrensitz des Gutes Reeder gewesen sein. Es wirkt noch heute auf uns Kinder ein wenig schloßartig in seiner schönen Lage am Bottschlottersee. Großmutter erzählte, daß während der Überdeichung des Tiefs nach Waygaard der holländische Deichbaumeister Leeghwater mit seinen Leuten hier einquartiert war und die verheerende „Buchardi-Flut" am 11. Oktober 1634 glücklich überlebte, obgleich das Wasser in der Stube so hoch stand, daß es seine hüftlangen Stiefel „überschwemmte". Der Geschäftsablauf ist in dem weiträumigen Kolonialwarenladen sehr vornehm, so daß man kaum laut zu sprechen wagt. Frau Ebsen, gleichfalls eine achtunggebietende Erscheinung, nimmt mir eine erfreuliche Anzahl meiner Wecken ab.

Nun gehe ich mit dem Rest zur „Burg" hinüber, wo im letzten Haus von Fahretoft unser Bürgermeister Steensen wohnt. In der winzigen Amts- und Wohnstube spielt ein Radio, und an der Wand hängt ein Telefon, unter dem seine Frau Jule mit dem Strickstrumpf sitzt. Diese beiden neuartigen Apparate hätte ich gerne einmal näher betrachtet. Andrees, wie wir ihn nennen, leidet an schwerem Asthma und ringt nach Luft, während er freundlich mit mir spricht. Seine Frau kauft mir nun den Korb leer, und ich kann mich auf den Heimweg begeben.

Es war ein langer, aber erfolgreicher Tag, an dem ich genau 2,40 M verdient habe. Über die Verwendung des Geldes werde ich mich mit Mutter beraten.

„Hedewäken-Dreihn"

Die Fastenzeit war für uns Kinder stets mit dem Gedanken an leckere „Hedewäken" verknüpft, die zu Hause oder von Jens Bäcker gebacken wurden. Und noch etwas gehörte dazu und brachte eine Abwechslung in diese kalte, dunkle Winterzeit: das am Sonntag vor Aschermittwoch übliche „Hedewäken-Dreihn", ein sich alle Jahre wiederholendes Ereignis!

Obwohl Jens Bäcker den Beginn, wie im winzigen Fenster zu lesen stand, auf 2 Uhr nachmittags angesetzt hat, sind wir gleich nach dem Mittagessen zum Ort des Glücksspiels geeilt und stehen nun frierend vor der verschlossenen Tür des kleinen Bäckerladens. Aber wir wissen schon, wenn wir unser Frieren nur recht deutlich zeigen, wird Tante Agnes uns bestimmt wieder vorzeitig hineinnehmen. *„Jem holen sick dor buten noch de Dood bi disse Küll!"*, und schon strömen wir in die allzeit warme Backstube.

Auf einem niedrigen Tisch wird nun das uralte bunte Glücksrad vom Bäkker aufgebaut: eine runde drehbare Holzscheibe in der Größe eines riesigen Tortentellers. Rundherum an der Kante befinden sich in gleichen Abständen sechzig halbeingeschlagene kugelförmige Nägel, die etwa eine Streichholzlänge aufrecht hervorragen. Zwischen diesen Nägeln sind die Zahlen 1 bis 60 in verschiedenen Farben aufgemalt, nicht aber der Reihe nach, sondern in einem wirren Durcheinander. Außerhalb des Zahlenkranzes ist eine Lederzunge so angebracht, daß sie beim Drehen der Scheibe von Nagel zu Nagel hüpft und schließlich, wenn sie zur Ruhe kommt, zwischen zwei Nägeln die dortige Zahl anzeigt. Nach einigen Probeläufen und einem Tropfen Öl wird das Spiel freigegeben. Onkel Jens übernimmt selbst die Aufsicht und gibt die Spielregeln – *„vör de, de se noch ni weten"* – bekannt: Der Einsatz beträgt 5 Pf. An den einzelnen Spielrunden können sich 4, 6, 8 oder höchstens 10 Kinder beteiligen. Zu gewinnen sind, da die Heißewecken 10 Pf das Stück kosten, dementsprechend 2, 3, 4 oder 5 der schmackhaften Kuchen. Wer die höchste Zahl erdreht, ist der Gewinner der jeweiligen Partie. Erreichen zwei Spieler die gleiche Höchstzahl, müssen die beiden nochmals drehen, um den Sieger zu ermitteln.

Ich überlege: Bei zehn Mitspielern die höchste Zahl zu erreichen, ist fast unmöglich. Da setze ich lieber bei vier Spielern, auch wenn dann nur zwei anstatt fünf Wecken zu gewinnen sind. Erstmal warte ich aber ab und gucke zu. Und schon geht es los. Zehn Kinder zahlen 5 Pf in die Kasse. Der Reihe nach treten sie an das Glücksrad, bringen es je nach Kraft und Temperament über einen Pflock auf der Scheibe in Schwung und warten gespannt, wieviel die „Zunge" anzeigen wird und wer die höchste Zahl erdreht. Der Gewinner bekommt die Wecken sogleich von der Bäckersfrau in einer Tüte überreicht. Das nächste Spiel beginnt mit neuen Einsätzen, und das Schnurren der Lederzunge an den Nägeln entlang erfüllt die Backstube. Alle Spiele werden von den Umstehenden mit großer Anteilnahme verfolgt. Besonders spannend ist es immer wieder, wenn die Scheibe langsamer wird, die Zunge nur noch zögernd von Nagel zu Nagel gleitet und dann noch unvermutet in eine hohe oder aber in eine niedrige Zahl rutscht, was von einem vielstimmigen „A-ah“ oder „O-oh“ begleitet wird.

Auch ich zahle nun meine ersten 5 Pf in die Zigarrenkiste, die vor Onkel Jens als Kasse auf dem Tisch steht. Wir spielen mit vier Teilnehmern. Ich drehe als erster, aber die Scheibe kommt nicht so richtig in Schwung. Dennoch zeigt das Leder 48 an, nicht gerade schlecht. Paul Schoster, mein Freund, schafft 36. Günstig für mich. Korl Moler kommt nur auf 17. Er tut mir fast leid, und Nicloi I erreicht gar nur 8. Klarer Fall, ich bekomme zwei Wecken. Der Bann ist gebrochen, und ich stelle mich mit den nächsten 5 Pf in der Hand gleich wieder bei der Kasse an. Doch das Glück läßt mich im Stich. Unter den Höchstzahlen, die vom Bäcker immer laut verkündet werden, bin ich nun kein einziges Mal mehr vertreten.

Schließlich sind alle Groschen ausgegeben, und wir ziehen mit unseren gewonnenen Wecken mehr oder weniger glücklich nach Hause. Einige Kinder haben sie alle gleich verzehrt. Aber ich lege meine klägliche Ausbeute auf den Küchentisch und rechne: Von meinem selbstverdienten Geld hatte ich mir 50 Pf zum Verspielen genehmigt und konnte somit zehnmal mein Glück versuchen. Doch habe ich nur in dem ersten Spiel die beiden Wecken gewonnen. Ein trauriges Ergebnis! Hätte ich für mein Geld Wecken gekauft, wären es fünf Stück gewesen.

Mutter und Vater trösten mich. Auch sie haben als Kinder damals alle Jahre an demselben bunten Glücksrad gedreht, und auch sie haben nur selten gewonnen. Sie meinen, nicht der Gewinn, sondern das Spiel soll Freude machen, und schon im nächsten Jahr werde ich vielleicht mehr Glück haben.

Sicher, so wird es sein! Und damit steht heute schon fest, im kommenden Jahr werde ich wieder dabeisein und mein Glück erneut versuchen, wenn sich das Glücksrad dreht. Leider dauert das aber noch 365 Tage, eine schrecklich lange Zeit!

Unsere Kinderspiele

Obgleich wir zu Hause zu allen täglichen, unserem Alter entsprechenden Arbeiten in der Landwirtschaft und der Tischlerei herangezogen wurden, blieb uns immer noch Zeit zum Spielen. Während unsere „Muscheltiere“ uns die ersten Möglichkeiten eröffneten, die Welt der Erwachsenen nachzuleben, traten in späteren Jahren vielerlei Gruppenspiele in den Vordergrund, die meistens jahreszeitlich bedingt waren. Eines davon war das „Pferdspielen", das mit zwei oder drei Kindern immer wieder Spaß machte und woran sich auch gelegentlich meine Schwestern beteiligten. Zu diesem Spiel benötigte man lediglich einen starken Bindfaden, bei uns meistens ein Stück Kokostau, von 3–4 m Länge. Dieses wurde den „Pferden" mit den Enden am Oberarm verknotet, und schon ging es los. Durch das Ziehen am „Zügel" konnte der Fuhrmann das Gespann überall hinlenken, schnell oder langsam „fahren" oder gar rückwärts stoppen, alles so, wie wir es täglich bei den Bauern sahen.

Natürlich gehörte auch eine Peitsche dazu, die mitunter sogar knallen konnte, aber häufig nur aus einem dicken Reethalm oder einem Weidenzweig bestand, die ja überall an den Grabenrändern wuchsen. So rannten wir weite Strecken, bugsierten unseren „Wagen" vorsichtig den Deich hinunter, um ein Fuder Heu zu holen, und mußten uns kräftig ins Geschirr legen, um die schwere Last nach oben zu bringen. Alles verlief mit fachgerechter Stimmbegleitung des Fuhrmannes und echtem Artverhalten der Pferde der verschiedenen Typen. Da die jeweilige Zuordnung als Kutscher oder Pferd gleichermaßen Raum für unsere Phantasie bot, entstanden hinsichtlich der Einteilung kaum mal Schwierigkeiten, weshalb dieses Spiel immer wieder gerne aufgenommen wurde.

Großes Vergnügen brachte uns auch das „Ringlaufen", wozu man natürlich einen Reifen haben mußte. Diese gab es in vielfältigen Formen von alten Fässern, von zerbrochenen Rädern von Karren und Wagen, die zwar etwas schwerfällig rollten, dafür aber wohlbehütet über die Kinderjahre hinaus standhielten. Als Anfang der zwanziger Jahre die Fahrräder aufkamen, war es ein Glücksfall für mich, nahe der Dorfschmiede zu wohnen, in der neue Fahrräder verkauft und alte repariert wurden. Diese Schmiede mit Lorenz „Schlosser" und Peter „Schmitt" lag nicht nur in der Mitte des Dorfes, sondern bildete auch den Treffpunkt des dörflichen Lebens. Hier war ein dauerndes Kommen und Gehen, Pferde wurden beschlagen und Gerätschaften jeglicher Art geschmiedet. Dem Feuer, durch den gemächlich mit der Hand gezogenen riesigen Blasebalg zur höchsten Hitze entfacht, wurden immer neue rotglühende Eisenstücke entnommen und mit gewaltigen Hammerschlägen unter gefährlich sprühenden Funken, der vorgesehenen Verwendung entsprechend, Gestalt gegeben. Zwischen den einzelnen kräftigen

Schlägen brachte der nie ruhende Hammer den fest verankerten Amboß herrlich zum Klingen – eine Musik, die bis zu meinem Elternhaus drang und meinen Wunsch, diesem mich faszinierenden Treiben nahe zu sein, während meiner ganzen Kindheit nicht erlahmen ließ.

So war es verständlich, daß ich mich häufig bei der Schmiede einfand und mich durch kleine Dienstleistungen und Botengänge nützlich machte. Dabei erhielt ich eines Tages die ausgediente Felge eines alten Fahrrades und wurde damit unversehens der vielbeneidete erste Besitzer eines dieser neuen, unverhältnismäßig leichten Reifen, mit dem ich barfüßig in bisher ungeahnter Schnelligkeit die größten Entfernungen bewältigen konnte. Mit einem kurzen Stock trieb ich den wunderschönen Reifen so zügig vorwärts, daß ich ihm kaum folgen konnte und mit diesen flotten Botengängen viel Anerkennung erntete. Natürlich gab es mit den Nachbarskindern zusammen auch viele Spielmöglichkeiten, die Geschick in der Führung des Reifens erforderten und oft bis in die Dunkelheit andauerten.

Meine Schwestern, wie die Mädchen überhaupt, hatten wenig Interesse am Ringlaufen, dafür um so mehr am Ballspielen, das sie „Ballprobe“ nannten. Bunte Gummibälle verschiedener Größe warfen sie gegen eine hohe Wand. In kleinen Gruppen zeigten sie ihr Können, indem sie den Ball zunächst ganz normal in beiden Händen, dann aber links oder rechts und mit allerlei Erschwernissen auffingen. Schließlich drehten sie sich gar mehrfach, bevor sie ihn wieder ergriffen, oder stießen ihn mit dem Kopf gegen die Wand zurück. Gelegentlich bewunderte ich meine große Schwester, wenn sie zu Hause mit Ausdauer die schwierigen Figuren an unserem hohen Giebel übte. Aber zum Mitmachen hatte ich überhaupt keine Lust.

Da spiele ich lieber mit „Löpern“ (Läufern), was wir „Backsen“ nennen. Dieses Spiel erfaßt uns schlagartig in jedem Frühjahr, und alle Jungs haben plötzlich die kleinen bunten Kugeln aus gebranntem Ton in den Hosentaschen. „Marmeln“ aus Glas, von einer bunten Farbschleife durchzogen, eignen sich nicht zum Backsen und werden daher weniger von uns geschätzt. Bei Spielbeginn legt jeder der bis zu fünf Jungs zwei „Läufer“ in einen kleinen auf der Erde gezogenen Kreis von der Größe einer Untertasse. In diesem „Pott“ werden sie kunstvoll zu einer Pyramide aufgeschichtet. Dann treten die Mitspieler ungefähr fünf Schritt auf eine Ausgangslinie zurück. Jeder ist mit seinem „Backser“, einem etwas größeren Läufer, bewaffnet, der besondere Eigenschaften aufweist und somit für den Spieler von großem persönlichen Wert ist. Der gute Backser darf nämlich weder zu groß noch zu klein, weder zu schwer noch zu leicht sein und wird daher als eine Art Kleinod gehütet, das unter „Fachkundigen“ durchaus zwanzig bis dreißig Löper wert sein kann.

Der erste Spieler nimmt nun seinen Backser zwischen Daumen und Zeigefinger, schätzt die Entfernung zum Pott und versucht mit einem genau berechneten Wurf in hohem Bogen die aufgetürmten Läufer zu treffen und aus dem Kreis zu sprengen. Trifft er, so gehören ihm alle, die außerhalb des Ringes liegen. Bleibt der Backser aber innerhalb des Potts liegen, ist der Wurf ungültig; die Pyramide wird wieder aufgebaut, und der nächste Spieler versucht sein Glück. Der Standpunkt für die folgenden Runden ergibt sich jeweils aus der Lage des Backsers vom vorherigen Wurf. Ist der letzte Läufer aus dem Pott „herausgebackst“, beginnt das Spiel von neuem mit dem gleichen Einsatz.

Von meinen Freunden ist Korl Moler der treffsicherste Spieler, der sich im Laufe der Jahre einen riesigen Bestand von über 400 Läufern erkämpft hat. Dabei ist er nur klein und gar nicht stark. Doch besitzt er einen großartigen Backser, den er auch für 100 Läufer nicht verkaufen würde. Ich dagegen muß mir fast alle Jahre neue Löper besorgen. Bei Kaufmann Ebsen auf Bottschlott bekommt man 42 für einen Groschen, während es bei Krämer Marius Petersen hier auf der Gabrielswarft nur 30 Stück gibt. Da lohnt sich der weite Weg schon, zumal sie dort auch noch schöner sind.

Gelegentlich spielen wir im Gehen oder während des Unterrichts „Paar oder Unpaar“. Wir ergreifen einige Läufer in der Hosentasche und halten dem Nebenmann die geschlossene Faust hin. Rät er richtig, erhält er sie; wenn nicht, muß er die gleiche Anzahl herausrücken. Einmal fiel meinem Banknachbarn dabei ein Läufer laut hörbar auf den Fußboden, und als er danach griff, folgte eine ganze Reihe hinterher. Auf die Frage von Lehrer Nissen bekannte er sich sogleich als Störenfried und mußte nun vorne vor der Klasse beide Hosentaschen ausleeren, wobei außer Läufern noch eine erstaunliche Menge verschiedener Dinge zum Vorschein kam. Das war ihm sehr peinlich, doch am Ende des Unterrichts durfte er alles wieder einsammeln.

Das „Gipseln“ ist ein Spiel für größere Kinder, bei dem auch Mädchen mitmachen können. Zwei Ziegelsteine, parallel aufgestellt, so daß man mit beiden Füßen dazwischen Platz hat, und zwei kräftige Stöcke werden dazu benötigt. Der eine muß halb und der andere ganz bis zum Knie reichen. Den kürzeren legt man quer über die Steine und hebt ihn schwungvoll mit dem größeren ab, damit er möglichst weit nach vorne fliegt. Der Mitspieler kann den Stock abfangen, darf dann drei große Schritte näher herankommen und muß nun versuchen, den inzwischen quer über die Steine gelegten großen Stock mit dem kleinen hinunterzuwerfen. Gelingt es ihm, erfolgt ein Spielerwechsel. Andernfalls wird der kleine nun mit dem großen Stock in der Luft fortgeschlagen, und der Mitspieler muß versuchen, ihn so dicht an die Steine zurückzuwerfen, daß die Länge des großen Stocks unterschritten wird. Das geschieht mit allerlei Scheinwürfen, weil der Hauptspieler, hinter den Steinen stehend, den heranfliegenden Stock abwehren und die Strecke zum Landeplatz punktesammelnd mit seinem Stecken ausmessen darf. Unterschreitet die Entfernung eine Stocklänge, wird der Spieler abgelöst.

Schließlich beginnt die letzte und zugleich spannendste Phase. Der Spieler muß nun den kleinen Stock mindestens zweimal, möglichst aber häufiger hintereinander in der Luft treffen und ihn dann wegschlagen. Die Entfernung zu den Steinen wird wiederum gemessen und kann je nach Geschicklichkeit viele Punkte bringen: Beim zweimaligen Treffen geschieht das Messen mit dem großen Stock, beim dreimaligen mit dem kleinen, beim viermaligen mit der Handspanne und beim fünfmaligen Treffen – nur in sehr seltenen Fällen erreicht – mit der Daumenlänge. Danach beginnt das Spiel von neuem. Am Ende werden die Punkte miteinander verglichen und der Gewinner ermittelt.

Auch das „Pikpoolspiel“, zu dem mein großer Bruder mich häufig überreden will, macht mir keine rechte Freude. Er hat extra dazu zwei armlange, kräftige Pflöcke fachmännisch angespitzt, die wir mit Schwung in den feuchten Boden schicken. Nun gilt es, abwechselnd mit Überlegung und Kraft den gegnerischen Pflock so zu treffen, daß er aus dem Boden gerissen wird, während der eigene noch in der Erde haften bleibt. Dieses Spiel erfordert viel Ausdauer, da es sich meistens über eine längere Zeit hinzieht. Bei unserem Altersunterschied von drei Jahren habe ich keine Gewinnaussichten, so daß ich lieber zugucke, wenn die älteren Jungs daran ihre Kräfte messen. Wenn mehrere mitspielen, scheiden nach und nach alle bis auf den Gewinner aus.

In den Wintermonaten spielen wir im Kreis der Familie meistens „Mühle“, „Halma“ oder „Mensch, ärgere dich nicht“. Da wir fünf Kinder sind, herrscht an Mitspielern kein Mangel. So kennen wir selbst bei schlechtem Wetter keine Langeweile, zumal wir Jungs auch am Musizieren viel Freude haben. Unser Bestand an Instrumenten ist im Laufe der Jahre auf zwei Geigen, eine Mandoline, eine Waldzither und eine Handharmonika angewachsen. Durch den Geigenunterricht bei Küster Nissen unterstützt, spielen wir einzeln oder zusammen überwiegend Volkslieder. Aber auch die neuesten Schlager wie „Oh, Donna Clara“, „Ausgerechnet Bananen“ und „Wer hat denn den Käse zum Bahnhof gerollt?“ sind uns nicht unbekannt. Gelegentlich wird unsere Fertigkeit sogar bei Festlichkeiten im größeren Familienkreis und in der Nachbarschaft gern in Anspruch genommen.

Auch Überraschungen gibt es bei uns zuweilen: Einmal erzählt Vater uns Kindern, daß in jeder Scholle ein Storch schlummere, den man ohne Hilfsmittel zum Leben erwecken könne. Wir staunen ungläubig, warten auf Momme Simons, der uns allwöchentlich mit selbstgefangenen Schollen versorgt, und fiebern der nächsten Fischmahlzeit entgegen. Schließlich ist es soweit. Die gebratenen Butte, wie wir sie nennen, liegen appetitlich duftend vor uns auf den Tellern.

Vater gibt sich geheimnisvoll und weist uns an, das Fleisch heute ganz besonders sorgfältig abzuheben, damit das Grätengerüst unbeschädigt bleibt. Wir geben uns Mühe. Endlich ist die Mahlzeit beendet, und auf jedem Teller liegen nur noch saubere Gräten. Nun fordert Vater uns auf, es ihm in allem gleichzutun. Er schafft sich auf dem Teller eine freie Fläche und legt die breite Brustgräte, die später wohl den Vogelkörper bilden soll, in deren Mitte. Dann bricht er aus dem Fischskelett zwei lange Gräten, die er als Beine in den vorhandenen Schlitz der Brustgräte schiebt. Wir folgen seinem Tun mit Eifer. Jetzt brauchen wir nur noch eine kurze Nackengräte auszubrechen und sie dem Körper als Kopf mit Schnabel aufzusetzen, alles ein bißchen zurechtzurücken, und der Storch ist fertig.

Damit er auch stehen kann, hat Vater bereits drei Flaschenkorken der

Zeichnung 17, Störche

Länge nach aufgeschnitten, in deren Wölbung wir die „Füße" drücken und dabei die gewünschte Körperhaltung festlegen. Nach einiger Zeit stehen sechs Störche auf ihren praktischen Unterlagen und schmücken künftig zu Mutters geringer Freude in zunehmender Zahl – mal verharrend, mal ausschreitend, oder gar beutegreifend – Fensterbänke, Regale und Schränke. Vater hat nicht zuviel behauptet: In jeder Scholle schlummert tatsächlich ein wunderschöner Storch!

Der Jahrmarkt

Außerhalb des Familienkreises sind für uns Kinder drei Festtage im Jahr wichtig: der Jahrmarkt, das Kinderfest und die Schulweihnachtsfeier.

Schon an den Winterabenden suche ich im Breklumer Kalender das Datum des „K. Marktes" heraus, der alle Jahre in Niebüll abgehalten wird. Das „K" der Ankündigung deutete ich immer als Kindermarkt und war sehr enttäuscht, als ich erfuhr, daß es „Kram-Markt" heißen soll. Dennoch ist er für uns Kinder ein aufregender Tag, dem wir, je näher er kommt, desto mehr entgegenfiebern. Schon Wochen vorher sind wir bemüht, durch kleinere und größere Dienste bei Nachbarn und Bekannten unser bereits Erspartes um einige Pfennige oder gar Groschen zu erhöhen. In unserer Familie gibt es prinzipiell kein Geld als Entlohnung für irgendeine Arbeit, einmal weil es uns meistens daran mangelt und zum anderen Mutter der Ansicht ist, daß wir alle mitzuhelfen haben und dafür ja auch täglich unser Essen bekommen. Bei sehr geringer Höhe unserer Barschaft erhielten wir aber doch gelegentlich im letzten Augenblick von Mutter oder Großvater noch einen kleinen Betrag zugesteckt, damit wir nicht gar zu armselig losziehen mußten.

Mein großer Bruder Fidi und ich sparen gemeinschaftlich und teilen die Summe am Jahrmarktstag gerecht durch zwei. Diesmal haben wir den stolzen Betrag von 4,80 M zusammenbekommen, und somit hat jeder 2,40 M zur freien Verfügung. Ein ungewohntes Glücksgefühl.

In der Schule sind wir an diesem Tag alle freudig erregt, und es gibt unter uns Kindern nur ein Thema: Jahrmarkt! Die meisten haben schon ihre festen Wünsche, die sie sich erfüllen wollen: Karussellfahren, Luftschaukeln, Scheibenschießen, Boxkämpfe oder „die dickste Frau der Welt" sehen – na, und dann natürlich sich an Süßigkeiten aller Art gütlich tun.

Ich habe noch keine Vorstellungen, wofür ich mein Geld ausgeben werde. Doch eines will ich mir ganz bestimmt leisten, und darin bin ich mit Fidi einig: Wir wollen uns endlich jeder eine Banane kaufen. Zu oft haben wir sie in Büchern und Malheften abgebildet gesehen, und Lehrer Hansen erzählte uns kürzlich im Erdkundeunterricht, wie wunderschön diese fremde Frucht schmeckt und daß sie in einigen südlichen Ländern sogar als „tägliches Brot" gegessen wird. Da haben die Kinder es dort aber gut!

Sobald die Schule vorbei ist, stürmen wir nach Hause, essen hastig, ziehen uns um und machen uns wie immer zu Fuß auf den Weg nach Niebüll. Da die Schüler von Tudenswarft, Lüttjenswarft und anderen weitab liegenden Häusern sich darauf eingerichtet haben, unmittelbar von der Schule aus zum Jahrmarkt zu gehen, sehen wir weit vor uns auf dem Moordeich bereits etliche kleinere und größere Gruppen vorwärts streben. Wie fast alle Kinder laufen auch wir barfuß los und tragen unsere Schuhe an den Schnürbändern zusammengebunden, mit den Socken darin, über der Schulter. Erst kurz vor Niebüll setzen wir uns an den Deich, um sie anzuziehen. Wir fragen einen alten Deezbüller nach der Uhrzeit und stellen erfreut fest, daß wir die neun Kilometer bis hierher in weniger als zwei Stunden geschafft haben. Beim Weitergehen schmerzen mir nach einer kurzen Strecke leider schon die Fersen. Nach den Wochen des Barfußgehens sind mir die Schuhe wohl zu eng geworden. Doch sage ich lieber nichts davon, denn mit meinen zehn Jahren bin ich sowieso schon eine Belastung für meinen großen Bruder.

Nach geraumer Zeit hören wir deutlich Karussellklänge, die unseren Schritt beflügeln, und schon bald branden um uns Lärm, Musik und für mich unübersehbare Menschenmassen. Ich dränge mich an meinen großen Bruder, damit ich ihn nicht verliere, denn in dem Gewimmel würde ich ihn bestimmt nicht wiederfinden. Er sieht wohl meine Angst und schärft mir ein, daß wir uns im Notfall bei „Hau den Lukas", dessen hohe Stange weit zu sehen und dessen Krachen noch weiter zu hören ist, treffen wollen. Das ist eine Abmachung, die mich sehr beruhigt.

Nun schlendern wir gemeinsam von Bude zu Bude und gucken uns alles genau an. Auch die Preise merken wir uns. Dann suchen wir die Karussells, die Luftschaukeln, die Schießbuden und die Zelte mit den verschiedenen Veranstaltungen auf, aber alles, ohne unsere Barschaft anzutasten. Schließlich finden wir den Verkaufsstand, der auch Bananen anbietet. Sie hängen wie riesige gelbe Finger an einem dicken grünen Stamm. Wir betrachten sie lange von allen Seiten und fragen nach dem Preis. 40 Pf das Stück! Nun, das schlägt uns fast um, und wir überlegen, ob wir lieber auf diese Kostbarkeit verzichten sollen. Doch einigen wir uns darauf, gemeinsam nur eine Frucht zu kaufen. Jeder gibt 20 Pf, und wir ziehen uns mit ihr hinter eine Bude zurück, um sie in Ruhe zu genießen. Nachdem wir sie ausgiebig bewundert und befühlt haben, beginnt Fidi mit dem Schälen, und wir bedauern, daß diese dicke, schöne Schale ungenießbar sein soll. Doch legen wir sie erstmal fein säuberlich zur Seite, schneiden die Frucht mit dem Taschenmesser genau in der Mitte durch und beginnen vorsichtig zu kosten. Der Geschmack ist sehr fremdartig, und das Fruchtfleisch erscheint uns ungewöhnlich weich, und so süß, wie wir es uns dachten, ist es auch nicht. Eigentlich sind wir ein bißchen enttäuscht und ganz froh, nur eine Banane gekauft zu haben, zumal ein so großer Teil aus der Schale besteht, die nach unseren Überprüfungen leider wirklich bitter und somit ungenießbar ist. So kommen wir, um eine Erfahrung reicher, hinter der Bude wieder hervor und gönnen fortan ohne Mißgunst den Südländern ihr tägliches „Bananenbrot".

Jetzt erst können wir uns ganz dem Trubel hingeben. Während mein Bruder es auf die Luftschaukel abgesehen hat, fahre ich lieber mit Karussells (wir betonen die zweite Silbe!), die 5 Pf kosten. Für die ganz großen werden 10 Pf verlangt, aber die sind mir zu teuer und auch viel zu gefährlich. Allmählich fühle ich mich sicherer in dem Getriebe und finde auch immer zu „Hau den Lukas" zurück. Ich genehmige mir Zuckerwatte und gebrannte Mandeln, kaufe ein Los, das sich als Niete erweist, treffe hin und wieder Kinder aus Fahretoft, die aber gleich wieder im allgemeinen Geschiebe verschwinden, und freue mich der schönen Dinge, die ich alle kaufen könnte, aber gar nicht will. Schließlich müssen wir ja auch unseren beiden kleinen Geschwistern und unseren Eltern ein Geschenk vom Jahrmarkt mitbringen.

Hier am „Lukas" messen laufend junge Leute mit drei Schlägen für 10 Pf mit dem schweren Holzhammer ihre Kräfte. Schaffen sie es, mit einem mächtigen Schlag den Bolzen an der Schiene bis ans Ende der Stange nach oben zu schicken, explodiert dort mit heftigem Knall eine Patrone, und alle Umstehenden hören, daß wieder ein Meister am Werk war. Außerdem wird der Erfolgreiche noch mit einer roten Kunstblume ausgezeichnet, die er sich an die Brust steckt.

Als Fidi und ich uns wieder einmal treffen, sehen wir an der Sonne, daß es gegen Abend geht und wir allmählich an den Rückweg denken müssen. Wir überlegen, was wir für zu Hause mitnehmen wollen, und kommen überein, den beiden Kleinen je einen Luftballon zu kaufen, der mit einer

Pfeife verbunden ist. Bläst man hinein, füllt sich der Ballon, und die ausströmende Luft erzeugt einen langen, laut klagenden Ton. Wie wir aus Erfahrung wissen, kann man diesen Ton auch noch mit dem Mund erzeugen, wenn der Ballon längst kaputt ist, was die Freude an diesem Spielzeug wesentlich verlängert. Für Mutter kaufen wir Parfüm, das uns zwar mit 1,20 M recht teuer vorkommt, aber das richtige für sie sein wird. Vater erhält eine Packung mit fünf Zigaretten. Er raucht eigentlich nur schwarze Zigarren, doch die würden uns womöglich wieder wie im vorigen Jahr unterwegs zerbrechen. Damals hat Vater sie zwar mit einer „Bauchbinde" versehen und anschließend geraucht, aber so ganz große Freude hatte er wohl nicht daran. Ich besorge mir noch einen kleinen Hahn aus buntem Blech, mit dem man das Krähen eines echten nachahmen kann. Fidi ersteht eine kleine Pistole mit 100 Zündplättchen, die schön knallt und mit der er sicher manchen erschrecken wird.

Dann machen wir uns auf den Heimweg. Die Niebüller Hauptstraße erscheint mir nun viel länger als vorhin, zumal auch meine Ferse plötzlich wieder schmerzt. Fidi rät mir, die Schuhe vorzeitig auszuziehen, und nun sehen wir, daß ich eine große Blase habe. Aber barfuß geht es erheblich besser. An der Deezbüller Kirche befreit auch er sich von seinen Schuhen, und wir treffen auf Fahretofter, die das gleiche vorhaben.

Mit guter Laune und vielstimmigem Gepfeife treten wir nun gemeinsam den Nachhauseweg an. Doch wird es in unserer Gruppe allmählich stiller und stiller, und mit der Zeit zieht sie sich immer weiter auseinander. Am Moordeich löst sich unsere Schar auf. Einige gehen unten am Deich im kurzen Gras, und die anderen bleiben oben auf dem zu dieser Jahreszeit glatt gefahrenen Kleiweg. Ich halte immer wieder Ausschau, ob die Häuser von Fahretoft endlich näher kommen. Schließlich gelangen wir, wenn auch todmüde, wohlbehalten zu Hause an. Vater und Mutter freuen sich über die mitgebrachten Jahrmarktsgeschenke, und die Kleinen rennen schon mit ihren klagenden Ballons ums Haus. Zur Überraschung der Eltern haben wir nicht einmal alles Geld ausgegeben. Fidi kramt noch 40 und ich gar noch 70 Pfennig hervor. Für unser sparsames Verhalten werden wir sehr gelobt. Bald kommt das Kinderfest, und da gibt es auch wieder etwas zu kaufen.

Unser Kinderfest

Am letzten Wochenende vor den großen Sommerferien findet Jahr für Jahr das Kinderfest statt, abwechselnd in den Gastwirtschaften Freesenhus und Nyhörn. Vorher wird die jeweilige „Durchfahrt“ – wo sonst die Pferdefuhrwerke untergestellt werden, während der Bauer die Gastwirtschaft besucht – mit Dielenbrettern ausgelegt, damit wir dort tanzen können. Mit dieser mühsamen Arbeit sind mehrere Männer einen Tag lang beschäftigt. Auch wird eine kleine Bühne gezimmert, auf der unsere drei Musikanten Platz nehmen werden: Momme Simons mit der Trommel, Siegfried Kataster mit seiner Geige und Fiede Koch mit der Trompete.

Am Sonnabend spielen wir in der „Grotschool“ um die Königs- und in der „Lüttschool“ um die Prinzenwürde. Mit einer breiten roten Schärpe aus Seide wird das Königspaar geschmückt und mit einer blauen der Prinz und die Prinzessin. Die Spiele sind den verschiedenen Altersklassen angepaßt. Mit Sackhüpfen, Topfschlagen mit verbundenen Augen und Eierlaufen, wobei ein Ei auf einem Löffel balanciert werden muß, wetteifern die Kleineren. Für die großen Mädchen ist „Fischwerfen“ vorgesehen. Hierzu hat Vater den bunten hölzernen Fisch gefertigt, der vom Schmied nebenan eine fingerlange Spitze bekam. An einem langen Bindfaden hängend, muß er so geschickt ausgerichtet werden, daß er – losgelassen – mit der Spitze möglichst im Zentrum der aufgestellten Ringscheibe auftrifft. Wer die meisten Ringe erzielt, wird Königin.

Die großen Jungs kämpfen mit dem Luftgewehr um die höchste Ringzahl, die die Königswürde bringt. Ich habe sie in all den Jahren nie errungen, was mich aber nicht besonders traurig machte. Zwar bekommt der Sieger den besten Preis, wie z. B. ein Paar schöne Sportschuhe oder einen Turnanzug; dafür muß er dann aber auch mit der Königin beim Umzug durch das ganze Dorf unter einem Blumenbogen laufen und anschließend mit ihr alleine den Tanz eröffnen. Daher liegt mir nichts an dem 1. Preis.

Am Sonntag ist dann das eigentliche Fest. Alle Kinder versammeln sich bei der „Burg“ am Bottschlottersee. Allmählich treffen auch die Musiker unserer Dorfkapelle ein, die Küster Nissen erst vor kurzem ins Leben gerufen hat. Mit großer und kleiner Trommel, mit Becken, Baßtuba und mehreren Trompeten verschiedener Art ist diese Blaskapelle eine Besonderheit in der Umgebung und unser ganzer Stolz. Vor dieser Kapelle marschiert aber noch mit vier Trommeln und acht Querflöten unser Spielmannszug der Dorfjungen, der ebenfalls von Küster Nissen gegründet wurde und dem ich als Flötist angehöre. Angeführt werden wir von unserem Tambourmajor, der uns durch seinen mit Troddeln geschmückten Stab in schwungvollem Auf und Ab den Takt sowie Beginn und Ende des Spiels anzeigt.

Erst hinter den beiden Musikkapellen formiert sich der farbenfrohe Kinderzug. Die Mädchen in ihren bunten Kleidern mit Kränzen im Haar tragen zu zweit blumengeschmückte Weidenbögen, unter denen kleinere Geschwister oder Nachbarskinder gehen. Dahinter kommen die Jungs, mit kleinen Blumensträußen geschmückt. Der Zug erreicht mit den beiden Kapellen, den über 150 Kindern und den vielen teilnehmenden Eltern eine ansehnliche Länge. Durch die flotte Musik und die mit Fahnen und Girlanden geschmückte Dorfstraße wird die Festfreude noch erhöht.

Schließlich erreichen wir den vorbereiteten Festraum in der Durchfahrt, wo das Tanzen in drangvoller, aber vergnüglicher Enge nach dem Auftakt durch die „Majestäten" sogleich beginnt. Vor der Gaststätte stehen zwei Verkaufsstände mit Süßigkeiten. Einer davon auf einem winzigen Tisch wird wie alle Jahre von der kleinen, alten Miee Died aus Lindholm betrieben.

Der Trommler- und Pfeiferzug, 1929

Auch ihr großer Sohn Krischan ist wieder da, der aber nur Handreichungen machen kann. Mit ihren roten Apfelbäckchen, der zierlichen Gestalt und den blauen Augen unter ihrer weißen Haube erinnert sie mich an eine Märchengestalt. Die ausgebreiteten Bonbons, Zuckerstangen, Lakritzen, Papierwindmühlen und vieles mehr hat sie in ihrem alten Kinderwagen über Kleiwege hergebracht, und am Abend wird sie den 12 km langen Rückweg gleichfalls zu Fuß bewältigen. Meine Freunde und ich kaufen bei ihr immer am liebsten, wobei sie in ihrer freundlichen Art stets friesisch mit uns spricht.

Im „Tanzsaal“ ist es unterdessen voll und heiß. Von den Musikern aus gesehen sitzen auf schmalen Bänken an den Wänden links die Mädchen und rechts die Jungs. Beginnt die Musik, eilen die Jungs zur gegenüberliegenden Seite und fordern die Mädchen mit einer artigen Verbeugung zum Tanz auf. In dem Gedränge ist es nicht einfach, ein bestimmtes Mädchen zu erreichen, und so beschränke ich mich überwiegend darauf, die Musik anzuhören. Nur bei den Volkstänzen, die immer lustig sind, mache ich mit: *„Goh vun mi, goh vun mi, ick mag di ni sehn . . .“* oder *„Wenn hier en Fatt mit Bohnen steiht un dor en Fatt mit Brie . . .“* Im übrigen wird nur Polka und gelegentlich Walzer getanzt, was bei der Enge sehr anstrengend ist.

In den Spielpausen verkauft Momme Simons Süßigkeiten, die er vor seiner Trommel auf dem Boden ausgebreitet hat. Das scheint eine gute Geschäftslage zu sein, denn immer stehen Kinder vor seinem „Laden“ und warten, daß er Zeit zum Bedienen hat.

Schließlich ist das Tanzen um 9 Uhr für uns zu Ende. Küster Nissen hält eine kurze Ansprache, dankt den Eltern für die Mithilfe und wünscht uns Kindern schöne Ferientage. Da aber die Heuernte ansteht, kommen für meine Geschwister und mich arbeitsreiche Wochen. Auch die anderen Kinder werden zu Hause helfen müssen, und kaum eines wird während der Ferien unseren Ort verlassen. Dennoch freuen wir uns alle auf die schulfreien Tage und gehen nun müde heim, während viele Eltern noch in der Gaststätte bleiben, um nun selbst zu tanzen. Da es außer diesem Kinderfest im Sommer sowie dem Wohltätigkeits- und dem Feuerwehrfest im Winter keine Tanzveranstaltungen im Dorf gibt, wird dieser Abend gern als kurze Ablenkung von den Alltagssorgen wahrgenommen. Meine Eltern aber gehen mit uns Kindern zusammen nach Hause.

Die Konfirmation

Mit der Schulentlassung war bei uns stets die Konfirmation, auf friesisch *Öufsefiern* („Absolvieren") genannt, verbunden. Im letzten Jahr vor dem Ende der Schulzeit wurden wir, wie Pastor Johannsen sich ausdrückte, für die „Aufnahme in die christliche Gemeinde der Erwachsenen" vorbereitet. Mit insgesamt fünfzehn Mädchen und Jungs gingen wir nun einen Nachmittag in der Woche ein Jahr lang zum Konfirmandenunterricht, den der Pastor selbst leitete. Die Grundlage bildete der Kleine Katechismus mit den fünf Hauptstücken und ihren umfangreichen Auslegungen von „Doktor Martin Luther". Am Ende des Jahres wurden wir am Palmsonntag in der Kirche geprüft, ob wir die notwendigen Kenntnisse für die Konfirmation erworben hatten.

Somit war dieser Unterricht für uns eine sehr ernstzunehmende Angelegenheit. Zwar war uns kein Fall bekannt, daß ein Prüfling durchgefallen wäre und deshalb noch ein weiteres Jahr die Schule hätte besuchen müssen; dennoch waren wir alle bemüht, die nicht eben wenigen Choräle, Psalmen und das Glaubensbekenntnis mit allen Zusätzen auswendig zu lernen.

Pastor Johannsen belehrte uns darüber hinaus, daß der Sinn unseres Erdendaseins nicht darin bestehe, durch Reichtum uns ein Wohlleben zu schaffen. Unser Trachten sei einzig und allein darauf auszurichten, uns den Himmel und damit das ewige Leben durch gute Taten zu „erdienen".

Am Palmsonntag standen wir Konfirmanden nun in der überfüllten Kirche vor dem Altar aufgereiht. Eltern und Verwandte erwarteten jetzt von uns die richtigen Antworten auf die Prüfungsfragen des Pastors. Die zehn Gebote und das Glaubensbekenntnis mit den lutherischen Erklärungen machten uns wenig Schwierigkeiten. Danach kamen andere Themen zur Sprache und damit auch die Frage nach dem Sinn unseres Daseins. Um diesen nochmals deutlich zu betonen, fragte Pastor Johannsen abschließend: „Wozu sind wir Menschen also *nicht* auf Erden?", woraufhin meine klare Antwort bis zur letzten Bankreihe drang: „Zur Arbeit." Erst plötzliche Stille, dann ein verhaltenes Lachen im Kirchenraum, dem sich auch Pastor Johannsen nicht ganz zu entziehen vermochte. Mir dagegen war die Heiterkeit völlig unverständlich, da wir uns doch hier ausschließlich aufs Himmelreich vorbereiten sollten. Nicht nur in unserer Familie hieß es noch lange, daß durch mich zum erstenmal während des Gottesdienstes in der Fahretofter Kirche gelacht worden sei.

Auch diesmal hatten alle Konfirmanden die Prüfung bestanden, und am Sonntag darauf sollten wir das Heilige Abendmahl empfangen, über das wir ausführlich unterrichtet worden waren. Wiederum standen wir aufgereiht vor dem Altar, aber jetzt wir Jungs zum erstenmal in langen Hosen und mit einem Schlips um den Hals, während die Mädchen dunkle, feierliche Kleider mit weißen Kragen trugen.

Pastor Johannsen ging unter Orgelklängen von Konfirmand zu Konfirmand und legte jedem eine Oblate in den Mund, die, wie wir gelernt hatten, der Leib Jesu sei. Anschließend erschien er mit einem großen Silberkelch, worin sich Rotwein befand – Jesu Blut, wie wir wußten –, und gab jedem daraus einen kleinen Schluck. Beim Klang des Orgelspiels im Kreis der vielen Kirchenbesucher war das alles sehr feierlich.

Ich stand als dritter in der Reihe und sah, wie meine beiden Vorgänger einen guten Schluck nahmen. Dann hielt der Kelch vor meinem Mund, und ich sollte an genau derselben Stelle wie mein Nebenmann trinken. Ich stutzte und dachte plötzlich an Gethe und ihre Tasse, die eben zuvor der Postbote benutzt hatte. Schnell aber überwand ich mich und nahm den dargebotenen Trank. Ich war nun völlig abgelenkt und überlegte, ob der Kelch wohl mal abgewaschen würde. Doch dann schämte ich mich meiner abwegigen Gedanken und ärgerte mich, daß die schöne Stimmung nun verflogen war.

Am Nachmittag kamen die Verwandten und Nachbarn zum Gratulieren und Kaffeetrinken. Fast alle brachten ein Geschenk mit: Von Großvater bekam ich ein Portemonnaie mit drei Mark darin. Dann erhielt ich noch zweimal drei hübsch verpackte Taschentücher, zwei Paar gekaufte Herrensokken, einen Rasierapparat mit drei Klingen, zu dessen Gebrauch mir allerdings noch der Bart fehlte. Besonders freute ich mich über eine fast neue Schirmmütze, die einen blanken schwarzen Lackschirm besaß, der gerade hoch in Mode stand. Die Übergröße ließ sich mit ein wenig Zeitungspapier unter dem Schweißleder leicht ausgleichen, und Mutter meinte sogar: *„Dor kannst du nu fein rinwassen.“* Meine gute alte Pudelmütze schenkte ich meinem kleineren Bruder Erich.

Mit der Konfirmation begann für uns alle ein neuer Lebensabschnitt, weil wir jetzt zu den Erwachsenen gehörten. Wir Jungs trugen nun immer lange Hosen, die unser Selbstbewußtsein erheblich steigerten. Wir durften abends das Wohltätigkeits- und das Feuerwehrfest besuchen und auch dort mittanzen, wenn wir neben dem Eintrittspreis auch das „Tanzband“ bezahlen konnten, das die Musiker für ihr Aufspielen verkauften. Außerdem brauch-

Die Konfirmanden des Jahres 1930 mit Pastor Johannsen und Küster Nissen am Tage der Prüfung

ten wir uns nun nicht mehr vor den Erwachsenen zu verstecken, wenn wir eine Zigarette probierten. Einige von uns trugen sogar schon eine Shagpfeife und Tabak mit sich herum und übten das richtige Rauchen. Die Mädchen durften nun gleichfalls an den abendlichen Dorffesten teilnehmen, jedoch nur in Begleitung der Eltern oder einer anderen „Respektsperson", und das auch nur bis um Mitternacht.

Für die meisten von uns überwogen dennoch mit der Beendigung der Kindheit die damit verbundenen Nachteile erheblich. Fast alle mußten wir das uns behütende Elternhaus verlassen und von nun an für unseren Lebensunterhalt selbst sorgen. Die Mädchen gingen bis auf wenige Ausnahmen in Stellung als „Deenstdeern" – auf friesisch *Tienstfoomen* – in einen Haushalt mit Kost und Logis und einem Monatslohn von 20 bis 25 M, während die Jungs zu ähnlichen Bedingungen als Knecht – auf friesisch *Dräng* – Arbeit beim Bauern fanden. Einige wenige, zu denen auch ich gehörte, erlernten einen Beruf und mußten nun vier Jahre lang ohne Lohn als Lehrling ein oft bedauernswertes, liebeloses Leben hinnehmen.

Für mich fanden meine Eltern eine Lehrstelle in Heide in Dithmarschen, von der ich nur für einen Tag im Monat nach Hause fahren durfte. Die plötzliche Trennung von Eltern und Geschwistern und die mir fremde Welt der Unfreiheit ließen heftiges Heimweh aufbrechen, das mich auch in späteren Lebensabschnitten nie ganz verlassen hat. Noch nach fast zwanzig Jahren der Abwesenheit war ich glücklich, daß günstige Umstände mir eine bleibende Rückkehr ins Haus meiner Kindheit ermöglichten.

Inhalt

Rechts vergrößerter Ausschnitt aus der Karte „Nordfriesland/Nordfriislon“ mit hochdeutschen und friesischen Ortsnamen, bearbeitet von Reimer K. Holander und V. Tams Jörgensen. Nordfriisk Instituut, Bredstedt/Bräist 1970.

Dagebüllhafen
Doogebelhuuwen
Dagebüll
Doogebel
Hedwigshof
Åösterdik
Osterdeich
Juuljåånen-
Juliane-
Mariienkuuch
Marienkoog
Blocksberg
Bloksbärj
Kleiseer-
Kloisiiekuuchsdik
koogsdeich
Hiirnekuuch
Herrenkoog
Ose-
Oosewulder
woldter
Kuuch
Koog
Norderkoog
Norderkuuch
Schääwehåli
Schäferhallig
Bottschlotterkoog
Butschluuter Kuuch
Broders-
warft
Brouersweerw
Hollånderdeich
Bounsweerw
Bahnensmarft
Sööder-
Süder-
Foortoft
Fahretoft
Lätj-Jäns-Weerw
Lütt Jenswarft
Gabriel-
warft
Gåbrielsweerw
koog
kuuch
Burg
Hauke-
Richardswarft
Rouerdsweerw
Hauen-
Blumen-
Bluumen-
koog
kuuch
Tudenswarft
Tuunsweerw
Waiguurd
Waygaard
Sööder
Süder-
Bulhüs
Bollhaus
Norder
Norder-
Kohlda
Kooldo
Whs
Schlüttsiel
Ualöön
Oland
Koog
Mitteldeichsiel
Redlefswarft
Reedelsweerw
Ockholmer
Hoolmer
Bongsil
Bongsiel

List
Kampen
Wenningstedt
SYLT
Westerland
Keitum
Morsum
Rantum
Hörnum
Rodenäs
Klanxbüll
Horsbüll
Emmelsbüll
Marienkoog
Dagebüll
FÖHR
Oldsum
Utersum
Alkersum
Oevenum
Wyk
Nieblum
Norddorf
AMRUM
Nebel
Wittdün
OLAND
LANGENESS
Rixwarft
GRÖDE-
APPELLAND
HOOGE
Backenswarft
JAPSAND